2017年

杭州市民公共文明指数
调查分析报告

钮 俊 沈 翔/主 编

张祝平 等/著

SURVEY AND ANALYSIS ON PUBLIC CIVILIZATION INDEX OF

HANGZHOU IN 2017

社会科学文献出版社

SOCIAL SCIENCES ACADEMIC PRESS (CHINA)

杭州市民公共文明指数调查领导小组

杭州市民公共文明指数调查课题组

组　　　长　　沈　翔

执行组长　　张祝平　朱一斌

主要成员　　李泽泉　卢显林　陈海忠　钭利珍　杨一琼
　　　　　　任　宁　陈明鑫　段　瑶

问卷调查组

组　　　长　　李泽泉

执行组长　　钭利珍

主要成员　　刘凤玲　陈丽微　董小梅　伦玉敏　冯宁宁
　　　　　　汪祥富　任　宁　吴益仙

现场观测组

组　　　长　　卢显林

执行组长　　陈海忠　杨一琼

主要成员　　郑晓丽　金建伟　陈新农　周晓晓　王兆婷
　　　　　　丁莹莹　周　草

主要作者简介

张祝平　1975 年生，浙江龙泉人，浙江省社会科学院政治学研究所所长、研究员。曾任杭州市社会科学院社会学研究所所长、研究员。系浙江省之江青年社科学者，杭州市"131"中青年人才培养计划第一层次培养人选，享受杭州市政府特殊津贴专家，杭州市和浙江省宣传文化系统"五个一批"人才。主要研究方向为政治社会学和文化社会学。

钭利珍　1978 年 12 月生，浙江缙云人，博士，副教授。浙江科技学院马克思主义学院副院长，浙江大学公共管理学院科研流动站博士后，浙江省之江青年社科学者。参与和主持国家级、省部级项目 10 多项。在《社会科学战线》《浙江社会科学》《浙江学刊》等杂志上发表论文 20 余篇。

陈海忠　1968 年 8 月生，浙江天台人。毕业于杭州大学，先后就职于浙江供销学校和浙江经贸职业技术学院，主要从事教育教学管理、质量监控与评价、素质教育与校园文化方面的管理与研究。

目 录

IV　附录

综合报告

2017年杭州市民公共文明
指数调查分析报告

引　言

公共文明是现代城市文明的显性指标，是市民在公共空间和公共活动中所表现出来的精神状态和行为规范的总和，是检视一座城市文明水平的重要依据。2014年，中共杭州市委宣传部、杭州市文明办、杭州市社会科学院联合推出了市民公共文明测评体系，在全国同类城市首创市民公共文明指数，调查、研究、分析杭州市民的公共文明状况，提出城市文明共建共享优化整合方案。通过2014～2016年三个年度的持续跟踪推进，测评体系不断完善，指数效应逐渐显现，对提升杭州城市综合文明水平、推动社会主义核心价值观落地落细落实，以及建构文明理性的城市公共空间起到了积极的促进作用。

2017年杭州市民公共文明指数调查是对2014～2016年三个年度指数调查工作的承接和延续，调查测评体系与以往基本保持一致。调查中，课题组始终坚持问题导向,对照世界名城标准,主评、客评、外籍人士评价、实地观测"四位一体",旨在更好地把握杭州加速推进城市国际化背景下市民的公共文明素养水平,精准查找城市文明创建的短板,寻找文明城市高起点上实现新发展的更优方案。调查工作自2017年10月全面启动,历时近4个月,150多名经验丰富的访问员(观测员)和专家团队密切合作,运用市民公共文明素养测评体系,完成入户调查问卷4000份(含外籍人士500份),在135个公共场所、20条公交线路和地铁线路现场观测累计7000多小时、近90万人次/辆次,样本覆盖上城区、下城区、江干区、拱墅区、西湖区、滨江区、萧山区、余杭区、富阳区九城区。同时,组织召开各层次各类别座谈会和专家咨询会10余场次。调查结果显示,杭州市民公共文明指数在实现高速增长之后,继续保持上升态势,综合评价指数达到84.65;突出的不文明行为持续改善,现场观测不文明现象总体发生率下降至3.34%。本报告拟在数据分析的基础上,结合样本追踪、个案访谈、市民代表座谈和专家咨询等情况,对杭州市民公共文明指数发展趋势做简要分析,并试图就进一步优化城市治理和提升市民公共文明素养做对策性探讨。

一 杭州市民公共文明指数及现场观测的基本情况

(一)2017年杭州市民公共文明指数平稳提升

依据指标评价体系和数据分析,2017年杭州市民公共文明综合评价指数为84.65,比2016年的84.63提高0.02。结果表明,杭州市民公共文明素养不仅巩固了G20杭州峰会以来的良好水平,而且继续呈现稳中上升趋势。这也说明,杭州市持续推进城市治理创新和文明共建取得了积极成效,有效地遏制了重大国际活动后城市不文明现象反弹的惯常情况,推动了城市公共文明在高起点上的新发展。

根据2014年以来连续四年的调查结果,杭州市民公共文明指数呈现一定的阶段性特征:一是2014~2016年指数提升较大,可称为"快速提升期";二是 2017 年指数提升明显放缓,预示着今后较长时间或将进入一个"平稳提升期"。2014 年杭州市民公共文明综合评价指数为 83.63,2015 年为 84.06,2016 年为 84.63,三年间提升了 1,反映了在 G20 杭州峰会等重大国际活动的拉动下,市民公共文明综合评价指数在已有较高水平的基础上实现了大幅提升。2017 年杭州市民公共文明综合评价指数稳中有升,巩固了"快速提升期"的成果,也体现了城市文明发展的规律,反映了后峰会时期市民公共文明综合评价指数将可能进入稳中有升、巩固发展的阶段(见表 1、图 1)。

表1　2014~2017 年杭州市民公共文明指数四次调查主要结果

指标		2014 年	2015 年	2016 年	2017 年
一级指标	杭州市民公共文明	83.63	84.06	84.63	84.65
二级指标	公共卫生	80.78	82.98	82.87	83.88
	公共秩序	85.31	83.74	84.97	84.90
	公共交往	86.54	85.52	85.87	86.29
	公共观赏	85.88	86.09	86.30	86.82
	公益服务	77.32	79.50	81.98	79.92
	网络文明	85.96	84.38	84.93	85.04
	国际礼仪文明	—	84.43	85.32	85.42

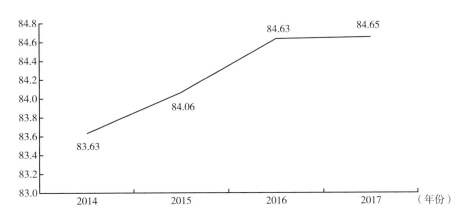

图1　杭州市民公共文明综合评价指数变动趋势

　　调查数据显示，不同评价主体的公共文明指数存在差异，主要表现在以下几个方面。①城镇户籍市民的主评指数、客评指数均高于农村户籍市民（见图2）。②高学历市民的主评指数、客评指数普遍高于低学历市民（见图3）。③在杭居住5年及以下和在杭居住21年及以上市民的公共文明综合评价指数高于在杭居住6~20年的市民，在杭居住6~10年市民的主评指数最低，在杭居住5年及以下市民的客评指数最低（见图4）。④在杭居住1年以上的外籍人士对杭州市民公共文明的评价低于在杭居住0.5~1年（含）的外籍人士，外籍人士综合评价指数略有回调（见图5）。这实际上反映出评价主体存在的一种较普遍的社会心理，即当城市的自我定位不断提升时，

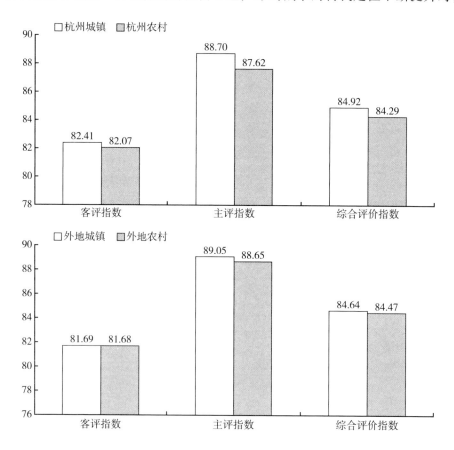

图2　杭州市民公共文明指数（按户籍类型）

人们对城市文明程度更加关注，评价主体对周边人的评价标准和要求也会相应提高，因而评价指数反而会走低。综合近年来的调查结果，不同群体对杭州市民公共文明指数的评价差异有逐步缩小趋势，其中包括中外人士对杭州市民公共文明评价的差距也有所缩小，表明国际化条件下杭州城市的包容性不断增长，社会文明整合持续深入。

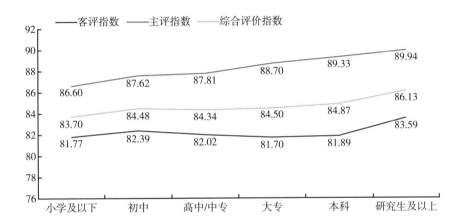

图3　杭州市民公共文明指数（按学历）

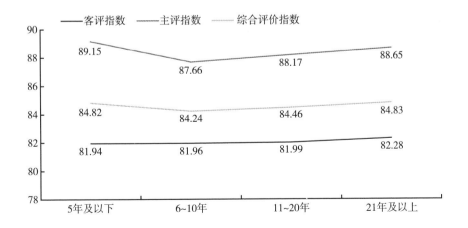

图4　杭州市民公共文明指数（按在杭居住年限）

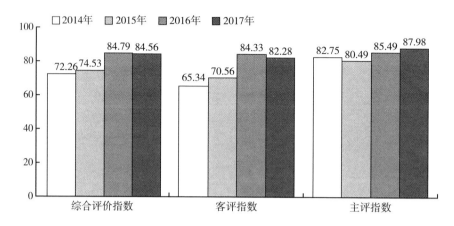

图5 杭州市民公共文明指数（外籍人士评价）

（二）"公共观赏"和"公共交往"指数表现突出，"公共卫生"指数提升较快

2017年杭州市民公共文明指数由7个二级指标指数构成，按指数值高低排序依次为公共观赏86.82、公共交往86.29、国际礼仪文明85.42、网络文明85.04、公共秩序84.90、公共卫生83.88、公益服务79.92（见图6）。2014年以来，"公共观赏""公共交往"指数一直排在各二级指标指数前列。

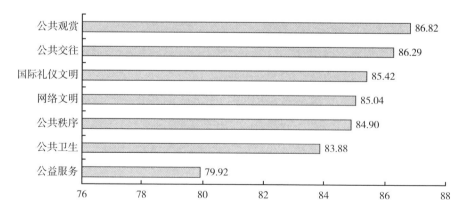

图6 杭州市民公共文明二级指标指数

与2016年相比，二级指标指数"五升两降"，其中公共卫生指数值提升最大，提高1.01；公共观赏提高0.52；公共交往提高0.42；网络文明提高0.11；国际礼仪文明提高0.1；公共秩序下降0.07；公益服务下降2.06。若以综合评价指数为基准，综合考虑各二级指数变动情况，可将7个二级指数分为四个象限，即高于综合评价指数且比上年上升、高于综合评价指数且比上年下降、低于综合评价指数且比上年下降、低于综合评价指数且比上年上升（见图7）。

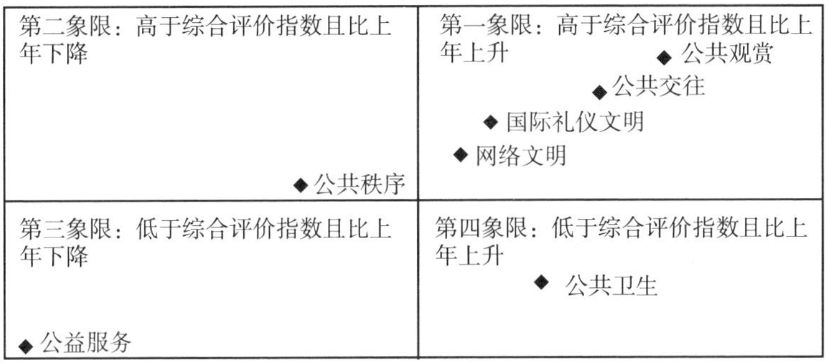

第二象限：高于综合评价指数且比上年下降	第一象限：高于综合评价指数且比上年上升
	◆公共观赏
	◆公共交往
	◆国际礼仪文明
	◆网络文明
◆公共秩序	
第三象限：低于综合评价指数且比上年下降	第四象限：低于综合评价指数且比上年上升
	◆公共卫生
◆公益服务	

图7　二级指数象限分布

2014年以来的四次调查结果显示，"公共观赏""公共交往"指数排名一直靠前，"公共卫生""公益服务"指数排名一直靠后，而且"公益服务"指数"低且降"。可见，公共卫生和公益服务是杭州市民公共文明素养培育的短板，是推进城市公共文明建设中特别需要引起重视的方面。从现场观测情况看，公共卫生方面的不文明现象得到遏制，不文明现象发生率低且持续下降，指数值也较上年有所提升；从专家咨询和市民座谈情况看，人们对公共卫生方面的一些老难题（如垃圾分类投放、社区宠物问题等）未能有根本改观颇有微词，对城市延伸区域的公共卫生服务未能有效跟进表示忧虑。而对于公益服务问题，从跟踪访谈和座谈情况看，市民代表对杭州的志愿服务表示赞赏，但认为公益服务组织建设稍显迟缓，公益志愿服务较2016年G20杭州峰会期间有所"降温"。这些情况反映了在城市的快速发展中，市民对公共卫生和公益服务有了更高的期待，对这些领域公共文明行为的标准和要求正在不断提高。

（三）三级指标指数总体布局较为集中，但各指标指数并不均衡

2017年杭州市民公共文明指数调查测评体系共设置49个指标，指标数与2016年保持一致，根据公共文明领域出现的新情况，个别指标做了修正和调整。从调查结果看，高分值的三级指标指数较2016年有所增加，49个三级指标中，指数值高于综合评价指数的有28个，其中指数值在85以上的有25个，占一半以上；指数值在88以上的有6个，而2016年未出现指数值在88以上的三级指标；指数值在80以下的指标有5个，比2016年增加了4个。以上情况表明三级指标指数并不均衡，存在一定的分化倾向（见表2）。

表2　三级指标调查结果（按指数高低排序）

指标内容	指数值	指标内容	指数值	指标内容	指数值
G 在外籍人士面前，能自觉维护国家及杭州的形象与声誉	88.69	G 能热情友善对待外籍人士，并愿为其提供力所能及的帮助与服务	87.37	G 尊重外籍人士的习俗禁忌	85.62
A 把垃圾扔进垃圾箱	88.60	B 乘坐公交时有序排队上下车	87.35	F 不听信/散布谣言，不传播虚假（欺诈）信息	85.57
D 不在观众席向演出或比赛场地投掷杂物	88.55	B 乘坐地铁时有序排队上下车	87.17	B 乘坐电梯时先出后进	85.47
D 在入口处，主动配合做好安检工作	88.55	C 与人交流时面带微笑，态度和蔼	87.11	A 不随地吐痰、便溺	85.31
D 不谩骂、起哄或围攻裁判员、运动员或其他工作人员	88.20	F 文明用语，不谩骂、攻击他人	86.53	B 在地面标示的规定区域内停车	85.14
C 能给老、弱、病、残、孕及怀抱婴儿者让座	88.14	F 不浏览/传播色情、暴力、封建迷信等不良信息	86.19	C 交谈时不大声喧哗	85.11
B 共享单车不乱停、乱放	87.66	D 观赏时，适时给予掌声鼓励	86.06	C 主动给予外地游客方便或帮助	85.02
G 不随意询问有关他人隐私问题（如年龄、家庭、收入等）	87.54	C 陌生人问路时，耐心、详细解答	86.06	F 不窥探、传播他人隐私	84.86
D 按时入场、退场	87.42	B 遵守"一米线"外等候的规定	85.95	D 手机关机或调为静音、振动	84.81

续表

指标内容	指数值	指标内容	指数值	指标内容	指数值
A 不在设有禁烟标志的公共场所抽烟	84.74	E 只要条件允许,愿意作为志愿者提供服务	83.31	B 驾车在斑马线前礼让行人	80.29
B 行人不乱穿马路、乱闯红灯、乱翻栏杆	84.57	B 遛宠物时,注意把宠物拴好	83.31	E 积极参加公益知识讲座,向他人宣传公益知识	79.17
B 非机动车不闯红灯、不走机动车道	84.57	B 上下台阶时主动靠右行走	83.09	A 垃圾分类投放	78.81
G 参加正式涉外活动时,能着正装出席	84.45	G 积极学习了解并遵循国际通行的礼仪规范	82.30	E 积极参与各类赛事活动的志愿服务	78.77
B 不在公共场所大声喧哗	84.28	F 能合理安排上网时间,不沉迷网络	82.10	E 鼓励身边的人参与公益服务	78.55
D 在影剧院内,安静观赏,不交头接耳、不随意走动	84.17	E 参加献血、捐助等公益活动	82.02	E 自发做些公益服务	77.72
A 不乱张贴小广告、不乱涂写	84.03	G 能积极主动学习外语,并在与外籍人士交流时使用外语	81.94		
A 打喷嚏时,有所遮掩	83.91	A 遛宠物时,主动清理其排泄物	81.76		

注:A 至 G 分别代表各三级指标所属的二级指标,其中 A 代表公共卫生,B 代表公共秩序,C 代表公共交往,D 代表公共观赏,E 代表公益服务,F 代表网络文明,G 代表国际礼仪文明。

同时,7 个二级指标下各三级指标指数也存在不均衡情况,公共卫生、公共秩序、国际礼仪文明、公益服务 4 个二级指标下三级指标最大指数差值都达到 5 以上(见表 3)。公益服务各三级指标指数排名均较靠后;公共秩序所含"共享单车不乱停、乱放"三级指标指数值与现场观测有一定差距,这在一定程度上反映了杭州市民对共享单车停放问题总体持开放包容态度。

表3　相同二级指标下各三级指标指数的差距

二级指标	三级指标最大指数差值	分析判断
公共卫生	9.79	"垃圾分类投放"的指数值较低
公共秩序	7.37	"驾车在斑马线前礼让行人"的指数值较低
公共交往	3.12	
公共观赏	4.38	
公益服务	5.59	各三级指标指数排名均较靠后,"自发做些公益服务"的指数值最低
网络文明	4.43	
国际礼仪文明	6.75	"能积极主动学习外语,并在与外籍人士交流时使用外语"的指数值较低

（四）"国际礼仪文明"指数持续走高，"在外籍人士面前，能自觉维护国家及杭州的形象与声誉"在三级指标指数中排名第一

为适应杭州加速推进城市国际化的要求，自 2015 年起课题组引入了"国际礼仪文明"指数，测评内容主要包括"在外籍人士面前，能自觉维护国家及杭州的形象与声誉""能热情友善对待外籍人士，并愿为其提供力所能及的帮助与服务""不随意询问有关他人隐私问题（如年龄、家庭、收入等）""能积极主动学习外语，并在与外籍人士交流时使用外语""积极学习了解并遵循国际通行的礼仪规范""参加正式涉外活动时，能着正装出席""尊重外籍人士的习俗禁忌"7 个三级指标。三年的调查结果表明，杭州市民注重"以礼待人"，地域自豪感强，具有较好的国际礼仪素养，国际礼仪文明指数较高并持续上升（见图8）。

从三级指标指数情况看，"在外籍人士面前，能自觉维护国家及杭州的形象与声誉"连续两年排在 49 个三级指标之首位，而且 2017 年较 2016 年提高了 0.97（见图9）。

（五）公共场所各种不文明现象得到进一步遏制

现场观测结果显示，135 处观测点和 20 条公交、地铁线路的不文明现

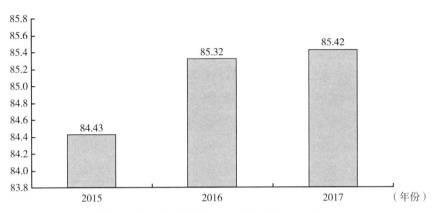

图8   2015~2017年杭州市民国际礼仪文明指数

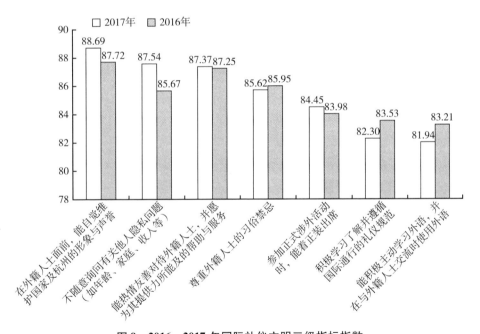

图9   2016~2017年国际礼仪文明三级指标指数

象总体发生率为3.34%,与2016年相比下降了0.13个百分点,实现三连降(见图10)。

在公共卫生方面,累计观测245785人次,不文明现象总体发生率为1.34%。"社区楼道等有乱贴小广告和乱涂写现象""打喷嚏时没有遮掩"

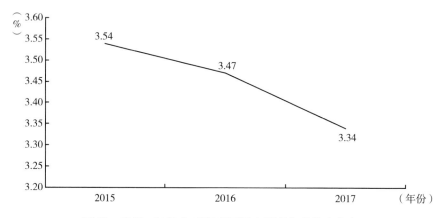

图10 2015～2017年现场观测不文明现象总体发生率

两项参考指标的不文明现象发生率最高。① 在纳入观测的6个指标中，"在禁烟场所抽烟"的不文明现象发生率最低（0.41%），其次是"随地吐痰、便溺"（0.93%），"遛宠物时不清理其排泄物"的不文明现象发生率最高（9.67%）（见图11）。"投放垃圾时没有进行分类"的不文明现象发生率逐年下降，但仍达到9.31%（见图12）。

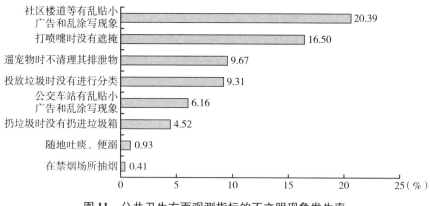

图11 公共卫生方面观测指标的不文明现象发生率

---

① 公共卫生方面设置了8个观测指标，因"打喷嚏时没有遮掩"的观测难度大，"社区楼道等有乱贴小广告和乱涂写现象"的观测仅限于开放式老小区，现场观测只是局部性的，因此两项指标未纳入最终观测指标，仅作为参考指标。

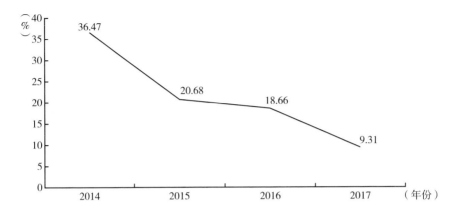

图12 2014～2017年"投放垃圾时没有进行分类"的不文明现象发生率变动趋势

在公共秩序方面，累计观测550983人次/辆次，不文明现象总体发生率为4.14%。有序排队上下车的观念越来越深入人心，"乘坐公交时没有做到有序排队上下车"的不文明现象发生率逐年下降（见图13），杭州市民文明排队得到受访者的普遍赞赏，已渐渐成为杭州城市文明的又一张"金名片"。调查发现，公共秩序方面的不文明现象发生率有较明显的时段差异，在所有观测时段中，13：00～15：00时段的不文明现象发生率最低，16：00～18：00时段的不文明现象发生率最高（见图14）。

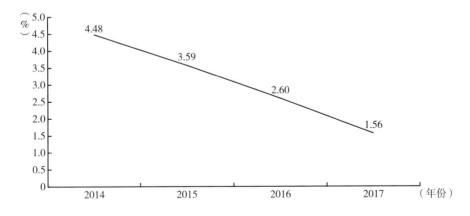

图13 "乘坐公交时没有做到有序排队上下车"的不文明现象发生率

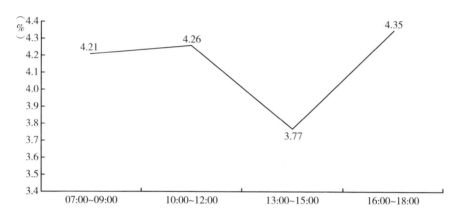

图14 公共秩序方面不文明现象发生率的时段差异

在公共交往方面，累计观测 54276 人次，不文明现象总体发生率为3.79%。综合"相互之间大声交谈不顾及他人""向陌生人问讯时没有礼貌回应""没有给老、弱、病、残、孕及怀抱婴儿者让座"3 个指标的现场观测情况，在 07：00 ~ 09：00、10：00 ~ 12：00、13：00 ~ 15：00、16：00 ~18：00 四个观测时段中，16：00 ~ 18：00 时段的不文明现象发生率最低，为 3.17%。根据座谈分析和个案跟踪访谈情况，"向陌生人问讯时没有礼貌回应"主要表现为"回应语气比较生硬、不够热情"；"没有给老、弱、病、残、孕及怀抱婴儿者让座"并不完全是缺乏这方面的文明意识所致，还与人们习惯于在地铁、公交上专注于"玩手机"而导致的"视角盲区"有关。

在公共观赏方面，通过对博物馆、影剧院累计 9112 人次的观测，得出不文明现象总体发生率为 6.06%。在 6 个观测指标中，参考指标"观看结束后不自觉清理并带走垃圾"的不文明现象发生率高达 25.71%[①]；在纳入观测的其余 5 个指标中，"观看时使用手机影响他人（包括出现光亮与发出声音）"的不文明现象发生率最高（12.75%），"早退或无序退场"的不文明现象发生率最低（1.03%）（见图15）。

---

① 因此项指标在电影院"观影须知"中并未做要求，课题组只是希望作为一种引导性规范列入观测。因此，该项指标作为参考指标，未列入不文明现象发生率计算。

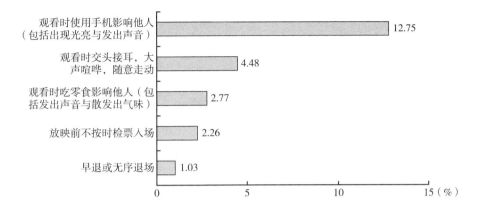

图15 公共观赏方面观测指标的不文明现象发生率

二 杭州市民公共文明素养培育中需要 进一步关注的几个问题

（一）外籍人士眼中的杭州人越来越文明，但评价标准越来越高

调查发现，随着杭州城市国际化的加速推进，特别是G20杭州峰会的成功举办，杭州的国际影响力、城市美誉度显著提升，来杭学习、工作、生活的外籍人士越来越多，包括许多曾长期在世界名城生活、学习的外籍人士也对在杭州居住"越来越有好感"，对杭州打造"独具韵味、别样精彩"的世界名城充满期待。在调查过程中，课题组也扩大了外籍人士样本的国籍分布，提高了来自发达国家人士的样本比重。基于对外籍人士的调查问卷和座谈分析发现，外籍人士对杭州城市公共文明建设特别是市民文明素养培育也有了更高的期待，目的在于"希望杭州在好的基础上更好，早日建设成为世界名城"。从调查结果看，外籍人士评价指数出现了微小的回调，相较于2016年，下降了0.23（见图16）。在7个二级指标中，公共卫生指标的指数值最低。在外籍人士座谈会上，他们普遍认为"随地吐痰、便溺""在禁

烟场所抽烟""打喷嚏时没有遮掩"等不文明现象"即使发生率不高，也容易让人产生不好的感觉"。

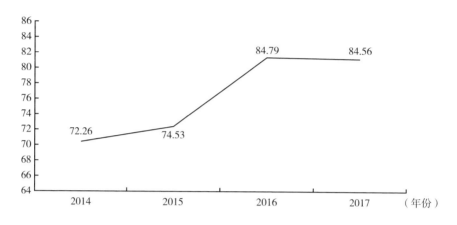

图16 2014～2017 年外籍人士评价指数变动趋势

（二）一些不文明现象的发生存在较明显的观测点差异

通过对 35 处观测点的数据整理分析发现，同一指标在不同的观测点，不文明现象发生率有较大的差异，这种差异的存在与公共文明引导管理力量配置的不平衡有关，也与公共文明基础设施配置的不均衡有直接关系。数据分析结果显示，在公共卫生方面，"扔垃圾时没有扔进垃圾箱"和"投放垃圾时没有进行分类"两项指标的不文明现象发生率最高的是公园/广场，最低的是农贸市场（见图17）。在公共秩序方面，在所选择的公交车站、地铁站和医院三类观测点中，"排队时没有在规定区域等候"的不文明现象发生率最高的是医院，为5.01%；最低的是公交车站，为2.23%。"机动车在斑马线前不礼让行人"的不文明现象发生率较低，但也存在观测点差异，街巷的不文明现象发生率为1.27%，交叉路口的不文明现象发生率为0.66%。"上下台阶时不主动靠右侧"的不文明现象发生率最高的是农贸市场，最低的是公园/广场（见图18）。在公共交往方面，"相互之间大声交谈不顾及他人"的不文明现象发生率最高的是公交线路，最低的是地铁站（见图19）；

"向陌生人问讯时没有礼貌回应"的不文明现象发生率最高的是地铁站，最低的是社区（见图20）。

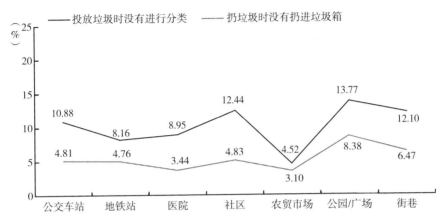

图17 公共卫生方面观测指标"投放垃圾时没有进行分类"和
"扔垃圾时没有扔进垃圾箱"不同观测点不文明现象发生率比较

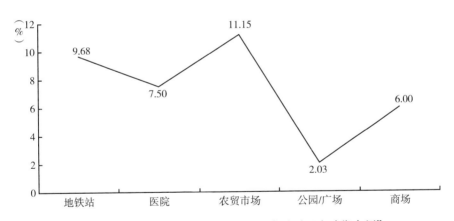

图18 公共秩序方面观测指标"上下台阶时不主动靠右侧"
不同观测点不文明现象发生率比较

（三）个别不文明现象出现小幅反弹，五种不文明现象需要特别关注

按照坚持可比性和问题导向相统一的原则，2017年现场观测指标在

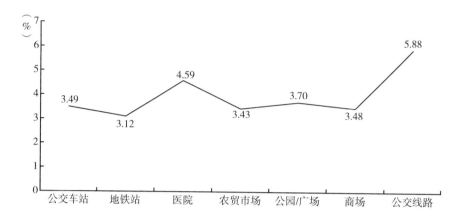

图19 公共交往方面观测指标"相互之间大声交谈不顾及他人"不同观测点不文明现象发生率比较

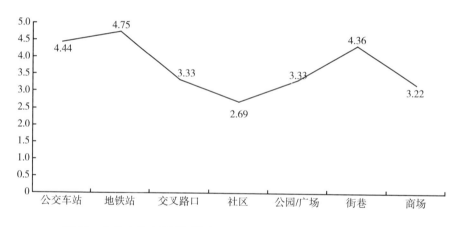

图20 公共交往方面观测指标"向陌生人问讯时没有礼貌回应"不同观测点不文明现象发生率比较

2016年的基础上略有调整,增加了"共享单车无序停放"指标,2017年和2016年完全相同或相近的可比指标有28个(含参考指标)。现场观测结果显示,公共卫生、公共秩序、公共交往三个方面的不文明现象总体发生率下降,而公共观赏方面的不文明现象总体发生率有所上升;从28项观测指标来看,有21项指标的不文明现象发生率下降,"随地吐痰、便溺""社区楼道等有乱贴小广告和乱涂写现象""乘坐地铁时没有做到有序排队上下车"

"乘坐直行电梯时没有做到先出后进""没有给老、弱、病、残、孕及怀抱婴儿者让座""观看时使用手机影响他人（包括出现光亮与发出声音）""观看时吃零食影响他人（包括发出声音与散发出气味）"7个指标的不文明现象发生率有不同程度的上升，其中属于公共卫生、公共秩序、公共观赏方面的各有2个，属于公共交往方面的有1个（见表4）。

表4　现场观测不文明现象发生率上升的指标

观测指标	不文明现象发生率（%）		所属公共文明领域
	2016年	2017年	
随地吐痰、便溺	0.79	0.93	公共卫生
社区楼道等有乱贴小广告和乱涂写现象*	17.97	20.39	公共卫生
乘坐地铁时没有做到有序排队上下车	2.07	2.35	公共秩序
乘坐直行电梯时没有做到先出后进	4.69	5.22	公共秩序
没有给老、弱、病、残、孕及怀抱婴儿者让座	4.45	5.03	公共交往
观看时使用手机影响他人（包括出现光亮与发出声音）	6.23	12.75	公共观赏
观看时吃零食影响他人（包括发出声音与散发出气味）	13.25	13.66	公共观赏

注：标"＊"的为参考指标，不列入不文明现象总体发生率计算。

调查结果显示，29个现场观测指标中有7个指标的不文明现象发生率在3%以下，分别是"在禁烟场所抽烟"（0.41%）、"机动车在斑马线前不礼让行人"（0.76%）、"随地吐痰、便溺"（0.93%）、"早退或无序退场"（1.03%）、"乘坐公交时没有做到有序排队上下车"（1.56%）、"放映前不按时检票入场"（2.26%）、"乘坐地铁时没有做到有序排队上下车"（2.35%）。另有10个指标的不文明现象发生率超过或接近10%，分别是"观看结束后不自觉清理并带走垃圾"（25.71%）、"社区楼道等有乱贴小广告和乱涂写现象"（20.39%）、"遛宠物时没有拴好绳子"（16.77%）、"打喷嚏时没有遮掩"（16.50%）、"观看时吃零食影响他人（包括发出声音与散发出气味）"（13.66%）、"观看时使用手机影响他人（包括出现光亮与发出声音）"（12.75%）、"共享单车无序停放"（10.41%）、"遛宠物时不清理其排泄物"（9.67%）、"投放垃圾时没有进行分类"（9.66%）、"上下台阶时不主动靠右侧"（9.68%）。特别需要引起重视的是，"社区楼道等有乱贴小广告和乱涂写现象""遛宠物时没有拴好绳子""打喷嚏时没有遮掩""遛宠物时不清理其排泄物""投放垃圾时没有进行分类"五类不文明现象在连续四年的观测中，虽逐步好转，但发生率一直都较高（见表5），在各类座谈会中，中外市民代表对这几类现象的聚焦度也比较高。此外，"共享单车无序停放"是本年度新增观测指标，不文明现象发生率也比较高，这与问卷调查结果有较大的反差，说明广大市民对共享单车这一新鲜事物具有较高的接纳度和包容度，在客观上给城市公共文明建设带来了新的挑战。

表5　中外市民关注度高且需要持续改善的五类不文明现象

不文明现象	发生率（%）			
	2014 年	2015 年	2016 年	2017 年
社区楼道等有乱贴小广告和乱涂写现象*	—	14.42	17.97	20.39
遛宠物时没有拴好绳子*	—	31.78	32.31	16.77
打喷嚏时没有遮掩*	27.89	29.80	19.84	16.50
遛宠物时不清理其排泄物	26.07	18.89	16.94	9.67
投放垃圾时没有进行分类	36.47	20.68	18.66	9.31

注：标"＊"的为参考指标。

（四）《杭州市文明行为促进条例》的社会普及度和市民参与度有待提升

本次调查，课题组还增设了"文明城市建设法治化"方面的认知内容，主要考察市民对《杭州市文明行为促进条例》的了解和运用状况。调查结果显示，有85.42%的受访者认为"《杭州市文明行为促进条例》的颁布与实施"以及"执法力度的提升"应当成为影响和促进杭州市民公共文明素养提升的主要因素；对于"如果发现身边人有发生《杭州市文明行为促进条例》所禁止的不文明行为时，您会主动进行劝阻吗？"这一问题，有92.10%的受访者表示"坚决劝阻"或"有时会劝阻"，体现了大多数杭州市民具有较强的文明法治意识。而当问及"您知道《杭州市文明行为促进条例》

吗?"这一问题时,表示"非常清楚"的受访者仅占10.23%,有44.97%的受访者表示"知道一些",还有44.80%的受访者表示"不是很清楚"或"不知道"(见图21)。

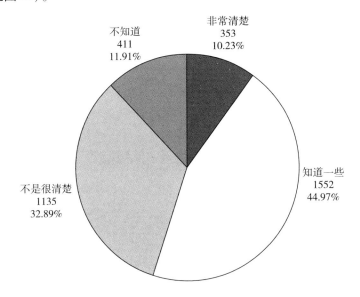

图 21　杭州市民对《杭州市文明行为促进条例》的知晓情况

对于"如果要进一步推动《杭州市文明行为促进条例》作用的发挥,应该做好哪些工作?"这一问题,广大市民也积极献策,有69.93%的受访者表示应"增强杭州市民的遵法、守法意识",有59.18%的受访者表示应"加强宣传,提高群众知晓度",有50.83%的受访者认为应"加强志愿者引导工作",等等(见表6)。

表6　如何进一步推动《杭州市文明行为促进条例》作用的发挥

选　　项	选择频数	占比(%)
增强杭州市民的遵法、守法意识	2412	69.93
加强宣传,提高群众知晓度	2041	59.18
加强志愿者引导工作	1753	50.83
加强鼓励和表彰工作,发挥导向和激励作用	1679	48.68
提高市民的参与程度	1611	46.71

续表

选　　项	选择频数	占比(%)
提高文明行为促进工作规划、计划的科学性和可操作性	1553	45.03
加大执法力度	1509	43.75
提高处罚金额	1298	37.63
让国家工作人员、教育工作者、人大代表和政协委员等起表率作用	1217	35.29
提高各组织、团体的参与程度	1199	34.76
其他	37	1.07

三　基本结论与对策建议

（一）简要分析与小结

杭州是历史文化名城、全国文明城市、全国卫生城市、全国最具幸福感城市，市民的荣誉感和归属感强，公共文明指数水平起点高。2016年杭州市民公共文明指数的快速增长，特别是外籍人士评价指数的跳跃性上升可视为G20杭州峰会这一重大事件在公共文明上的折射，是对杭州城市文明治理以及市民格外努力和用心参与的社会心理与社会行为的折射。在盛会结束后，市民的心态也逐渐平静、回归常态，而外籍人士和大量新杭州人则对城市文明发展有了更多的期待，城市管理虽进一步积累了经验但也迎来了新的挑战，在市民公共文明指数上体现为提升幅度的减缓，7个二级指标中公共秩序和公益服务两个指标的指数出现下降，呈现"五升两降"格局，外籍人士评价指数在跳跃式上升后也出现了一定的回调。

我们认为，对于杭州市民公共文明指数的变动迹象，应当全面、辩证地思考。①指数构成因素。按照主评与客评4∶6的固定权重确定的指数基准值，随着评价主体渐趋理性平和，主评指数总体呈下降之势，势必对综合指数的上升产生影响。②城市定位提升因素。建设世界名城的战略定位对市民的社会心理会有积极的暗示作用，人们对自身及身边人会有更高的要求，即便是同一评价指标也会随评价主体内心感受的变化而发生社会现象的扩大或迁移，而且归属感越强、参与度越高的评价主体就越容易将自己的情感意愿融入评价的指数值中。③重大事件因素。2016年G20杭州峰会是重大事件，2017年迎接全国文明城市复评是全市的一件大事，这两件大事对杭州市民公共文明指数都产生了直接的影响：一是推动了指数在高水平上的快速提升，树立了城市公共文明建设的标杆；二是巩固和发展了G20杭州峰会文明创建的成果，有效遏制了重大国际活动后城市不文明现象反弹的惯常情况，实现了指数水平稳中有升。

总体来看，杭州市民公共文明水平提升趋势明显且稳定，市民参与公共文明建设的意愿越来越强烈，市民对公共文明的评价标准也在不断提高。培育世界名城，不仅需要完善的硬件做支撑，更应具备无可比拟的软实力，包括良好的人文环境、鲜明的城市精神和高度的公共文明。而"独具韵味、别样精彩"的题中首要之义，就是以人为本，培育市民良好的文明素养，营造和谐发展的国际化人文环境，呈现引领现代文明潮流、彰显国际文明水准的良好风范。要在高起点上实现杭州城市文明建设的新突破，必须创新思路理念和工作方法，及时交出与加速推进城市国际化相适应的满意"文明"答卷。

（二）思考与对策

1. 以新时代新变化引领"中国梦"和社会主义核心价值观教育

习近平总书记提出的"中国梦"是凝聚和团结全国各族人民共同奋斗的强大精神力量。社会主义核心价值观，是以习近平同志为核心的党中央从新时代坚持和发展中国特色社会主义、实现中华民族伟大复兴的"中国梦"出发而提出的重大战略思想。① 党的十九大报告对培育和践行社会主义核心价值观做出了许多新的重大部署，充分反映了我们党在价值理念和价值实践上达到了一个新的高度。以新时代新变化引领"中国梦"和社会主义核心价值观教育，就是要进一步激发广大市民的爱国主义热情，坚定理想信念，

---

① 黄坤明：《培育和践行社会主义核心价值观》，《人民日报》2017年11月17日。

自觉维护习近平总书记在党中央、全党的核心地位，维护党中央权威和集中统一领导。这是新时代精神文明建设之首要问题，在具体实施过程中需要注重"四个引导"。①思想引导，即引导广大市民把"中国梦"教育与弘扬中国精神、培育社会主义核心价值观紧密结合起来，深入推进"学雷锋"活动以及"最美人物""道德模范""最美志愿者"等评选表彰活动，不断完善"最美"现象和志愿服务精神传播机制，以榜样的力量感召人、激励人。②价值引导，即引导广大市民把坚定"四个自信"、实现中华民族伟大复兴"中国梦"的远大理想与推进"美丽中国"样本建设、打造世界名城统一起来，与打造"最文明杭州"、做"最美杭州人"统一起来，以最佳精神状态投入城市建设中。③文化引导，即引导广大市民积极传承良好家风家训，弘扬中华美德和中华优秀传统文化，形成爱国爱家、相亲相爱、崇德向善、共建共享的文明新风尚，教育引导广大青少年树立远大志向、培育美好心灵，扣好人生第一粒扣子，打牢思想之基、价值观之基。④行为引导，即引导市民把"个人梦想"与"中国梦"结合起来，落实到从我做起、努力提升个人品德与文明素养的实际行动中，让社会主义核心价值观植入内心深处，成为自己的行动准则和价值标准，落实到爱岗敬业、遵规守纪、助人为乐、爱护环境、文明守礼等具体道德实践之中。

2. 以新技术新手段保障城市文明共建共享

城市公共文明建设是一项重要的民生工程，其本质是提升市民的生活质量和幸福指数。市民作为文明城市的直接受益者，也是城市文明建设最重要的参与者。建设高水平的文明城市，需要凝聚力量、共建共享。第一，发挥大数据的支撑作用，搭建社会组织和市民便捷有效参与的智慧型平台。围绕大数据积极搭建城市综合信息服务平台，用大数据支撑城市的精细化管理和科学管理，搭建便于市民更广泛参与志愿服务和城市管理、监督、评价、反馈的公共文明智能管理平台，引导社会组织和广大市民更加便捷有效地融入公共文明治理体系中。第二，借助新媒体，利用新技术，加强网络文明建设。网络是公共文明建设的主要阵地，要进一步增强做好地方网站工作的自觉性，更好地发挥网络文明传播志愿者的优势，唱响主旋律，弘扬正能量，加强网络正面宣传。同时，积极创新网络文明宣传工作方式，运用互联网思维，重点把握时效度，紧跟网络热点设置网络文明议题，引导网民有序参与。第三，更加注重智慧城市与文明城市发展的有机融合，更好地惠及百姓，推动城市文明共享。例如，通过智慧交通建设，做到实时精准地掌握道路交通流量，从而实现智能交通疏导，进而引导市民文明出行、绿色出行。又如，通过"智慧环保"建设，推进公共卫生智能化管理，对主要街巷及重点区域的卫生状况进行实时信息采集，提高对城市管理顽症的快速发现和处置能力。再如，通过智慧社区建设，使居家养老的老年人享受到随时看护、远程医疗等贴心服务，让家政综合信息服务惠及社区居民，让智能安防保证社区居民的人身和财产安全，让老百姓能够真正感受到智慧城市带来的便捷和实惠。

3. 以强化问题导向持续推进文明创建和综合治理

城市公共文明建设和市民文明素养的提升是一项系统工程，实质上也是一个查找问题、分析问题、解决问题的过程，需要持之以恒、久久为功。第一，重视行为"小节"，持续推进公共文明引导工程。杭州市民公共文明指数逐年提升，各种不文明现象的发生率也逐年下降，但是一些不文明现象的发生率依然较高或有波动，需要引起足够的重视。事实表明，少数随地吐痰、乱扔垃圾、闯红灯等不文明现象的存在，都可能产生一种暗示，诱导出一种模式，甚至引发"羊群效应"，导致更多不文明行为的发生。为此，必须坚持不懈地以做"最美杭州人"、打造"最文明杭州"为主题，持续推进基础文明引导行动。对乱吐乱扔、乱发乱贴小广告等传统顽固陋习，特别是在城郊区域，针对公共服务相对薄弱、卫生死角多、不文明现象发生率高等特点，要坚持多措并举，把专项治理和系统治理、综合治理、依法治理、源头治理结合起来。对于市民反映集中的养宠物问题、垃圾分类问题，要完善制度体系和设施体系，培育壮大志愿服务队伍，发挥社会组织的作用，并纳入文明社区创建内容。第二，进一步发挥法律对道德建设的保障支持作用，推进公共文明建设法治化。公共文明建设和市民文明素养培育既要依靠思想教育，又要依靠法律政策和规章制度，要"德法并举"，综合运用各种手段，将提倡与反对、引导与约束、奖励与惩处相结合，更好地保障合法、抵制非法，促进扬善惩恶、扶正祛邪良善社会氛围的形成、巩固和发展。在加强《杭州市文明行为促进条例》宣传实施的同时，要做好相关各类法规、规范、标准等在适用对象、范围、处罚措施等具体方面的区分和甄别，努力解决政策法规过于笼统和缺乏操作性的问题，不断提升政府执行力和公信力。同时，要适时修订各类公共场所文明公约，推动文明礼仪教育覆盖社会各类不同群体和城市公共生活领域的每个具体场所。① 第三，创新和完善城市公共治理的体制机制，为持续推进公共文明建设夯实基础。①完善党委领导、政府负责、社会协同、公众参与、法治保障的良好公共治理体制、治理结构和制度，贯彻党的十九大关于加强和创新社会治理的新思想、新理念，在社会化、法治化、智能化、专业化和经常性、制度性、规范性上下功夫，如志愿者怎么参与，社会组织怎么发挥作用等，要更好地总结经验，加强研究，逐步形成一套行之有效的制度安排。②推进基本公共服务均等化，统筹城乡公共文明建设。人们能否遵守公共文明规范，在一定程度上取决于基本公共服务的供给能力、水平和质量。② 从调查情况来看，近年来，杭州的基本公共服务水平显著提升，但依然存在供给不足和城乡失衡等问题。推进杭州城市公共文明建设，必须从大力改进公共服务入手，坚持城乡统筹，以满足不同群体多样化、高品质的生活需求为目标，进一步做好城市基本公共服务体系的规划、建设和管理。③着力提升政府执行力，更好地发挥党政机关、公职人员在公共文明建设中的表率作用。公共文明建设的前提和基础是创造与维护社会的公平、正义，维护公众的合法权益。政府执行力不足，公共文明就很难内化为市民的个人素养，公共文明的相关法律法规也就难以得到有效的贯彻实施。因此，要努力提高各级机关依法履行职责的水平和能力，发挥好各级党政机关和公职人员的文明礼仪示范作用，以及在公共文明实践中的模范带头作用。

---

① 陈冬：《关于首都公民道德建设现状及对策》，载首都精神文明建设委员会办公室编《国家文化中心与公共文明》，北京出版社，2013，第365页。
② 北京市人大常委会课题组：《首都公共文明建设调研报告》，载首都精神文明建设委员会办公室编《国家文化中心与公共文明》，北京出版社，2013，第352页。

问卷分析报告

2017年杭州市民公共文明指数调查主评问卷分析报告

主评问卷主要调查杭州市民对自我行为的主观评价，其得出的主评指数是杭州市民公共文明综合指数的重要组成部分。2017年主评指标体系与2016年所用指标体系基本保持一致，由公共卫生、公共秩序、公共交往、公共观赏、公益服务、网络文明、国际礼仪文明7个二级指标和49个三级指标构成。本次调查涵盖杭州市九城区（上城区、下城区、江干区、拱墅区、西湖区、滨江区、萧山区、余杭区和富阳区），尚未包括2017年8月新设立的临安区。调查的对象是16岁及以上的杭州市民（包括杭州九城区居民、城郊农民和外来务工人员，尚未包括在杭外籍人员）。总计发放问卷3500份，回收问卷3451份，问卷回收率和问卷有效率分别为98.60%和100%。

一 样本基本情况分析

受访者区域分布情况：上城区有效问卷181份，占九城区总有效问卷的

5.24%（以下若无特别说明，均指有效问卷）；下城区 252 份，占 7.30%；江干区 500 份，占 14.49%；拱墅区 271 份，占 7.85%；西湖区 494 份，占 14.31%；滨江区 159 份，占 4.61%；萧山区 730 份，占 21.15%；余杭区 512 份，占 14.84%；富阳区 352 份，占 10.20%（见图 1）。

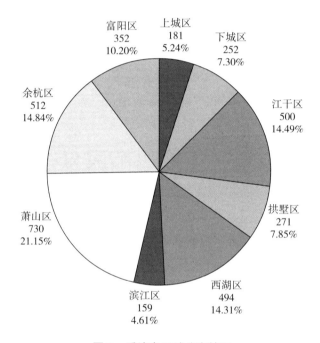

图 1　受访者区域分布情况

受访者性别分布情况：男性 1552 人，占 44.97%；女性 1899 人，占 55.03%（见图 2）。

受访者年龄分布情况：16～24 岁 986 人，占 28.57%；25～34 岁 1080 人，占 31.30%；35～44 岁 872 人，占 25.27%；45～54 岁 265 人，占 7.68%；55～64 岁 156 人，占 4.52%；65 岁及以上 91 人，占 2.64%；未注明 1 人，占 0.03%（见图 3）。

受访者学历分布情况：小学及以下 159 人，占 4.61%；初中 471 人，占 13.65%；高中/中专 832 人，占 24.11%；大专 525 人，占 15.21%；本科 1265 人，占 36.66%；研究生及以上 199 人，占 5.77%（见图 4）。

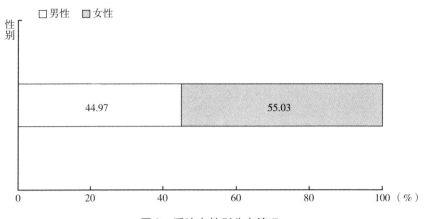

图2 受访者性别分布情况

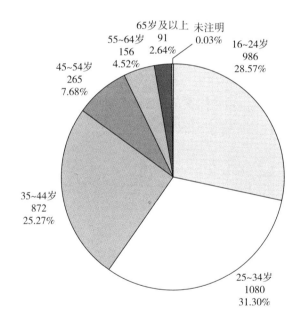

图3 受访者年龄分布情况

受访者政治面貌分布情况：群众1735人，占50.28%；共青团员1196人，占34.66%；中共党员492人，占14.26%；民主党派28人，占0.81%（见图5）。

受访者在杭居住年限分布情况：5年及以下1157人，占33.53%；6～

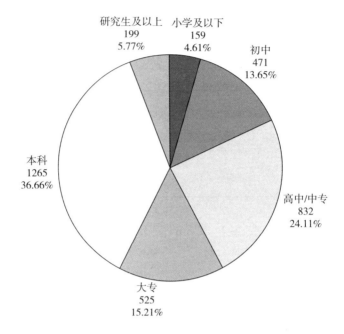

图4　受访者学历分布情况

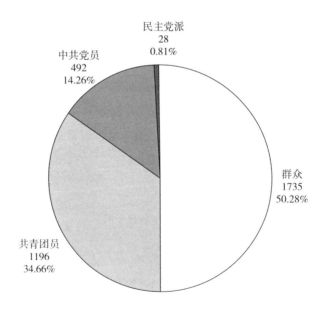

图5　受访者政治面貌分布情况

10 年 701 人，占 20.31%；11~20 年 546 人，占 15.82%；21 年及以上 1046 人，占 30.31%；未注明 1 人，占 0.03%（见图 6）。

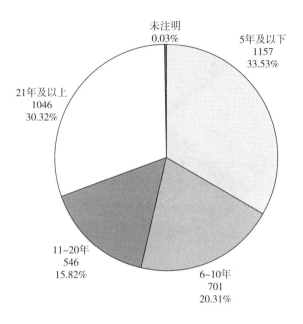

图6　受访者在杭居住年限分布情况

受访者职业分布情况：机关行政人员 117 人，占 3.39%；事业单位人员 348 人，占 10.08%；企业管理人员 272 人，占 7.88%；企业普通职工 611 人，占 17.71%；个体经营者 543 人，占 15.73%；自由职业者 337 人，占 9.77%；学生 740 人，占 21.44%；务农人员 27 人，占 0.78%；待业人员 60 人，占 1.74%；离退休人员 108 人，占 3.13%；其他 288 人，占 8.35%（见图 7）。

受访者户籍类型分布情况：杭州户籍 2090 人，占 60.56%；外地户籍 1361 人，占 39.44%。其中，杭州城镇 1390 人，占 40.28%；杭州农村 700 人，占 20.28%；外地城镇 701 人，占 20.31%；外地农村 660 人，占 19.12%（见图 8）。

本次调查中，各城区发放问卷的数量，参照杭州市九城区常住人口数量

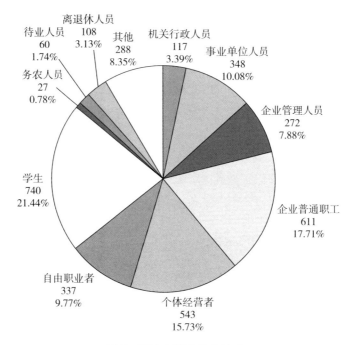

图7 受访者职业分布情况

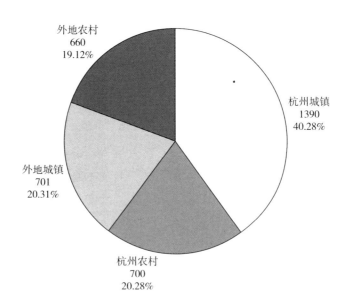

图8 受访者户籍类型分布情况

的比例确定。样本中受访者男女人数比例大致相当,其中 25 ~ 54 岁的中青年受访者所占比重较大,总计 2217 人,占受访者总人数的 64.24%。此年龄段人群作为城市建设发展的中坚力量,是杭州市区流动性较大的一个群体,一般情况下能够在多种场合和地点较为客观地评价市民的公共文明行为。初中至本科学历的受访者总计 3093 人,占受访者总人数的 89.63%,职业覆盖面广,从而保证了他们对问卷问题的正确理解,使得统计结果具有可参照性。

在杭居住年限超过 20 年的有 1046 人,占受访者总人数的 30.32%;在杭居住年限超过 10 年的有 1592 人,占受访者总人数的 46.13%。大多数受访者在杭居住年限比较长,也有不少人是"生于斯长于斯"甚至数代如此的本地市民,他们是杭州城市公共文明的承载者、建设者,他们的行为可以反映出杭州市民的整体文明素养。

在户籍方面,有两点需要补充说明:第一,杭州九城区居民基本以城镇户籍为主,仅萧山区、余杭区和富阳区还存在一定数量的农村户籍人口,因此,务农人员调查仅针对萧山区、余杭区和富阳区,所占比例自然也较低;第二,在问卷调查过程中发现,许多街边店面的营业人员将自己划归"其他"人员行列。

从本次调查的样本总量构成情况来看,本次调查选取的样本科学有效,问卷统计结果可以真实地反映 2017 年杭州市民对公共文明行为的自我评价状况,可以作为杭州市深化文明城市建设、加快城市国际化、建设世界名城的重要参考。

二 市民公共文明自我评价情况

(一)总体情况分析

2017 年杭州市民公共文明主评指数仍然参照公共卫生、公共秩序、公共交往、公共观赏、公益服务、网络文明、国际礼仪文明 7 个二级指标和

49 个三级指标进行问卷统计调查。问卷调查统计结果显示，2017 年杭州市民公共文明主评指数为 88.54，其中公共卫生 90.15、公共秩序 90.21、公共交往 89.19、公共观赏 90.21、公益服务 81.63、网络文明 89.43、国际礼仪文明 87.23（见图 9）。与 2016 年主评指数 88.17、2015 年主评指数 88.70、2014 年主评指数 90.33 相比，2017 年杭州市民公共文明主评指数呈现相对稳定的态势。

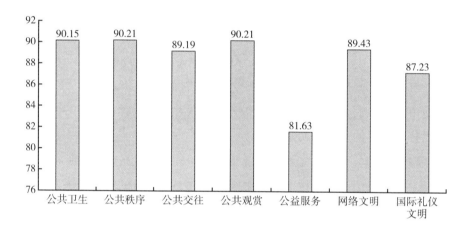

图 9　公共文明二级指标主评指数

（二）三级指标数据分析

总的来看，49 个三级指标所涵盖的公共行为，是从公共文明的各个层次全面细致地考察和评价杭州市民公共文明行为的表现及特点的，各行为指标紧密相连，共同构成了一个完整的公共文明测评体系。

1. 公共卫生方面

统计结果显示，2017 年杭州市民在公共卫生方面的主评指数为 90.15，高于 2016 年的 88.74。该主评指数主要通过对 7 个三级指标测评得出，这 7 个三级指标主评指数分别为"把垃圾扔进垃圾箱"92.29、"垃圾分类投放"84.66、"不随地吐痰、便溺"91.30、"不在设有禁烟标志的公共场所抽烟"91.37、"打喷嚏时，有所遮掩"90.33、"遇宠物时，主动清理其排泄物"

89.34、"不乱张贴小广告、不乱涂写"91.74（见图10）。其中，主评指数最高的是"把垃圾扔进垃圾箱"，最低的是"垃圾分类投放"。2016年主评指数最高和最低的指标也是这两个。

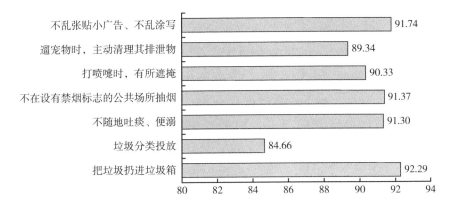

图10 公共卫生三级指标主评指数

杭州作为全国文明城市，一方面，公共卫生基础设施非常健全，垃圾箱分布广泛，设置合理，市民能够非常方便地"把垃圾扔进垃圾箱"；另一方面，通过多年的宣传推广，爱护公共卫生环境已经成为市民日常的行为规范，即使某路段暂时没有垃圾箱，绝大多数市民也不会随地乱丢垃圾，而是自觉拿在手中直到发现垃圾箱再把垃圾丢进去，因此该项行为的主评指数最高。

"垃圾分类投放"的主评指数连续4年最低。近年来，杭州市一直在大力推广垃圾分类投放，在配套设施和宣传上下了很大功夫，但是在实际操作层面仍存在较大的问题。通过访谈，发现居民对垃圾分类投放是积极支持的，但是掌握的垃圾分类知识有限，区内没有负责指导居民垃圾分类的专员。市政府在垃圾分类的人力、物力、财力上的有效投入不够，采用的技术手段不先进，降低了垃圾分类的效率，有时居民花费很大力气将垃圾分类投放，结果市政卫生车辆又将分好类的垃圾混在一起拉走。同时，垃圾分类投放的奖惩制度也不到位。

2.公共秩序方面

统计结果显示，2017年杭州市民在公共秩序方面的主评指数为90.21，与2016年的89.65相比略有提升。该主评指数主要通过对12个三级指标测评得出，其中新增指标"共享单车不乱停、乱放"，删除指标"驾车不抢道、超车、变道或加塞"。这12个三级指标主评指数分别为"乘坐公交时有序排队上下车"92.05、"乘坐地铁时有序排队上下车"91.33、"遵守'一米线'外等候的规定"90.76、"不在公共场所大声喧哗"90.40、"行人不乱穿马路、乱闯红灯、乱翻栏杆"90.63、"驾车在斑马线前礼让行人"91.25、"共享单车不乱停、乱放"87.62、"在地面标示的规定区域内停车"90.54、"非机动车不闯红灯、不走机动车道"90.78、"上下台阶时主动靠右行走"88.02、"遛宠物时，注意把宠物拴好"89.01、"乘坐电梯时先出后进"90.08（见图11）。

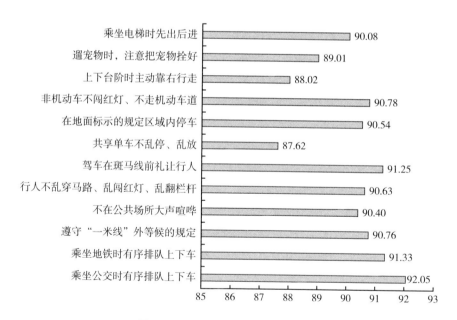

图11 公共秩序三级指标主评指数

其中，主评指数最高的是"乘坐公交时有序排队上下车"，主评指数最低的是"共享单车不乱停、乱放"，其余10个指标主评指数得分情况都为

"较好"。特别是杭州多年来力行"斑马线前礼让行人",效果非常显著,深受市民和游客称赞,杭州已经成为国内严格执行交通法规、确保行人行路权益和人身安全的代表城市。自 2017 年起,国内很多城市开始向杭州学习,通过严格执法确保机动车"斑马线前礼让行人"。

就目前杭州的具体情况来看,公交车、出租车在"斑马线前礼让行人"方面的执行情况要好于私家车,市区的执行情况要好于城郊接合部,本地车的执行情况要好于外地车,但此项工作仍有较大的提升空间。共享单车问题给杭州城市社会治理服务带来了巨大的挑战。杭州作为共享单车的发源地,在此行业快速发展、便民的同时,管理政策未能及时跟上,导致共享单车乱停乱放的现象非常突出。

3. 公共交往方面

统计结果显示,2017 年杭州市民在公共交往方面的主评指数为 89.19,略高于 2016 年的 88.82。该主评指数主要通过对 5 个三级指标测评得出,这5 个三级指标主评指数分别为"与人交流时面带微笑,态度和蔼"89.52、"交谈时不大声喧哗"88.97、"陌生人问路时,耐心、详细解答"88.77、"主动给予外地游客方便或帮助"88.05、"能给老、弱、病、残、孕及怀抱婴儿者让座"90.65(见图 12)。其中,主评指数最高的是"能给老、弱、病、残、孕及怀抱婴儿者让座",这是日常生活中市民最为普遍的公共交往行为,真实地反映了杭州市民较高的文明素养水平;主评指数最低的是"主动给予外地游客方便或帮助",该行为具有一定的场域限制性,并非居民生活中的常态,虽然在公共交往方面的 5 个三级指标中主评指数最低,但仍处于"较好"水平。

市民在公共交往方面表现出来的公德素质,是现代文明社会中人与人交往的基础,也是衡量一个城市公民素质的重要标准。杭州作为文明城市、国际知名的旅游城市,市民始终以欢迎的姿态和亲和的态度,文明礼貌地同他人交往,无论是熟人还是陌生人,无论是本地人还是外来人口,不分职业、年龄,不论贫富贵贱,均一视同仁,尽其所能为他人提供帮助,展示了杭州市民在公共交往方面大度、宽容、文明的形象,让来杭者感受到了城市的宽

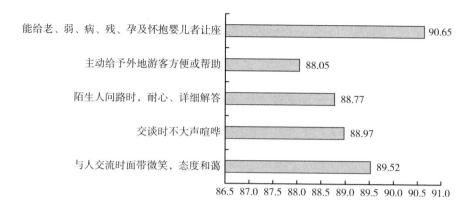

图12　公共交往三级指标主评指数

容、尊重、愉悦与和谐。

4. 公共观赏方面

统计结果显示，2017年杭州市民在公共观赏方面的主评指数为90.21，略高于2016年的89.39。该主评指数主要通过7个三级指标测评得出，这7个三级指标主评指数分别为"按时入场、退场"90.63、"在入口处，主动配合做好安检工作"91.33、"手机关机或调为静音、振动"89.29、"在影剧院内，安静观赏，不交头接耳、不随意走动"88.65、"观赏时，适时给予掌声鼓励"89.28、"不谩骂、起哄或围攻裁判员、运动员或其他工作人员"91.33、"不在观众席向演出或比赛场地投掷杂物"90.92（见图13）。

公共观赏方面的7个行为表现中，主评指数最高的是"在入口处，主动配合做好安检工作"和"不谩骂、起哄或围攻裁判员、运动员或其他工作人员"，主评指数最低的是"在影剧院内，安静观赏，不交头接耳、不随意走动"。杭州的文体市场非常成熟，每年市民足不出城就可以观赏到各种精彩纷呈的文艺演出、艺术展览以及高水平的体育竞技赛事等。市民在观赏的基本要求方面已经形成了文明共识并积极实践，但是也有一些行为有待改进。最典型的就是在影剧院等需要安静的公共场所时有交头接耳、随意走动的现象。不仅如此，在图书馆、博物馆、艺术馆、科技馆等公益性文化场

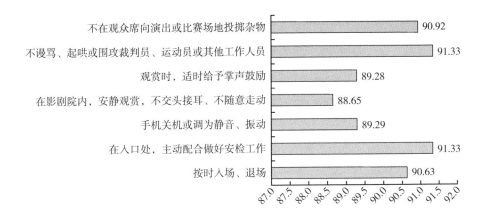

图13　公共观赏三级指标主评指数

所，无视场所基本要求，随意走动说话、带孩子嬉戏打闹、对艺术品开闪光灯拍照等行为也时有发生，需要通过持续深入的宣传教育来改变这种现象。需要说明的是，在公共观赏的三级指标中，尚未列入市民在以上公益性公共文化场所中对公共文明行为的调查取样。

5. 公益服务方面

统计结果显示，2017年杭州市民在公益服务方面的主评指数为81.63，与2016年的83.50相比略有下降。该主评指标主要通过6个三级指标测评得出，这6个三级指标主评指数分别为"参加献血、捐助等公益活动"82.93、"只要条件允许，愿意作为志愿者提供服务"84.69、"积极参加公益知识讲座，向他人宣传公益知识"81.08、"鼓励身边的人参与公益服务"80.53、"自发做些公益服务"79.74、"积极参与各类会议赛事活动的志愿服务"80.80（见图14）。其中，主评指数最高的是"只要条件允许，愿意作为志愿者提供服务"；主评指数最低的是"自发做些公益服务"，这也是49个指标中最低的一个，说明市民主动参与公益服务的意识还有待增强。

虽然目前我国对"公益服务"的具体含义尚未达成一致，但是约定俗成的共识有两条：一是对政府而言，为居民提供尽可能多的免费的公共资源和公共服务；二是对居民个人而言，在本职工作之外义务帮助他人、服务社

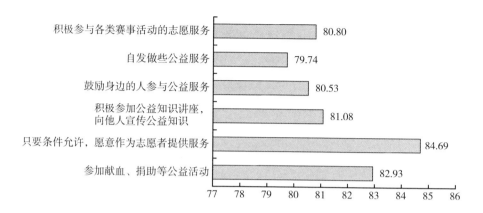

图 14　公益服务三级指标主评指数

会的行为。2016 年 G20 杭州峰会招募了大量的志愿者，很多市民希望为峰会的召开贡献自己的力量，公益服务理念在杭州得到广泛宣传。因此，2016 年杭州市民在公益服务方面的主评指数相对较高。参与各种社会公益活动的主体仍以年轻人特别是在校大学生为主力，如每年的乌镇互联网大会都要招募大量大学生志愿者。杭州各街道社区也按照文明城市建设的要求组织了志愿者队伍，但是效果不一。相比较而言，学生群体以外的市民，参与公益服务的时间有限，获取消息的途径也有限，参与活动的主动性尚待提高，而提高参与活动主动性的最重要方式是加深市民对公益服务的认识。

6. 网络文明方面

统计结果显示，2017 年杭州市民在网络文明方面的主评指数为 89.43，略高于 2016 年的 88.82。该主评指数主要通过 5 个三级指标测评得出，这 5 个三级指标主评指数分别为"文明用语，不谩骂、攻击他人"90.76、"不浏览/传播色情、暴力、封建迷信等不良信息"90.55、"不听信/散布谣言，不传播虚假（欺诈）信息"90.19、"能合理安排上网时间，不沉迷网络"86.62、"不窥探、传播他人隐私"89.06。这 5 个指数中除了"能合理安排上网时间，不沉迷网络"较低外，其余 4 个均非常高。

网络世界并不是脱离现实社会的虚拟世界，而是现实社会的深度延伸，一个具有高度文明的现代化城市，必定会形成良好的网络文明。该组主评指

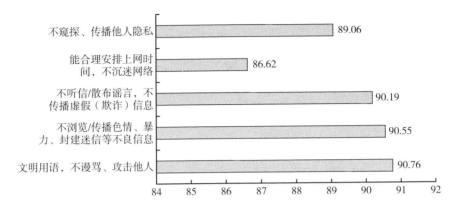

图15　网络文明三级指标主评指数

数真实地反映了杭州城市文明建设的高度和质量。杭州是一个互联网非常发达的城市。2016年12月，由中国互联网协会、新华网和蚂蚁金服联合发布的《新空间·新生活·新治理——中国新型智慧城市·蚂蚁模式》白皮书数据显示，杭州市以383.14的高分成为最智慧城市，"互联网＋"社会服务总指数在全国排名第一。能够取得这一成绩，除了发达的互联网产业、高科技人才外，良好的网络文明也是重要支撑和保障。

"能合理安排上网时间，不沉迷网络"成为该组指标中的最低指数（但仍属于"良好"水平）并不令人意外。沉迷网络，尤其是青少年沉迷网络是一个普遍的社会现象。课题组曾针对在杭高校大学生的上网情况展开过专门的问卷调查，调查结果显示，大学生在合理安排上网时间方面较难控制。中国青少年网络协会自2005年起持续对中国青少年的网瘾状态进行调查，几次调查结果都显示上千万名青少年有网瘾情况。最近两年的网游上瘾成为社会性问题。作为中国互联网发展标杆性城市的杭州，应在此领域做出有益的尝试和创新。

7. 国际礼仪文明方面

统计结果显示，2017年杭州市民在国际礼仪文明方面的主评指数为87.23，略高于2016年的86.95。该主评指数主要通过7个三级指标测评得出，这7个三级指标主评指数分别为"在外籍人士面前，能自觉维护国家及杭州的形象与声誉"91.03、"能热情友善对待外籍人士,并愿为其提供力所能及的帮助与服务"89.09、"不随意询问有关他人隐私问题(如年龄、家庭、收入等)"88.81、"能积极主动学习外语,并在与外籍人士交流时使用外语"83.62、"积极学习了解并遵循国际通行的礼仪规范"84.46、"参加正式涉外活动时,能着正装出席"86.37、"尊重外籍人士的习俗禁忌"87.25(见图16)。

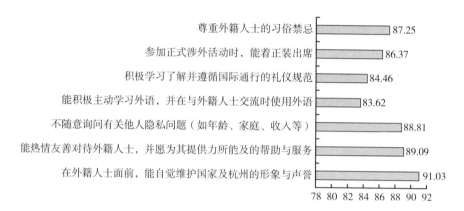

图16 国际礼仪文明三级指标主评指数

2016年9月,G20杭州峰会的召开极大地提升了杭州的国际知名度,建设国际化世界名城成为杭州下一步的发展目标。杭州正以前所未有的积极开放的姿态吸引着世界的目光。国际文明礼仪已经成为杭州公共文明礼仪的重要组成部分。2016年和2017年主评指数最高的都是"在外籍人士面前,能自觉维护国家及杭州的形象与声誉",这说明杭州市民有较强的民族自尊心和自豪感,拥有真挚朴素的爱国情怀。2016年和2017年主评指数最低的都是"能积极主动学习外语,并在与外籍人士交流时使用外语",这说明杭州市民应该加强外语的学习和应用。而在外籍人士座谈会上,部分座谈代表则表达了在杭外籍人士大多希望杭州市民能用汉语与其交流的意愿,这也说明汉语在当今世界作为交流语言的广泛性。

8. 三级指标比较分析

将49个三级指标主评指数进行比较(见图17)可知,2017年杭州市民

把垃圾扔进垃圾箱 92.29
乘坐公交时有序排队上下车 92.05
不乱张贴小广告、不乱涂写 91.74
不在设有禁烟标志的公共场所抽烟 91.37
不谩骂、起哄或围攻裁判员、运动员或其他工作人员 91.33
在入口处，主动配合做好安检工作 91.33
乘坐地铁时有序排队上下车 91.33
不随地吐痰、便溺 91.30
驾车在斑马线前礼让行人 91.25
在外籍人士面前，能自觉维护国家及杭州的形象与声誉 91.03
不在观众席向演出或比赛场地投掷杂物 90.92
非机动车不闯红灯、不走机动车道 90.78
文明用语，不谩骂、攻击他人 90.76
遵守"一米线"外等候的规定 90.76
能给老、弱、病、残、孕及怀抱婴儿者让座 90.65
按时入场、退场 90.63
行人不乱穿马路、乱闯红灯、乱翻栏杆 90.63
不浏览/传播色情、暴力、封建迷信等不良信息 90.55
在地面标示的规定区域内停车 90.54
不在公共场所大声喧哗 90.40
打喷嚏时，有所遮掩 90.33
不听信/散布谣言，不传播虚假（欺诈）信息 90.19
乘坐电梯时先出后进 90.08
与人交流时面带微笑，态度和蔼 89.52
遛宠物时，主动清理其排泄物 89.34
手机关机或调为静音、振动 89.29
观赏时，适时给予掌声鼓励 89.28
能热情友善对待外籍人士，并愿为其提供力所能及的帮助与服务 89.09
不窥探、传播他人隐私 89.06
遛宠物时，注意把宠物拴好 89.01
交谈时不大声喧哗 88.97
不随意询问有关他人隐私问题（如年龄、家庭、收入等） 88.81
陌生人问路时，耐心、详细解答 88.77
在影剧院内，安静观赏，不交头接耳、不随意走动 88.65
主动给予外地游客方便或帮助 88.05
上下台阶时主动靠右行走 88.02
共享单车不乱停、乱放 87.62
尊重外籍人士的习俗禁忌 87.25
能合理安排上网时间，不沉迷网络 86.62
参加正式涉外活动时，能着正装出席 86.37
只要条件允许，愿意作为志愿者提供服务 84.69
垃圾分类投放 84.66
积极学习了解并遵循国际通行的礼仪规范 84.46
能积极主动学习外语，并在与外籍人士交流时使用外语 83.62
参加献血、捐助等公益活动 82.93
积极参加公益知识讲座，向他人宣传公益知识 81.08
积极参与各类赛事活动的志愿服务 80.80
鼓励身边的人参与公益服务 80.53
自发做些公益服务 79.74

72 74 76 78 80 82 84 86 88 90 92 94

图17　三级指标主评指数

自我评价最高的 10 项公共文明行为的指数值都在 90 以上，其中指数值最高的是"把垃圾扔进垃圾箱"（见图18）；自我评价最低的 10 项公共文明行为的分布相对集中，含 1 项公共卫生行为、3 项国际礼仪文明行为，而公益服务方面的 6 个三级指标均在列（见图19）。这些数据所反映的问题，是杭州市公共文明建设必须下大力气解决的问题。

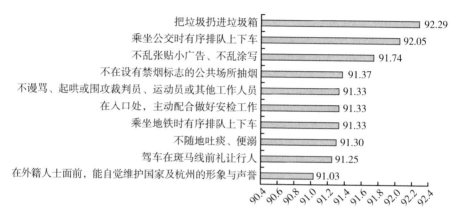

图18 市民自我评价最高的 10 项公共文明行为

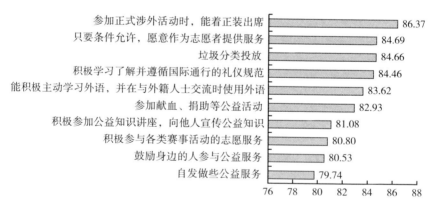

图19 市民自我评价最低的 10 项公共文明行为

（三）不同群体样本的比较分析

与 2016 年一样，基于成本收益原则，为了有侧重地对不同群体的公共行为进行规范，课题组将被调查人员按性别、年龄、学历、政治面貌、户籍类型、在杭居住年限等类型进行划分，并将其主评指数进行比较，分析不同类型群体的行为差异，以使提出的政策建议更具实效性和可操作性。

1. 不同性别群体样本的比较分析

统计结果显示，2017年杭州市民公共文明主评指数中，女性的主评指数为88.86，高于男性的88.15；从二级指标主评指数来看，除公益服务外，受访者中女性的各项主评指数也都略高于男性（见图20）。这与2016年的比较结果一致。

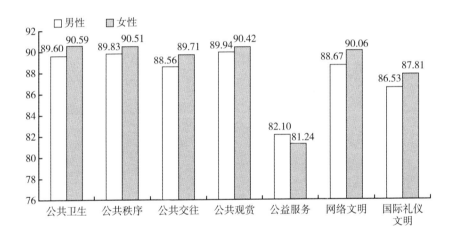

图 20　不同性别群体二级指标主评指数

具体到49个三级指标中，女性在"垃圾分类投放""共享单车不乱停、乱放""在影剧院内，安静观赏，不交头接耳、不随意走动"以及"参加献血、捐助等公益活动"等所有公益服务的6个三级指标总计9个指标的主评指数略低于男性，差值最大的行为是"参加献血、捐助等公益活动"，达到1.51。其余40个指标的主评指数女性都高于男性，其中差值在1以上的指标有19个（见图21），最大差值为"不随地吐痰、便溺"，达到1.93。这表明，总体来看女性更注重公共文明行为。

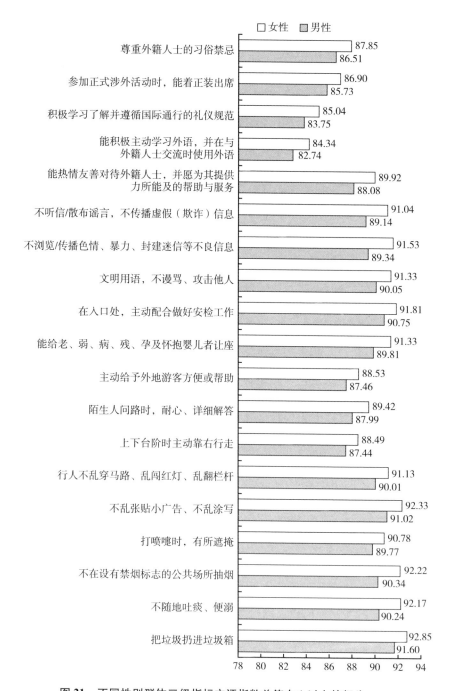

图 21　不同性别群体三级指标主评指数差值在 1 以上的行为

2. 不同年龄群体样本的比较分析

处于不同人生阶段的市民，其知识积累、社会经验、收入状况不同，在待人接物的习惯和自我评价观念上也存在差别。通过对不同年龄群体公共文明主评指数的比较分析，有助于我们根据年龄认知的特点，有的放矢地制定建设公共文明的方法、制度和途径（见图22）。

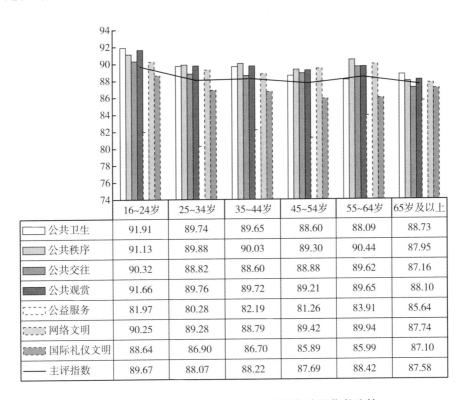

	16~24岁	25~34岁	35~44岁	45~54岁	55~64岁	65岁及以上
公共卫生	91.91	89.74	89.65	88.60	88.09	88.73
公共秩序	91.13	89.88	90.03	89.30	90.44	87.95
公共交往	90.32	88.82	88.60	88.88	89.62	87.16
公共观赏	91.66	89.76	89.72	89.21	89.65	88.10
公益服务	81.97	80.28	82.19	81.26	83.91	85.64
网络文明	90.25	89.28	88.79	89.42	89.94	87.74
国际礼仪文明	88.64	86.90	86.70	85.89	85.99	87.10
主评指数	89.67	88.07	88.22	87.69	88.42	87.58

图22 不同年龄群体主评指数及二级指标主评指数比较

从不同年龄群体的主评指数看，随着年龄的增长，主评指数总体呈波浪式波动趋势。其中，16~24岁群体的主评指数最高，达到89.67；其次是55~64岁群体，主评指数为88.42；而65岁及以上群体的主评指数最低，为87.58。从二级指标看，在公共卫生、公共秩序、公共交往、公共观赏、网络文明、国际礼仪文明方面青少年的自我评价较高，这也从一个侧面反映出以G20杭州峰会为契机，杭州市团委启动的杭州青年对外宣传与推广国际化行动、推动杭州青年人才工作站走向国际化，以及开展的两岸青年圆桌会、第二届两岸青少年住家交流营、两岸青年文明指数提升行动等活动卓有成效。65 岁及以上群体的主评指数较低，也与他们并不熟悉问卷中涉及的一些问题有关。老年人的积极作用还有待发挥。

不过，值得注意的是，在对公益服务行为的自我评价上，55 ~ 64 岁群体以及有更多业余时间的 65 岁及以上群体的主评指数较高，分别达到 83.91 和 85.64，这说明他们回馈社会的意愿更强。结合公益服务主评指数总体偏低的情况，空余时间有可能成为制约杭州市民参与公益服务的主要因素之一。

3. 不同学历群体样本的比较分析

不同学历的杭州市民具有不同的知识储备，同时学校环境和学校教育会对人的思想观念、品德行为造成潜移默化的影响。因此，我们对不同学历群体的主评指数进行比较分析（见图 23），以寻找学历与公共文明行为之间的关联。但是因问卷并不涉及对受访者家庭生活环境、工作环境等方面的调查，此调查结果也仅有一定的参考价值。

从不同学历群体的主评指数看，随着学历的升高，主评指数总体呈逐步上升趋势。其中，小学及以下学历群体的主评指数最低，为 86.60；而本科、研究生及以上学历群体的主评指数较高，均达到 89 以上。二级指标主评指数的分布趋势和主评指数基本一致。这一方面反映出教育对培养市民公共文明行为和意识的重要性，另一方面也提醒我们在城市公共文明建设过程中，除了在学校进行宣传和组织活动外，还要多举办适合低学历群体的相关宣传教育活动。

4. 不同政治面貌群体样本的比较分析

一般认为，不同政治面貌的市民，个人的知识素养、道德修为、理想信念都会有所不同。从不同政治面貌群体的主评指数看，中共党员和民主党派的主评指数较高，均为 89 以上；群众和共青团员的主评指数略低，但也超过了 88。二级指标主评指数的分布情况和主评指数基本一致（见图 24）。

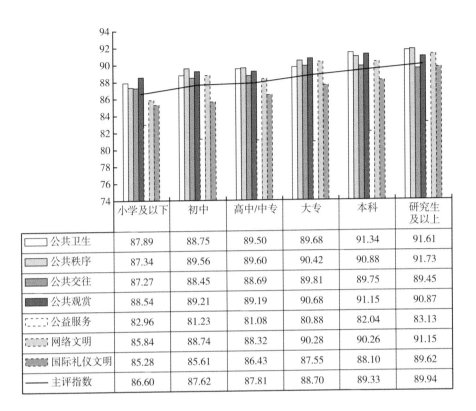

	小学及以下	初中	高中/中专	大专	本科	研究生及以上
公共卫生	87.89	88.75	89.50	89.68	91.34	91.61
公共秩序	87.34	89.56	89.60	90.42	90.88	91.73
公共交往	87.27	88.45	88.69	89.81	89.75	89.45
公共观赏	88.54	89.21	89.19	90.68	91.15	90.87
公益服务	82.96	81.23	81.08	80.88	82.04	83.13
网络文明	85.84	88.74	88.32	90.28	90.26	91.15
国际礼仪文明	85.28	85.61	86.43	87.55	88.10	89.62
主评指数	86.60	87.62	87.81	88.70	89.33	89.94

图 23　不同学历群体主评指数及二级指标主评指数比较

5. 不同户籍类型和在杭居住年限群体样本的比较分析

成长环境、在杭居住年限不同也会影响市民在公共文明行为上的表现。通过对不同户籍类型（包括杭州城镇、杭州农村、外地城镇、外地农村户籍）群体的主评指数进行比较分析可以发现，外地户籍群体的主评指数均高于相应的杭州户籍群体的主评指数，其中外地城镇户籍群体的主评指数最高，为89.05，比主评指数最低的杭州农村户籍群体高1.43（见图25）。杭州农村户籍居民的主评指数连续两年都是最低的，这说明杭州作为文明城市，一方面，其内在的文明程度可以让外来者感受到，并自觉成为文明行为的践行者；另一方面，杭州农村居民的公共文明建设还需要进一步加强。

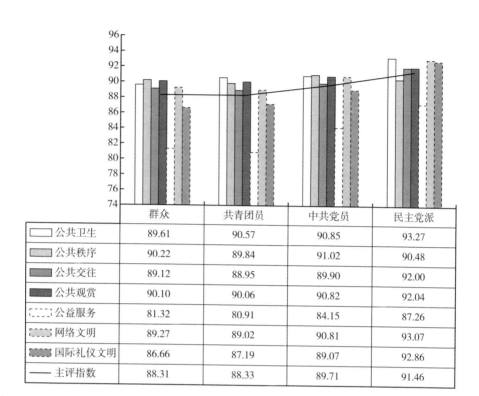

	群众	共青团员	中共党员	民主党派
公共卫生	89.61	90.57	90.85	93.27
公共秩序	90.22	89.84	91.02	90.48
公共交往	89.12	88.95	89.90	92.00
公共观赏	90.10	90.06	90.82	92.04
公益服务	81.32	80.91	84.15	87.26
网络文明	89.27	89.02	90.81	93.07
国际礼仪文明	86.66	87.19	89.07	92.86
主评指数	88.31	88.33	89.71	91.46

图24 不同政治面貌群体主评指数及二级指标主评指数比较

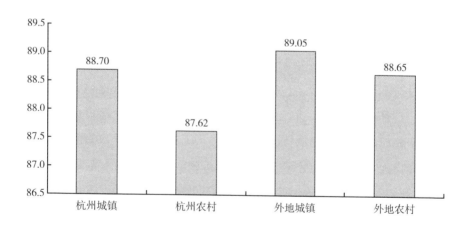

图25 不同户籍类型群体主评指数比较

通过分析不同在杭居住年限群体的主评指数（见图26）可以发现，在杭居住年限为5年及以下群体的主评指数最高，为89.15；参与公益服务的意愿也最高，主评指数为82.20。这与2016年的结果明显不同。2016年在杭居住年限为10年以上群体的主评指数较高，而且在杭居住年限越长的群体参与公益服务的意愿也越强，其中在杭居住年限为21年及以上的群体在公益服务方面的主评指数达到84.53，而在杭居住5年及以下的群体在公益服务方面的主评指数仅为82.58。在公益服务方面，2016年因有G20杭州峰会的带动，有可能出现短时性的波动。但是2017年在杭居住年限为5年及以下群体的主评指数最高，这一方面说明杭州的公共文明能够内化为他们的行为准则，另一方面也说明这些新杭州人本身具有较高的公共文明道德水平，愿意参与杭州的公共文明建设。

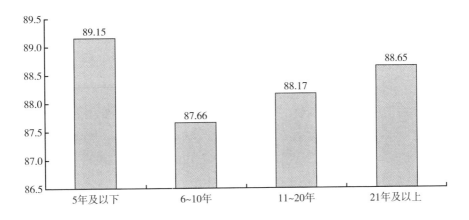

图26 不同居住年限群体主评指数比较

三 历年主评指数比较分析

2017年是杭州市民公共文明指数调查的第四个年头，也是G20杭州峰会结束后的第一年。2017年8月，杭州顺利通过了三年一次的文明城市复评，继续保留"全国文明城市"的荣誉称号。经过四年的持续观测，课题组积累了大量的数据资料，每年设置的二级指标和三级指标仅有细微变化，可以进行历年的综合比较。而通过历年各项主评指数的比较分析，进而发现杭州公共文明建设的趋势特点，有助于我们总结经验、查找不足，为杭州在加快城市国际化进程以及建设独特韵味、别样精彩的世界名城过程中进一步提升城市公共文明建设水平提供参考。

（一）历年各级指标主评指数比较分析

统计结果显示，2017年杭州市民公共文明主评指数为88.54，与2016年的88.17、2015年的88.70基本持平，但低于2014年的90.33，近三年主评指数相对平稳，二级指标主评指数也呈现同样的趋势（见图27）。其中，变化相对较大的是2016年的公益服务主评指数为历年最高，这与G20杭州峰会的召开关联度较大。2017年与2016年相比，除了公益服务主评指数得分略低以外，其余各项二级指标主评指数相差不大。

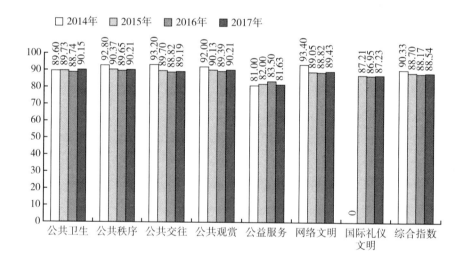

图27　历年杭州市民公共文明主评指数与二级指标主评指数的比较

2014～2016年三级指标主评指数的比较分析，可参见《2016年杭州市民公共文明指数调查主评问卷分析报告》。这里仅对2016年与2017年进行

比较，主评指数上升值大于等于 1 的公共行为有 17 项，上升值居前五位的
分别为"把垃圾扔进垃圾箱"2.05、"不乱张贴小广告、不乱涂写"1.95、
"在外籍人士面前，能自觉维护国家及杭州的形象与声誉"1.80、"遛宠物
时，主动清理其排泄物"1.79、"不谩骂、起哄或围攻裁判员、运动员或其
他工作人员"1.77（见表 1）。综合来看，2017 年杭州市民在公共卫生、公
共秩序等方面的主评指数提升幅度较大。

表1 2017 年与 2016 年相比主评指数上升值大于等于 1 的三级指标

序号	三级指标	2016 年	2017 年	上升值
1	把垃圾扔进垃圾箱	90.24	92.29	2.05
2	不随地吐痰、便溺	89.57	91.30	1.73
3	不在设有禁烟标志的公共场所抽烟	90.13	91.37	1.24
4	打喷嚏时，有所遮掩	89.25	90.33	1.08
5	遛宠物时，主动清理其排泄物	87.55	89.34	1.79
6	不乱张贴小广告、不乱涂写	89.79	91.74	1.95
7	乘坐公交时有序排队上下车	91.05	92.05	1.00
8	乘坐地铁时有序排队上下车	90.09	91.33	1.24
9	驾车在斑马线前礼让行人	90.12	91.25	1.13
10	乘坐电梯时先出后进	89.04	90.08	1.04
11	在入口处，主动配合做好安检工作	89.93	91.33	1.40
12	观赏时,适时给予掌声鼓励	88.22	89.28	1.06
13	不谩骂、起哄或围攻裁判员、运动员或其他工作人员	89.56	91.33	1.77
14	不浏览/传播色情、暴力、封建迷信等不良信息	89.22	90.55	1.33
15	不窥探、传播他人隐私	88.03	89.06	1.03
16	在外籍人士面前,能自觉维护国家及杭州的形象与声誉	89.23	91.03	1.80
17	不随意询问有关他人隐私问题(如年龄、家庭、收入等)	87.51	88.81	1.30

　　与 2016 年相比，2017 年三级指标主评指数下降值大于等于 1 的公共行
为有 6 项，主要集中在公益服务方面，其中下降值最大的是"积极参与各
类赛事活动的志愿服务"，达到 4.04（见表 2）。新增指标"共享单车不乱
停、乱放"没有比较，但是 87.62 的主评指数并不高。

表2　2017年与2016年相比主评指数下降值大于等于1的三级指标

序号	三级指标	2016年	2017年	下降值
1	参加献血、捐助等公益活动	83.99	82.93	1.05
2	积极参加公益知识讲座,向他人宣传公益知识	83.13	81.08	2.06
3	鼓励身边的人参与公益服务	82.33	80.53	1.80
4	自发做些公益服务	82.05	79.74	2.31
5	积极参与各类赛事活动的志愿服务	84.84	80.80	4.04
6	能积极主动学习外语,并在与外籍人士交流时使用外语	84.98	83.62	1.36

(二)历年各级指标主评指数比较所反映的问题

结合数据统计、现场观测以及部分群体座谈会,目前杭州市民公共文明行为存在的问题相对集中,主要集中在垃圾分类、公益服务、外来人口的融入、流动人口的行为等方面,具体如下:①垃圾分类和公益服务问题,这是杭州进一步深化文明城市建设必须解决的重要问题;②外来人口的融入问题,主要涉及在杭居住生活的外地人(包括外籍人士)的行为规范、宣传教育、和谐融入等问题;③流动人口的行为,主要涉及如何有效地规范引导、监督临时来杭人员的行为,包括外地游客、外地车辆、业务人员等在杭州的公共文明行为。

根据2017年的数据统计以及历年数据的比较分析可以发现,2015~2017年,杭州市民公共文明行为各级指标的主评指数平稳发展,略有升降,变化不大,但是进一步提升也遇到了瓶颈,这说明通过政策法律、制度规范、宣传引导、改善基础设施等方式和途径,已经较难提升杭州文明城市建设水平和杭州市民的公共文明水平。今后应在现有基础上重点推动文明城市的软环境建设和内涵建设。

四　对策建议

(一)"以人民为中心",实施市民公共文明内涵提升工程

习近平总书记指出:"人民对美好生活的向往就是我们的奋斗目标。"

杭州创建并获批全国文明城市，正是坚持"以人民为中心"，以为民、利民、惠民、便民、服务于民为根本的出发点和落脚点，形成了"以人民为中心"的城市管理理念。在文明城市的建设过程中，要把创建的出发点落在为民谋利和服务群众上，立足富民强市，让百姓得实惠，让市民群众从创建中分享城市发展成果；坚持"创建靠大家"，充分发挥人民群众在创建中的主体作用，把"创建靠大家"贯穿全过程。自杭州市2011年成功获得"全国文明城市"以来，至今三度蝉联该荣誉称号，杭州市民的公共道德素养、公共文明水平与文明城市一起提升，"文明城市""文明杭州人"已经成为杭州的城市名片。

通过政府加强公共基础设施改造、转变政府职能、加强文明宣传和相关执法监督的外在方式和途径，在提升市民公共文明程度方面所发挥的效力和作用已趋于平稳，这在2015～2017年相对持平的主评指数中已经得到充分证明。因此，在今后的工作中，杭州市应着眼于实施市民公共文明内涵提升工程。

深化公益文化改革，大力发展文化事业和文化产业，支持和发展一批具有杭州城市历史底蕴的文化工程和文化产业，开辟市民文化公共场所，拱墅区"非物质文化遗产手工艺活态展示馆"就是非常好的例子，市民尤其是青少年可以在这里接触、了解、学习传统文化艺术。同时，继续发挥公益文化场所在提升市民内在文明素养方面的作用。

加强学习型城市建设。提高学校尤其是高等院校、图书馆、博物馆、科技馆、艺术馆等场所的利用率，倡导终身学习、热爱学习的理念；推动社区文化活动中心、文化礼堂开展文艺活动、知识讲座，力争每个社区文化中心都形成特色文化活动和学习互动品牌。充分发挥高校、研究机构、文艺机构、民间艺人等在文化领域的先锋引领作用，推动知名文化人士进社区。

深化生态文明城市建设。生态兴则文明兴，生态衰则文明衰。生态文明是市民公共文明的重要组成部分，也是其重要体现。杭州已经按照《绿色发展指标体系》，从资源利用、环境治理、环境质量、生态保护、增长质量、绿色生活、公众满意程度七个方面开展生态文明建设年度评价。杭州市民公共文明建设应与生态文明城市建设紧密结合起来，通过生态文明城市建设，助推市民公共文明水平的内在提升。

（二）强化市民的公共文明意识，调动其参与公益活动的主动性

持续四年的市民公共文明行为主评指数统计结果显示，杭州市民在公共文明方面已经达到较高的水平，尤其在公共卫生、公共秩序、公益服务方面，但是也存在一些尚待提升之处。历年统计数据显示，杭州市民在公益服务方面的主评指数一直较低，与其他二级指标主评指数差距非常大。特别是"自发做些公益服务"在 49 个三级指标中主评指数最低，这反映了杭州市民主动自发参与公益服务的意识有待增强。因此，在今后的工作中，应加强舆论宣传，特别是从学生、老年群体入手，让他们成为参与公益服务、志愿者活动的主力，进而影响亲朋好友。通过各种途径，切实提高杭州市民对公益服务、公益活动的认识，激发市民主动参与公益服务的热情。同时，应着力发挥志愿者协会在提高市民对公益的认识、为市民提供参与公益服务的机会等方面的重要作用，壮大志愿者队伍，改进工作方式，强化社区"专业社工＋志愿者"服务模式。提升杭州市民在公益服务方面的参与程度，志愿者、公益组织也应当成为杭州公共文明的一张名片。

（三）多措并举，解决垃圾分类问题

在连续四年的统计观测中，垃圾分类都是市民反映较为强烈的问题。虽然杭州市针对垃圾分类出台了一系列的改进办法，增加了相应的配套设施，进行了广泛的宣传推广，但是整体效果仍不理想。市民对垃圾分类的认识不一，有的市民非常支持并积极践行，有的市民则不愿意进行垃圾分类。究其原因，主要有居民垃圾分类知识不健全、家庭中缺乏进行垃圾分类的必要设备、小区的分类垃圾箱不足或者投放者仍随意投放垃圾、小区内垃圾分类指导员较少或工作不到位、物业保洁人员将分好类的垃圾倒在一起拉走等。

针对这些问题，第一，应加强宣传引导和示范带动，尤其是党员示范。

第二，应制定科学合理的奖惩办法，以此引导鼓励居民进行垃圾分类。有些城郊小区通过发放肥皂、洗衣粉等日用品鼓励居民进行垃圾分类，效果良好，同时对拒绝垃圾分类的行为给予适当的惩罚。第三，应养成垃圾分类的良好习惯，从娃娃抓起，让孩子们把垃圾分类落实到家里。第四，应加强垃圾分类的宣传和教育。很多居民对垃圾分类的支持度非常高，但由于分类知识的欠缺，不能有效地实施，应通过多种途径对垃圾分类知识进行有效宣讲。第五，积极学习借鉴国内外城市已经成熟的垃圾分类方式，如可以采取一周七天每天投放、收取固定类型垃圾的方法等。

（四）以问题为导向，持续集中开展对突出不文明现象的专项整治

通过数据统计、现场观测、座谈、访谈等方式可以发现，杭州市民公共文明情况虽然整体良好，但仍存在一些较突出的不文明现象，包括城郊驾车礼让斑马线、电动车违规行驶、行人闯红灯等。"机动车礼让斑马线"已经成为杭州的一张名片，国内很多城市都在积极向杭州学习。从整体上看，杭州市在"机动车礼让斑马线"方面，城区好于城郊，公交车、出租车好于私家车，本地车好于来杭的外来车辆。不过现实中也发现了一些问题，如在城郊地区，经常发生私家车在人行道上不减速、不礼让行人的现象，来杭的外来车辆中发生这类现象的也较多。针对此，应加强交通监督监察，重点加大对私家车不礼让行人的监督处罚力度；畅通电子终端举报途径，鼓励市民利用手机拍摄等简易方式监督举报此类违法违规行为，尤其是在未安装监控设施的路段进行监督举报；通过短信、广播、广告等手段，对进入杭州辖区的外来车辆提前预警通知，在入杭的主要交通干道路口、高速收费站等地段加强宣传；鼓励杭州市民主动告知并监督其在斑马线前礼让行人。

杭州是电动车大市，电动车是市民的主要交通出行方式之一。近年来电动车违规行驶的行为时有发生，如进入机动车道行驶、违规搭载成年人、逆行、闯红灯、非法改装等；行人闯红灯的行为也时有发生，特别是在城郊地区。这些问题严重影响了城市交通安全和市民的人身安全。目前针对这些问

题的措施非常有限，加强宣传教育、增强市民的交通安全意识、自觉遵守交通法规等是较为可行的方法。同时，还可以借助现代科技手段加大对违法违规行为的查处力度，如在电动车上安装带识别标码的信号灯感应器、放大电动车牌、试点电动车驾驶证、增加路口监督引导员等；提高电子监控的感应度，以识别、锁定闯红灯人员并对其进行处罚；等等。

2017年杭州市民公共文明指数调查客评问卷分析报告

　　客评就是受访者通过观察身边其他市民的公共行为表现而做出的有效评价，客评获得的评价指数与主评指数相互参照，更能综合反映问卷调查的客观性和真实性。

　　2017年的客评指标体系与2016年基本保持一致，由公共卫生、公共秩序、公共交往、公共观赏、公益服务、网络文明和国际礼仪文明7个二级指标、49个三级指标构成。根据2017年城市发展的新变化，对二级指标公共秩序和公益服务中少量三级指标做了调整。本次调查涵盖杭州市九城区（包括上城区、下城区、江干区、拱墅区、西湖区、滨江区、萧山区、余杭区和富阳区）。因为临安区于2017年8月才被正式列入杭州市的行政区域，故本次调查的数据暂不包括临安新城区。调查的范围是16岁及以上的杭州市民（包括杭州九城区居民、城郊农民和外来务工人员）。共发放问卷3500份，回收问卷3451份，问卷回收率和问卷有效率分别为99.60%和100%。

一　样本基本情况分析

　　依据各城区的人口数量及其构成特点，确定对各城区的问卷调查发放比例。

　　受访者区域分布情况：上城区有效问卷181份，占九城区总有效问卷的5.24%（以下若无特别说明，均指有效问卷）；下城区252份，占7.30%；江干区500份，占14.49%；拱墅区271份，占7.85%；西湖区494份，占

14.31%；滨江区159份，占4.61%；萧山区730份，占21.15%；余杭区512份，占14.84%；富阳区352份，占10.20%（见图1）。

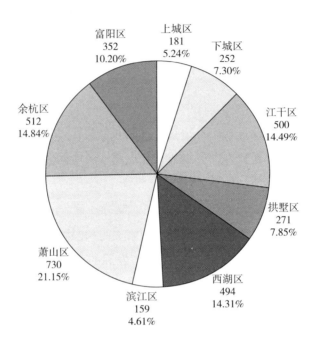

图1 受访者区域分布情况

受访者性别分布情况：男性1552人，占44.97%；女性1899人，占55.03%（见图2）。可见，女性略多于男性。

受访者年龄分布情况：16～24岁986人，占28.57%；25～34岁1080人，占31.30%；35～44岁872人，占25.27%；45～54岁265人，占7.68%；55～64岁156人，占4.52%；65岁及以上91人，占2.64%；未注明1人，占0.03%（见图3）。可见，2017年受访者偏重于中青年群体。

受访者学历分布情况：小学及以下159人，占4.61%；初中471人，占13.65%；高中/中专832人，占24.11%；大专525人，占15.21%；本科1265人，占36.66%；研究生及以上199人，占5.77%（见图4）。这表明受访者的主体为文化知识水平较高的群体。

受访者政治面貌分布情况：群众1735人，占50.28%；共青团员1196

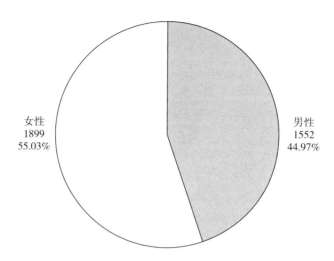

图2 受访者性别分布情况

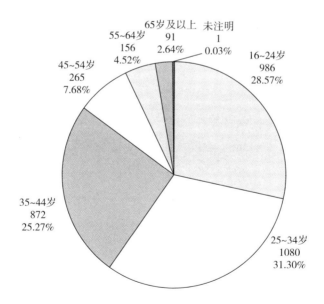

图3 受访者年龄分布情况

人，占34.66%；中共党员492人，占14.26%；民主党派28人，占0.81%（见图5）。

受访者在杭居住年限分布情况：5年及以下1157人，占33.53%；6~

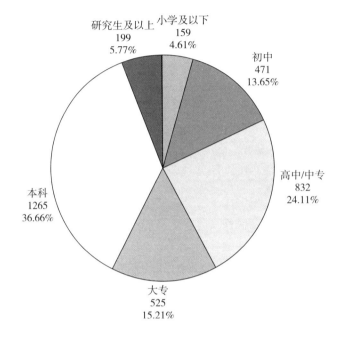

图 4　受访者学历分布情况

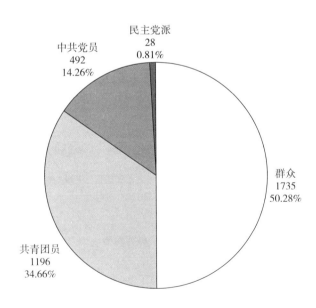

图 5　受访者政治面貌分布情况

10 年 701 人，占 20.31%；11~20 年 546 人，占 15.82%；21 年及以上 1046 人，占 30.31%；未注明 1 人，占 0.03%（见图 6）。近两年受访者在杭居住年限较短群体逐渐增多，结合受访者学历分布情况来看，作为一个人口净流入城市，杭州迎来了越来越多的"新杭州人"。2016 年 1 月，杭州加入联合国教科文组织全球学习型城市网络；2017 年 9 月，杭州又获得"联合国教科文组织学习型城市奖章"，成为继北京之后大陆获得此项殊荣的又一城市。这表明，杭州作为一个创新学习型城市的知名度越来越高。近年来，杭州人才净流入位居全国第一，也说明杭州作为一座创新又充满活力的城市未来的走势。

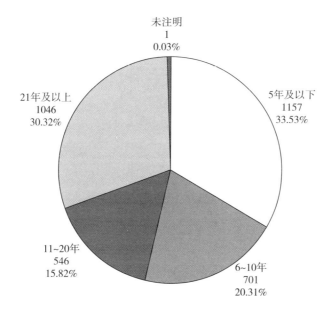

图 6　受访者在杭居住年限分布情况

此次问卷调查的对象涵盖机关行政人员、事业单位人员、企业管理人员、企业普通职工、个体经营者、自由职业者、学生、务农人员、待业人员、离退休人员等多种职业（见图 7），来自杭州城镇、杭州农村、外地城镇、外地农村等多种户籍类型（见图 8）。

本次调查中，各市区发放问卷的数量，参照杭州市九城区常住人口数量

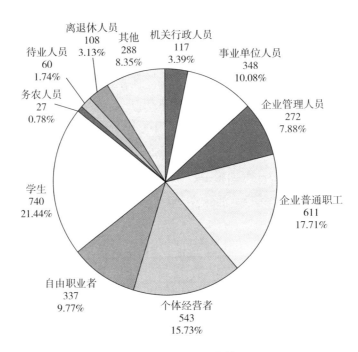

图7 受访者职业分布情况

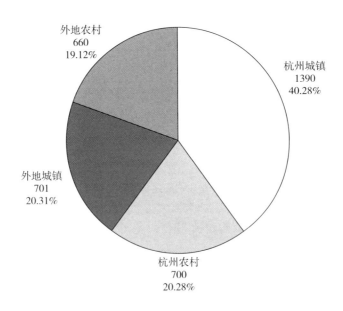

图8 受访者户籍类型分布情况

的比例确定，样本中受访者以 25～54 岁的中青年为主，总计 2217 人，占受访者总人数的 64.24%。此年龄段人群作为城市建设发展的中坚力量，是杭州市区流动性较大的一个群体，一般情况下能够在多种场合和地域较为客观地评价市民的公共文明行为。初中至本科学历的受访者总计 3093 人，占受访者总人数的 89.63%，职业覆盖面广，从而保证了他们对问卷问题的正确理解，使得统计结果具有可参照性。

在杭居住年限超过 20 年的有 1046 人，占受访者总人数的 30.32%；在杭居住年限超过 10 年的有 1592 人，占受访者总人数的 46.13%。大多数受访者在杭居住年限比较长，也有不少人是"生于斯长于斯"甚至数代如此的本地市民，他们是杭州城市公共文明的承载者、建设者，他们的行为可以反映出杭州市民的整体文明素养。

从木次调查的样本总量构成情况来看，本次调查选取的样本科学有效，问卷统计结果可以真实地反映 2017 年杭州市民对他人公共文明行为表现的评价状况，可以作为杭州市深化文明城市建设、加快城市国际化、建设世界名城的重要参考。

基于对上述 3451 份问卷的统计分析结果，以及实地调研和访谈、座谈所形成的综合反馈情况，课题组形成了此调查报告。

二 2017年客评总体情况及历年指数比较

（一）2017年，杭州市民对他人公共行为文明程度的总体认同度与2016年基本持平但略有回落

关于市民公共文明指数方面的客评总体表现，课题组将受访者本人对他人的评价结果作为主要衡量依据。2017 年杭州市民公共文明客评指数为 82.06，根据课题组设定的指数值 100、80、60、40、20 分别对应"好""较好""一般""较差""差"的标准，这一数据结果表明，2017 年受访者眼中的其他杭州市民在公共文明方面的总体表现处于"较好"水平。2017 年杭州市民公共文明客评指数相较于 2016 年的 82.27 回落了 0.21，反映在

二级指标客评指数上，在公共秩序、公益服务、网络文明和国际礼仪文明四个方面的客评指数均比 2016 年有所下降。这与 G20 杭州峰会的召开有一定关系，在 2016 年全国人才净流入城市 TOP 20 中，杭州高居榜首。G20 杭州峰会之后，"天下从此重杭州"，这座城市让世界为之侧目，这也使得全国乃至世界各地更多的人慕名来到杭州。一方面，这对促进杭州的发展是一个重要的契机，尤其是 2022 年即将在杭州举行的亚运会；另一方面，更多"新杭州人"的到来，对这座城市的建设和发展也提出了更高的要求，对这座城市的容纳能力是一个挑战。

（二）2017年，杭州市民认为他人在公共卫生、公共交往和公共观赏三个方面的公共行为文明程度有所提升

客评问卷涉及公共卫生、公共秩序、公共交往、公共观赏、公益服务、网络文明、国际礼仪文明 7 个二级指标和 49 个三级指标。2017 年二级指标客评指数从高到低依次为公共观赏 84.57、公共交往 84.35、国际礼仪文明 84.21、网络文明 82.12、公共秩序 81.37、公共卫生 79.70、公益服务 78.78。与 2016 年相比，公共卫生、公共交往和公共观赏客评指数分别提高了 0.74、0.45 和 0.33。这表明，在杭州市民的眼中，2017 年杭州市民在公共卫生、公共交往和公共观赏方面的公共行为文明水平有所提升。其中，公共观赏持续居各二级指标客评指数的榜首，成为杭州市民最称赞的公共文明行为。随着物质文明的飞速发展，人们的精神生活也在不断丰富，诸如文艺演出、艺术展览、体育赛事等各类观赏活动越来越多地出现在杭州人的生活中。作为一种公共观赏文明，参加完活动后是否自觉清理并带走垃圾成为检验杭州人文明素质的一种新形式。已经有不少人意识到，自觉清理并带走垃圾是个人素养的体现，并积极在家庭和社会生活中自觉践行。

近年来，杭州市内举办了许多大型活动，保障机制不断健全，环卫设施日益完善，市民文明素质不断提升，如 G20 杭州峰会后首个大型群众体育活动"毅行大会"，万余人从市民中心南广场出发后，没有留下一片垃圾或一个烟头；在毅行路上，所有毅行者都做到了不乱扔垃圾、不乱踩草地，真

正走出了国际范儿。世界名城的打造，不仅需要城市美容师，更需要全民参与。

（三）2015~2017年，公益服务和公共卫生方面仍然是杭州城市公共文明建设的短板

调查数据显示，2017年杭州市民公共文明客评指数排在最后两位的是公益服务和公共卫生，分别为78.78和79.70，均低于80，处于"一般"水平，而其他几个二级指标的客评指数均在80以上，处于"较好"水平。需要指出的是，2017年公共卫生方面的客评指数虽然仍然低于80，但综合2015~2017年的调查数据，其指数一直处于持续上升阶段，2017年比2016年提高了0.74，比2015年提高了1.17；而公益服务方面的客评指数是2016年提高最多的，2017年公益服务客评指数比2016年下降了2.19，成为客评指数最低的一个二级指标，仅为78.28（见表1）。公益服务客评指数先升后降，究其原因，与G20杭州峰会期间，杭州全体市民和游客发扬"办好G20，做好东道主"的精神，营造进一步提升杭州城市文明程度的浓厚氛围有很大关系，在浙江省、杭州市文明办的指导下，各种志愿活动有组织、有秩序地进行，有力地促进了杭州市公益服务方面文明水平的提升。但是，改善市民公益服务方面的公共行为还没有形成常态，相关配套规定和制度保障力度不够，这是2017年公益服务方面的客评指数下降的主要原因。

表1　2015~2017年公共文明二级指标客评指数及其差值

二级指标	客评指数			差值	
	2015年	2016年	2017年	2017年与2016年差值	2017年与2015年差值
公共卫生	78.53	78.96	79.70	0.74	1.17
公共秩序	79.32	81.85	81.37	−0.48	2.05
公共交往	82.73	83.90	84.35	0.45	1.62
公共观赏	83.39	84.24	84.57	0.33	1.18
公益服务	78.50	80.97	78.78	−2.19	0.28
网络文明	81.06	82.34	82.12	−0.22	1.06
国际礼仪文明	82.60	84.24	84.21	−0.03	1.61

三 2017年具体指标客评指数分析

在7个二级指标中,公共卫生与公共秩序常常受到社会管理的规制;公共交往与公共观赏主要通过市民的自我管理来实现;公益服务主要通过市民对自己及他人和社会的责任实践来实现;网络文明是虚拟世界的公共文明,需要通过市民的自律和法律的制约来实现;鉴于杭州作为国际旅游城市和建设世界化城市的定位,国际礼仪文明则是杭州市民对待国际友人的基本要求,是公共交往的特殊表现。可见,7个二级指标所涵盖的行为表现是一个整体,是从不同侧面考察和评价市民的公共行为表现和行动特点的。

(一)公共卫生方面

调查数据显示,2017年杭州市民在公共卫生方面的客评指数为79.70,处于"一般"水平,但比2016年的客评指数(78.96)略有上升,且连续三年保持上升趋势。对杭州市民公共卫生方面的评价主要看其在七个方面的行为表现,分别为"把垃圾扔进垃圾箱"(86.14)、"垃圾分类投放"(74.91)、"不随地吐痰、便溺"(81.31)、"不在设有禁烟标志的公共场所抽烟"(80.32)、"打喷嚏时,有所遮掩"(79.63)、"遛宠物时,主动清理其排泄物"(76.69)和"不乱张贴小广告、不乱涂写"(78.88)(见表2)。

表2 2015～2017年公共卫生三级指标客评指数

公共卫生三级指标	客评指数			差值	
	2015年	2016年	2017年	2017年与2016年差值	2017年与2015年差值
把垃圾扔进垃圾箱	83.74	85.01	86.14	1.13	2.40
垃圾分类投放	75.99	74.69	74.91	0.22	-1.08
不随地吐痰、便溺	79.67	79.99	81.31	1.32	1.64
不在设有禁烟标志的公共场所抽烟	79.93	79.97	80.32	0.35	0.39
打喷嚏时,有所遮掩	78.82	79.33	79.63	0.30	0.81
遛宠物时,主动清理其排泄物	77.62	76.38	76.69	0.31	-0.93
不乱张贴小广告、不乱涂写	78.89	77.35	78.88	1.53	-0.01
公共卫生客评指数	78.53	78.96	79.70	0.74	1.17

2017年，在杭州市民看来，他人在"把垃圾扔进垃圾箱"方面的行为表现仍然是公共卫生7个三级指标中最好的，客评指数比2016年提高了1.13；他人在"不随地吐痰、便溺"和"不乱张贴小广告、不乱涂写"两个方面的公共行为表现进步较大，客评指数分别较2016年提高了1.32和1.53，"不随地吐痰、便溺"方面的公共行为文明水平从"一般"进入"较好"；他人在"垃圾分类投放""不在设有禁烟标志的公共场所抽烟""打喷嚏时，有所遮掩""遛宠物时，主动清理其排泄物"四个方面的公共行为表现也略有改善。从2015~2017年的成效看，表2的统计结果显示，2017年，在杭州市民看来，"不张贴小广告、不乱涂写"方面的行为改善成效最为显著，这与近年来杭州城市的不断发展更新，以及进行的城中村拆迁改造有很大关系。杭州提出的"主城区城中村改造五年攻坚行动"，计划自2016年起，用5年时间基本完成178个主城区城中村改造，将主城区城中村打造成配套完善、生活便利、环境优美、管理有序的新型城市社区。2017年，杭州"主城区城中村改造五年攻坚行动"被列入《杭州市城市建设"十三五"规划》，2017年是全面实施"十三五"规划和市区城中村改造的攻坚之年，也是杭州历年来拆迁量最大的一年。可以说，城中村的拆迁是"不乱张贴小广告、不乱涂写"方面的行为得到较大改善的最直接原因。

近年来，各种垃圾分类宣传教育活动不断开展，形式更加丰富、生动和多样。2017年，杭州已经有街道社区率先对未分类投放垃圾的居民开出了"罚单"，即接受调查处理通知书和责令改正违法行为通知书，先后推出了"二维码"智能分类垃圾房、分类垃圾袋智能发放机等创新智慧垃圾分类应用，并成功创建了杭州首批垃圾分类试点小区，打造"无杂桶示范街道"。除此之外，还特意引入了专业的低价值物回收公司，专门在试点小区垃圾房旁设置回收点，吸引居民把普通废品回收商"看不上"的废弃物收集起来，大力推进垃圾回收利用和减量，拓宽居民垃圾分类处理渠道。但由于目前杭州街道实施垃圾分类常态化管理还处于试点阶段，绝大多数居民对垃圾分类、收集、运输、处置等相关知识的掌握比较有限，不能很好地掌握分类技巧，对垃圾分类理念的理解也不够，对垃圾分类的重要性及其对环境影响的认识不深，再加上地方法规也没有上升到法律层面，对垃圾的分类不具有强制性，居民的违规成本较低等原因，2017年"垃圾分类投放"方面的公共行为表现虽略有改善，但成效不大，所以在公共卫生三级指标中，"垃圾分类投放"的客评指数仍然是最低的，杭州在垃圾分类的管理和建设上仍然任重道远。

此外，"遛宠物时，主动清理其排泄物"以及"打喷嚏时，有所遮掩"方面的公共行为仍然需要加大宣传引导力度，注重源头教育，减少该现象的发生。

（二）公共秩序方面

对杭州市民公共秩序方面的评价主要看其在十二个方面的行为表现，分别为"乘坐公交时有序排队上下车"（84.21）、"乘坐地铁时有序排队上下车"（84.39）、"遵守'一米线'外等候的规定"（82.74）、"不在公共场所大声喧哗"（80.20）、"行人不乱穿马路、乱闯红灯、乱翻栏杆"（80.53）、"驾车在斑马线前礼让行人"（85.26）、"共享单车不乱停、乱放"（75.41）、"在地面标示的规定区域内停车"（81.55）、"非机动车不闯红灯、不走机动车道"（80.43）、"上下台阶时主动靠右行走"（79.80）、"遛宠物时，注意把宠物拴好"（79.50）和"乘坐电梯时先出后进"（82.39）（见表3）。其中，"共享单车不乱停、乱放"是2017年新增的指标，是针对2016年底以来杭州共享单车发展火爆导致的乱停、乱放成为城市公共管理领域的突出问题而设置的测评指标，同时删掉了"驾车不抢道、超车、变道或加塞"这一测评指标。2017年公共秩序方面的客评指数最高的仍然是"驾车在斑马线前礼让行人"（85.26），比2016年提高了1.39，客评指数最低的是新增指标"共享单车不乱停、乱放"（75.41），在49个三级指标中，仅高于"垃圾分类投放"的客评指数。

表3　2015~2017年公共秩序三级指标客评指数

公共秩序三级指标	客评指数			差值	
	2015年	2016年	2017年	2017年与2016年差值	2017年与2015年差值
乘坐公交时有序排队上下车	81.68	82.80	84.21	1.41	2.53
乘坐地铁时有序排队上下车	—	83.28	84.39	1.11	—
遵守"一米线"外等候的规定	80.68	82.23	82.74	0.51	2.06
不在公共场所大声喧哗	78.08	80.19	80.20	0.01	2.12
行人不乱穿马路、乱闯红灯、乱翻栏杆	78.19	80.68	80.53	-0.15	2.34
驾车在斑马线前礼让行人	82.40	83.87	85.26	1.39	2.86
共享单车不乱停、乱放	—	—	75.41	—	—
在地面标示的规定区域内停车	80.32	82.25	81.55	-0.70	1.23
非机动车不闯红灯、不走机动车道	79.22	80.82	80.43	-0.39	1.21
上下台阶时主动靠右行走	79.21	81.07	79.80	-1.27	0.59
遛宠物时，注意把宠物拴好	78.87	80.42	79.50	-0.92	0.63
乘坐电梯时先出后进	—	82.80	82.39	-0.41	—
公共秩序客评指数	79.32	81.85	81.37	-0.48	2.05

调查数据显示，2017年杭州市民在公共秩序方面的客评指数为81.37，比2016年下降了0.48，这表明杭州市民认为他人在公共秩序方面的文明程度总体上不如2016年。其中，新增的指标"共享单车不乱停、乱放"（75.41）拉低了2017年公共秩序方面的客评指数。共享单车自2016年底进入杭州，不到一年时间，9家共享单车平台先后瞄准杭州，这座城市的共享单车数量迅速实现从0到42万辆的突破。毋庸置疑，共享单车给市民、游客的出行带来了诸多便利，与此同时，共享单车乱投放、乱停放等问题给城市管理、城市形象造成了严重影响，尤其是西湖景区和周边道路多次被"挤爆"，严重影响了城市的交通秩序和市容市貌。自2017年4月开始，杭州市政府相继出台相关政策，如《促进互联网租赁自行车规范发展的指导意见（试行）》，对互联网租赁自行车市场进行监管。针对共享单车平台管理投入明显不足的问题，杭州城管部门集中进行约谈，要求各大互联网租赁自行车企业对各自负责的区域实行"包片到企、责任到人"，主动承担起投放、清运、维护的主体责任。自2017年11月开始，杭州市交通运输

部门联合多部门制定了《杭州市互联网租赁自行车市场整治方案》，对共享单车进行两次集中整治。经过一年多时间，从起初共享单车"泛滥"到今天的市场规范化，通过杭州市相关部门的联合治理，杭州联网租赁自行车市场已逐步走向有序和规范化。就市民个人而言，自觉增强共享单车整齐有序摆放的意识，并将这种行为视为提升自身文明素质的必然要求，需要相关部门进行积极引导，假以时日，相信这个问题一定会得到很好解决，共享单车停放将变得有序，不再"添堵"，还城市一个整洁有序的交通环境和空间。

此外，2017年杭州市民认为他人在"行人不乱穿马路、乱闯红灯、乱翻栏杆""在地面标示的规定区域内停车""非机动车不闯红灯、不走机动车道""上下台阶时主动靠右行走""遛宠物时，注意把宠物拴好""乘坐电梯时先出后进"方面的公共行为有倒退现象，客评指数与2016年相比分别下降了0.15、0.70、0.39、1.27、0.92、0.41，其中"上下台阶时主动靠右行走"和"遛宠物时，注意把宠物拴好"两个方面的客评指数均低于80，处于"一般"水平，是杭州市民认为最需要加强引导和改善的行为。

（三）公共交往方面

调查数据显示，2017年杭州市民在公共交往方面的客评指数为84.35，比2016年提高了0.45，仍然保持"较好"水平。对杭州市民公共交往方面的评价主要看其在五个方面的行为表现，分别为"与人交流时面带微笑，态度和蔼"（85.51）、"交谈时不大声喧哗"（82.53）、"陌生人问路时，耐心、详细解答"（84.25）、"主动给予外地游客方便或帮助"（83.00）、"能给老、弱、病、残、孕及怀抱婴儿者让座"（86.46），各项指数均处于"较好"水平（见表4）。其中，客评指数最高的是"能给老、弱、病、残、孕及怀抱婴儿者让座"，而"主动给予外地游客方便或帮助"的客评指数比2016年下降了0.14，是杭州市民认为他人在公共交往方面唯一有倒退现象的公共行为。

调查结果显示，杭州市民对他人在公共交往方面表现出来的文明素养评价较高,在市民公共文明指数调查的 7 个二级指标中排名第二。尤其是"能给老、弱、病、残、孕及怀抱婴儿者让座"成为杭州市民公共交往的"金名片",2015~2017 年连续三年这一指标的客评指数都居公共文明客评指数的榜首,指数值也一直在 85 以上。这与近年来杭州市政府秉承"城市发展,积累物质财富固然重要,但精神财富积累更不可少——它是一座城市的灵魂"的理念不无关系。

表4 2015~2017 年公共交往三级指标客评指数

公共交往三级指标	客评指数			差值	
	2015 年	2016 年	2017 年	2017 年与 2016 年差值	2017 年与 2015 年差值
与人交流时面带微笑,态度和蔼	83.42	84.92	85.51	0.59	2.09
交谈时不大声喧哗	80.05	82.19	82.53	0.34	2.48
陌生人问路时,耐心、详细解答	83.27	84.01	84.25	0.24	0.98
主动给予外地游客方便或帮助	82.56	83.14	83.00	-0.14	0.44
能给老、弱、病、残、孕及怀抱婴儿者让座	85.43	85.23	86.46	1.23	1.03
公共交往客评指数	82.73	83.90	84.35	0.45	1.62

近年来,杭州市政府坚持在现代多元、多样、多变的社会中弘扬积极健康、和谐有序的行为准则,培育良好的道德风尚,以"最美"为重要抓手,号召全市展开了"最美"现象讨论,将人们心中的真善美激发出来。自 2013 年至今,杭州每年举行"最美人物"、平民英雄、道德模范等一系列评选活动,这些模范都来自市民身边,可信、可亲。为了最大限度地释放模范效应,杭州的报纸、电视、广播、网站、微博、微信等各类媒体齐出动。《杭州日报》连续五年开设了"发现最美杭州人"专栏,杭州网持续开展了"最美人物"网络访谈,全市 190 个乡镇(街道)、3074 个村(社区)制作了"最美"宣传栏,阅报栏、公交亭、公交车视频、交通指示牌等都是展示区……有市民说:"候车的时候就能看到他们,感觉真善美就在身边。"当一系列好的习惯上升为制度规范后,做好事有保障、有荣誉,越来越多的市民自觉参与到精神文明建设中来,让"最美"从盆景壮大为风景。统计

结果表明,近年来杭州各行各业涌现了全国道德模范7人、省级和市级道德模范130多人、各级各类"最美人物"1.9万余人。

2017年12月7日,杭州再次进入中国最具幸福感城市名单,成为全国唯——座连续十一年被评为"中国最具幸福感城市"的城市。对于幸福感的理解,有几个关键词很重要,其中之一就是文明高度。到过杭州的人,几乎都会有这样的感受:这里不仅山水秀丽,干净整洁,这里的人也分外"美"。斑马线旁,行人想过马路,车辆会停下来礼让;坐公交,人们排队上车,低语交谈;遇到困难,很轻松地就能找到志愿者……无须讶异,精神文明建设正在杭州出现聚变效应。孟子曰:"与人为善,善莫大焉。"友善是中华民族的传统美德,杭州市民在公共交往方面表现出的公德素质是对待别人的态度,更是衡量一个城市的公民素质的重要标准,是一座城市精神文明的重要体现。

(四)公共观赏方面

对杭州市民公共观赏方面的评价主要看其在七个方面的行为表现,分别为"按时入场、退场"(85.27)、"在入口处,主动配合做好安检工作"(86.70)、"手机关机或调为静音、振动"(81.83)、"在影剧院内,安静观赏,不交头接耳、不随意走动"(81.18)、"观赏时,适时给予掌声鼓励"(83.91)、"不谩骂、起哄或围攻裁判员、运动员或其他工作人员"(86.11)、"不在观众席向演出或比赛场地投掷杂物"(86.97)(见表5)。

表5 2015~2017年公共观赏三级指标客评指数

公共观赏三级指标	客评指数			差值	
	2015年	2016年	2017年	2017年与2016年差值	2017年与2015年差值
按时入场、退场	84.03	85.03	85.27	0.24	1.24
在入口处,主动配合做好安检工作	86.75	85.53	86.70	1.17	−0.05
手机关机或调为静音、振动	79.73	82.80	81.83	−0.97	2.10

续表

公共观赏三级指标	客评指数			差值	
	2015 年	2016 年	2017 年	2017 年与2016 年差值	2017 年与2015 年差值
在影剧院内,安静观赏,不交头接耳、不随意走动	80.13	82.65	81.18	-1.47	1.05
观赏时,适时给予掌声鼓励	83.62	83.96	83.91	-0.05	0.29
不谩骂、起哄或围攻裁判员、运动员或其他工作人员	84.16	84.73	86.11	1.38	1.95
不在观众席向演出或比赛场地投掷杂物	86.16	85.02	86.97	1.95	0.81
公共观赏客评指数	83.39	84.24	84.57	0.33	1.18

2017 年,杭州市民认为他人在公共观赏方面的行为表现总体不错,客评指数达到了84.57,比2016 年提高了0.33,比2015 年提高了1.18,在公共文明各项二级指标中客评指数排名第一。而在公共观赏三级指标中客评指数最高的是"不在观众席向演出或比赛场地投掷杂物"(86.97)。"在入口处,主动配合做好安检工作"和"不谩骂、起哄或围攻裁判员、运动员或其他工作人员"是杭州市民在公共观赏方面表现较好的两项行为,客评指数都超过了86;其次是"按时入场、退场",客评指数为85.27。而他人在"手机关机或调为静音、振动""在影剧院内,安静观赏,不交头接耳、不随意走动""观赏时,适时给予掌声鼓励"三个方面的行为被认为有待进一步改善,其客评指数比2016 年分别下降了0.97、1.47 和0.05。

伴随着物质文明的飞速发展,人们的精神生活也在不断丰富,诸如文艺演出、艺术展览、体育赛事等各类观赏活动日益呈现平民化、日常生活化的发展态势。大多数市民在观看演出时能礼貌入场,保持安静,有序退场,充分体现了尊重他人的文明素质。但也有少数人缺乏公共空间的社会公德和行为自律,较少顾及他人感受,在观影时交头接耳、随意走动。调查发现,这部分人以未成年人为主。对于这部分群体,应加强学校教育和家庭教育,告诉他们什么是文明观赏,要学会尊重他人。

（五）公益服务方面

公益服务是指不以营利为目的，为全体人民提供无偿服务的行为。公益服务传递了爱心，传播了文明，这种"爱心"和"文明"从一个人身上传到另一个人身上，最终汇聚成一股强大的社会暖流。服务对象接受了这种服务，不仅能够从中受益，而且有助于融入社会，增强归属感。

对杭州市民公益服务方面的评价主要看其在六个方面的行为表现。问卷统计结果显示，公益服务方面的客评指数由高到低依次为"只要条件允许，愿意作为志愿者提供服务"（82.38）、"参加献血、捐助等公益活动"（81.41）、"积极参加公益知识讲座，向他人宣传公益知识"（77.90）、"积极参与各类赛事活动的志愿服务"（77.42）、"鼓励身边的人参与公益服务"（77.23）、"自发做些公益服务"（76.35）（见表6）。

表6　2016～2017年公益服务三级指标客评指数

公共卫生三级指标	客评指数			差值	
	2015年	2016年	2017年	2017年与2016年差值	2017年与2015年差值
参加献血、捐助等公益活动	80.20	82.27	81.41	-0.86	1.21
只要条件允许,愿意作为志愿者提供服务	81.30	81.61	82.38	0.77	1.08
积极参加公益知识讲座,向他人宣传公益知识	77.83	80.59	77.90	-2.69	0.07
鼓励身边的人参与公益服务	78.32	79.60	77.23	-2.37	-1.09
自发做些公益服务	77.80	79.13	76.35	-2.78	-1.45
积极参与各类赛事活动的志愿服务	—	82.63	77.42	-5.21	—
公益服务客评指数	78.50	80.97	78.78	-2.19	0.28

根据表6数据可以得出，总体来说，在杭州市民看来，2017年他人在公益服务方面的公共行为表现得最不理想，客评指数为78.78，比2016年下降2.19，是下降最多的一项二级指标，与2015年的客评指数基本持平，而"鼓励身边的人参与公益服务"和"自发做些公益服务"的客评指数比

2015年分别下降了1.09和1.45。问卷数据显示，2017年仅"只要条件允许，愿意作为志愿者提供服务"的客评指数比2016年提高0.77，保持2015~2017年三年连续提升，其他五个方面"参加献血、捐助等公益活动""积极参加公益知识讲座，向他人宣传公益知识""鼓励身边的人参与公益服务""自发做些公益服务""积极参与各类赛事活动的志愿服务"的客评指数分别下降了0.86、2.69、2.37、2.78和5.21，其中差值最大的是"积极参与各类赛事活动的志愿服务"，这是由2016年"积极参与服务保障G20峰会等重大会议赛事活动的志愿服务"这一指标修正而来的，也是为了继续调查市民对即将到来的2022年杭州亚运会重要性的认识而设置的。这项指标的客评指数下降最多，说明要确保2022年亚运会的成功举办，杭州市政府在公益服务方面还有很多工作要做。

《杭州市国民经济和社会发展第十三个五年规划纲要》把"实施杭州市民文明素质提升工程，推进以高校学生为主体的会场志愿者队伍和以广大市民为主体的城市志愿者队伍两支队伍建设"的志愿者工程写入其中，体现了杭州市非常重视公益事业发展，积极推动志愿者队伍建设，并发挥社会组织在城市治理中的积极作用，这是推动城市文明进步的重要内容。2015年4月，共青团杭州市委员会坚持以打造"伙伴共青团"为目标，成功研发了浙江省首个线上智慧公益平台——"志愿汇"，在共青团浙江省委员会的推动下，该平台在全省得以统一推广使用。2016年9月3日，G20杭州峰会召开，"志愿汇"数据显示，在9月2日G20杭州峰会召开前一天，杭州市志愿服务达到了年内的峰值，当天有多达3万名志愿者参与了志愿服务。志愿服务组织如G20杭州峰会志愿者"小青荷"、世界互联网大会志愿者"小梧桐"，还有在杭州招募的第十三届全国学生运动会志愿者"小@"……随着一个个大型赛会落户杭州，这些专属志愿者的名字也变得家喻户晓。后峰会时期，杭州致力于志愿服务的标准化、规范化建设，共青团杭州市委员会专门成立了杭州西子志愿服务发展中心，承办全国大型赛会志愿服务研究交流会及系列培训工作。

除了大型赛会志愿服务之外，还有很多公益组织和志愿者提供的公益服务。杭州市文明委将每个月的第一个星期六定为杭州"学雷锋为民服务日"，截至 2017 年雷锋广场志愿便民服务已经持续了 6 年。服务内容包括卫生健康、家电维修、自行车修理、厨房用具维修等便民服务，各类宣传咨询，以及家教指导、未成年人课外辅导等活动。公益服务可以体现出一个城市的市民修养及文明素质，理应成为现代公民应具备的思想意识，也应成为现代公民的生活方式、生活态度和生活习惯。志愿服务属于公益服务，要求志愿者具有奉献精神，目的是帮助需要帮助的人，推动的则是整个城市文明的进步。

综合 2017 年公益服务六个方面行为客评指数的升降变化情况来看，"只要条件允许，愿意作为志愿者提供服务"的客评指数比 2016 年提高 0.77，这说明杭州市民参与公益服务的基本意愿和意识有待增强。数据同时也显示，大部分市民对公益服务的主动性还不够，这表明市民对公益服务的认识还不够，所以对"自发做些公益服务"和"鼓励身边的人参与公益服务"的思想意识淡薄，自愿自觉性不足。

（六）网络文明方面

对杭州市民网络文明方面的评价主要看其在五个方面的行为表现，即"文明用语，不谩骂、攻击他人"（83.70）、"不浏览/传播色情、暴力、封建迷信等不良信息"（83.29）、"不听信/散布谣言，不传播虚假（欺诈）信息"（82.49）、"能合理安排上网时间，不沉迷网络"（79.08）、"不窥探、传播他人隐私"（82.04）（见表7）。

表7　2015～2017 年网络文明三级指标客评指数

网络文明三级指标	客评指数			差值	
	2015 年	2016 年	2017 年	2017 年与2016 年差值	2017 年与2015 年差值
文明用语，不谩骂、攻击他人	81.89	83.41	83.70	0.29	1.81
不浏览/传播色情、暴力、封建迷信等不良信息	82.06	82.05	83.29	1.24	1.23
不听信/散布谣言，不传播虚假（欺诈）信息	81.74	82.38	82.49	0.11	0.75
能合理安排上网时间，不沉迷网络	80.11	80.61	79.08	−1.53	−1.03
不窥探、传播他人隐私	—	83.34	82.04	−1.30	—
网络文明客评指数	81.06	82.34	82.12	−0.22	1.06

统计结果显示，2017 年杭州市民网络文明方面的客评指数为82.12，其中"能合理安排上网时间，不沉迷网络"和"不窥探、传播他人隐私"的客评指数分别比2016 年下降了1.53 和1.30，成为网络文明方面客评指数较低的两项指标，而"能合理安排上网时间，不沉迷网络"的客评指数低于80，处于"一般"水平。其他三个方面"文明用语，不谩骂、攻击他人""不浏览/传播色情、暴力、封建迷信等不良信息""不听信/散布谣言，不传播虚假（欺诈）信息"的客评指数均在80 以上，分别比2016 年提高了0.29、1.24 和0.11。

从数据交叉分析来看，对于"能合理安排上网时间，不沉迷网络"这一行为，最需要改善的主要是16～24 岁、35～44 岁和55～64 岁三个年龄段的人群，其客评指数均低于80；从学历上看，从小学及以下到研究生及以上的不同学历的人群普遍被认为都不能较好地合理安排上网时间，其客评指数均在80 及以下；从职业上看，除了机关行政人员和企业管理人员之外，其他职业的人包括事业单位人员和离退休人员在内，能合理安排上网时间的行为表现都被认为一般（见表8 至表10）。

表8　2017 年网络文明三级指标与年龄客评指数交叉分析

年龄	网络文明三级指标				
	文明用语，不谩骂、攻击他人	不浏览/传播色情、暴力、封建迷信等不良信息	不听信/散布谣言，不传播虚假（欺诈）信息	能合理安排上网时间，不沉迷网络	不窥探、传播他人隐私
16～24 岁	83.29	82.64	82.49	78.22	81.89
25～34 岁	83.74	83.93	83.15	80.00	82.33
35～44 岁	83.56	83.00	82.43	78.37	81.44
45～54 岁	85.06	83.32	81.89	80.60	83.02
55～64 岁	84.36	84.74	80.13	78.33	83.72
65 岁及以上	84.00	82.86	81.10	81.10	80.22

表9 2017年网络文明三级指标与学历客评指数交叉分析

学历	网络文明三级指标				
	文明用语、不谩骂、攻击他人	不浏览/传播色情、暴力、封建迷信等不良信息	不听信/散布谣言,不传播虚假(欺诈)信息	能合理安排上网时间,不沉迷网络	不窥探、传播他人隐私
小学及以下	81.26	80.88	81.38	77.86	78.99
初中	84.03	82.85	81.57	80.17	81.95
高中/中专	84.57	83.89	82.50	79.45	81.54
大专	82.67	83.85	82.02	79.54	83.05
本科	83.56	83.16	83.15	78.37	82.43
研究生及以上	84.82	83.02	82.51	79.20	81.61

表10 2017年网络文明三级指标与职业客评指数交叉分析

职业	网络文明三级指标				
	文明用语、不谩骂、攻击他人	不浏览/传播色情、暴力、封建迷信等不良信息	不听信/散布谣言,不传播虚假(欺诈)信息	能合理安排上网时间,不沉迷网络	不窥探、传播他人隐私
机关行政人员	86.32	85.13	82.39	81.20	80.17
事业单位人员	82.59	82.53	82.13	78.85	81.32
企业管理人员	83.38	83.16	81.76	81.47	80.96
企业普通职工	83.93	84.16	82.23	79.18	83.51
个体经营者	83.98	83.79	84.16	79.71	82.32
自由职业者	84.21	83.44	82.97	79.88	83.03
学生	83.70	82.92	82.57	77.70	82.11
务农人员	78.52	77.78	77.78	75.56	85.93
待业人员	85.00	82.67	79.00	73.67	82.00
离退休人员	82.59	81.30	78.70	76.11	79.63

(七)国际礼仪文明方面

对杭州市民国际礼仪文明方面的评价主要看其在七个方面的行为表现,分别是"在外籍人士面前,能自觉维护国家及杭州的形象与声誉"

（87.13）、"能热情友善对待外籍人士，并愿为其提供力所能及的帮助与服务"（86.22）、"不随意询问有关他人隐私问题（如年龄、家庭、收入等）"（86.69）、"能积极主动学习外语，并在与外籍人士交流时使用外语"（80.84）、"积极学习了解并遵循国际通行的礼仪规范"（80.85）、"参加正式涉外活动时，能着正装出席"（83.17）、"尊重外籍人士的习俗禁忌"（84.54）（见表11）。根据数据分析，2017年杭州市民在国际礼仪文明方面的客评指数为84.21，基本与2016年持平，略微下降（-0.03），仍处于"较好"水平。

表11 2015~2017年国际礼仪文明三级指标客评指数

国际礼仪文明三级指标	客评指数			差值	
	2015年	2016年	2017年	2017年与2016年差值	2017年与2015年差值
在外籍人士面前，能自觉维护国家及杭州的形象与声誉	86.06	86.71	87.13	0.42	1.07
能热情友善对待外籍人士，并愿为其提供力所能及的帮助与服务	84.95	86.55	86.22	-0.33	1.27
不随意询问有关他人隐私问题（如年龄、家庭、收入等）	83.74	84.44	86.69	2.25	2.95
能积极主动学习外语，并在与外籍人士交流时使用外语	79.32	82.04	80.84	-1.20	1.52
积极学习了解并遵循国际通行的礼仪规范	79.84	82.24	80.85	-1.39	1.01
参加正式涉外活动时，能着正装出席	81.76	82.85	83.17	0.32	1.41
尊重外籍人士的习俗禁忌	84.40	84.84	84.54	-0.30	1.14
国际礼仪文明客评指数	82.60	84.24	84.21	-0.03	1.61

近年来，杭州市加速推进城市国际化，特别是G20杭州峰会的成功举办对市民国际礼仪文明素养的提升带来了积极影响。G20杭州峰会的成功举办，对杭州软实力的提升效应突出，对城市基建设施的改善明显，同时也带来了一定的经济效益，为建设世界名城打下了良好的基础。综合2016~

2017 年的数据分析，从 7 个三级指标的综合评价指数来看，杭州市民认为他人注重维护国家及杭州的形象与声誉，愿意积极主动为外籍人士提供帮助，注重国际礼仪，尊重对方的文化习俗和禁忌。如今，杭州迎来了"后峰会、前亚运"时期，为进一步促进城市国际化发展，杭州提出了建设世界名城战略，为了响应城市的规划战略，结合统计数据显示的问题，在下一步的工作中，要注重提高外语交流能力，尊重国际通行的礼仪规范，提升个人文明素养。

从整体上来看，2017 年杭州市民对他人评价最高的公共文明行为集中在国际礼仪文明、公共观赏、公共交往和公共卫生四个方面。从表 12 可以看出，评价最高的十项公共文明行为的客评指数均在 85 以上。其中，国际礼仪文明方面"在外籍人士面前，能自觉维护国家及杭州的形象与声誉"这一行为最受称赞，客评指数为 87.13。此外，国际礼仪文明方面还有两项具体行为入选。公共观赏方面有四项具体行为入选，为文明行为入选数量最多的指标。公共交往方面入选了两项具体行为，而公共卫生方面入选的"把垃圾扔进垃圾箱"的客评指数排名第七。

表 12　2017 年客评指数较高的十项公共文明行为

排序	评价较高的十项公共文明行为	客评指数
1	在外籍人士面前,能自觉维护国家及杭州的形象与声誉	87.13
2	不在观众席向演出或比赛场地投掷杂物	86.97
3	在入口处,主动配合做好安检工作	86.70
4	不随意询问有关他人隐私问题(如年龄、家庭、收入等)	86.69
5	能给老、弱、病、残、孕及怀抱婴儿者让座	86.46
6	能热情友善对待外籍人士,并愿为其提供力所能及的帮助与服务	86.22
7	把垃圾扔进垃圾箱	86.14
8	不谩骂、起哄或围攻裁判员、运动员或其他工作人员	86.11
9	与人交流时面带微笑,态度和蔼	85.51
10	按时入场、退场	85.27

2017 年，杭州市民认为最需改善的十项公共文明行为中，客评指数最低的是"垃圾分类投放"，为 74.91。从表 13 可以看出，这十项最需改善的

公共文明行为主要集中在公益服务、公共卫生、公共秩序和网络文明四个方面，其中公益服务方面有四项具体行为入选，公共卫生方面有三项具体行为入选，公共秩序方面有两项具体行为入选，而网络文明方面入选的"能合理安排上网时间，不沉迷网络"在被认为最需改善的十项公共文明行为中排名第九。

表13 2017年最需改善的十项公共文明行为

序号	评价较低的十项公共文明行为	客评指数
1	垃圾分类投放	74.91
2	共享单车不乱停、乱放	75.41
3	自发做些公益服务	76.35
4	遛宠物时，主动清理其排泄物	76.69
5	鼓励身边的人参与公益服务	77.23
6	积极参与各类赛事活动的志愿服务	77.42
7	积极参加公益知识讲座，向他人宣传公益知识	77.90
8	不乱张贴小广告、不乱涂写	78.88
9	能合理安排上网时间，不沉迷网络	79.08
10	遛宠物时，注意把宠物拴好	79.50

四 建议与对策

第一，制定提升杭州市民公共文明指数的工程计划，并开展相关工作，努力增强市民公共文明的自觉意识和主动意识。自2005年杭州开展创建全国文明城市工作以来，经过全市人民的共同努力，城市形象凝练提升，以及城市公共基础设施改造和建设方面取得了重大成效。市民的公共文明意识逐渐增强，公共文明行为达到"较好"水平，杭州于2011年成功获得"全国文明城市"荣誉称号，2017年顺利通过复评，"文明杭州人"成为杭州文明城市的闪亮名片。杭州经过10多年的建设和发展，通过政策计划、城市规划、宣传教育、广泛动员、执法监督等措施和手段提升的公共文明程度已日趋平缓，很难再实现质的飞跃和提升。因此，亟须制定提升杭州城市内在文明水平的工程计划。一是开展市民公共文明行为大讨论，充分利用网络、电视、手机等，借助讲座、辩论会、现场直播、微视频等方式，吸引民众参与，并在街道社区、学校等地开展相关活动，提高人们对公共文明的关注度并引发思考。二是树典型、立模范，拓展"最美杭州人"评选的层次，开展杭州公共文明市民评选活动，调动市民主动增强公共文明意识的积极性。三是强化文化强市工程，发挥公益性文化机构在改善市民公共文明行为方面的作用，开展多种形式的文化艺术活动，陶冶市民情操，提升其内在素养。

第二，着力开展公益服务型社会建设。根据历年的统计指标，在公共文明7个二级指标中，公益服务的客评指数一直很低。2016年受G20杭州峰会召开的影响，公益服务客评指数达到高峰，2017年又呈下降趋势。而市民对公益服务的认识程度和参与程度，是衡量一个城市公共文明的重要指标。针对这一短板，杭州应努力开展公益服务型社会建设，切实提高市民公益服务的参与度。首先，应通过宣传教育，提高市民对公益服务以及参与公益服务对人生价值的积极影响的认识。其次，充分发挥"社区＋志愿者"的作用，畅通市民参与公益服务的便捷途径，鼓励居民通过社区志愿者服务协会切实参与公益服务。最后，充分利用手机客户端，借助"浙江发布""杭州发布""钱江日报"等用户数量庞大的客户端，设立专门的公益服务对接板块，实现需求发布与报名参与的一体化。

第三，推进环境友好型、资源节约型社会建设。在最需改善的十项公共文明行为中，"垃圾分类投放"问题比较突出。不少市民虽然对垃圾分类持支持态度，但是他们表示很难开展垃圾分类工作，有的市民即便已经对垃圾进行分类，也不能坚持下去。同时，市民拥有的垃圾分类知识、家庭垃圾分类配套设施、垃圾分类回收方式与途径等，都影响市民垃圾分类的参与程度。而垃圾分类不仅对城市卫生环境的作用重大，而且对节约资源、实现可回收垃圾资源再利用具有重要作用。2017年7月，国务院办公厅印发《禁止洋垃圾入境推进固体废物进口管理制度改革实施方案》，规定2017年底前，禁止进口生活源废塑料、未经分拣的废纸以及废纺织原料、钒渣等环境危害大、群众反映强烈的固体废物。2019 年底前，逐步停止进口国内资源可以替代的固体废物。这一方案的实施对我国建设环境友好型、资源节约型社会具有重要意义，也是我国必须实现垃圾分类的国家层面的政策依据。以此为契机，杭州市政府应努力在垃圾分类方面探索出一条合适的道路来。可以学习国内外的成功经验，选择性地试点推广；建立家庭垃圾分类补贴制度或奖惩制度；完善市政垃圾分类与处理的配套设备；将垃圾分类工作纳入物业公司基本工作制度，强化社区作为垃圾分类的重要环节。

2017年杭州市民公共文明指数调查外籍人士评价报告

自2016年7月杭州市委十一届十一次全会审议通过《中共杭州市委关于全面提升杭州城市国际化水平的若干意见》以来，杭州就开始研究部署城市国际化工作，加快推进世界名城建设，并且明确树立了全面提升杭州城市国际化水平"三步走"目标，即到2020年，杭州成为具有较高全球知名度的国际城市；到2030年，杭州初步成为特色彰显、具有较大影响力的世界名城；到21世纪中叶，杭州成为具有独特东方魅力和全球重大影响力的世界名城。2016年9月，G20杭州峰会的召开更是为杭州带来了国际声誉，越来越多的国际友人开始认识杭州、关注杭州、来到杭州。要实现将杭州建设为国际城市、世界名城的伟大目标，市民公共文明素养的提升是一个不可忽视的任务。市民国际化，是城市国际化的一个重要组成部分。

在新一轮的城市国际化推进过程中，承接重大国际会议、举办国际博览活动、承办国际体育赛事等，均需要杭州市民的积极支持和参与，杭州要想更好地融入世界，市民也需遵守现代文明的普遍性规则。可以说，杭州市民公共文明素养的提升是杭州迈向和融入世界的重要一步。杭州市民的文明状况，直接影响着杭州呈现在世界人民面前的风貌。

2017年，是杭州市成功创建全国文明城市的第六年。11月中旬，随着第五届全国文明城市名单的正式公布，杭州顺利实现了全国文明城市的"三连冠"。随着杭州国际化的不断推进，越来越多的外籍人士来到杭州、居住在杭州。这些生活在杭州的外籍人士，来自世界各地，有着不同的文化背景和风俗习惯，他们之中的一些人，有着国际化的视野，相对于杭州本地人来说，他们看待杭州市民公共文明状况，有着别样的视角。从外籍人士的视角来检视杭州市民公共文明状况，有助于反观杭州市民在公共文明方面的优势与不足。考察外籍人士在杭州的表现，一方面能够使其发挥示范引领的作用，成为杭州迈向国际化的有力助推器；另一方面能够从侧面反映杭州在公共文明行为方面所形成的习惯、文化，甚至制度的建设工作是否到位。因此，考察在杭居住半年以上的外籍人士对自身以及他人在公共文明行为方面的表现，对客观评估杭州市民的公共文明素养现状、促进杭州公共文明建设工作非常有帮助。另外，G20杭州峰会的成功举办为杭州提供了向全世界展示自己独特文化的机会，也激发了杭州向国际化都市迈进的雄心。通过问卷采集外籍人士的想法，可以更深层次地了解我国与世界一流国际化大都会的真实差距和存在的优势，从而加以改善和发扬，向真正的国际化大都会迈进，打造"独特韵味、别样精彩"的世界名城。

一　样本情况分析

课题组面向在杭居住半年以上的外籍人士发放问卷500份，回收问卷480份，全部为有效问卷，问卷回收率和问卷有效率分别为96.0%和100%。问卷调查的对象来自德国、韩国、美国、意大利、葡萄牙、挪威、埃及、刚果（金）、柬埔寨、津巴布韦、加拿大、加纳、泰国等76个国家，其中在杭居住年限为0.5~1年（含）的占比为21.67%，1~3年（含）的占比为51.25%，3~5年（含）的占比为16.46%，5~10年（含）的占比为8.54%，10年以上的占比为2.08%（见表1和图1）。此次问卷调查的对象以在杭高校外国留学生以及在杭任教的外籍教师为主体，以在杭从事其他工作的外籍人士以及一些外籍游客为补充。此次问卷调查的单位主要有浙江大学、浙江科技学院、杭州师范大学、浙江外国语学院、浙江工业大学等高校，还有新东方语言培训学校和一些外资企业。在开展问卷调查的同时，课题组于2017年12月邀请了长期在杭州生活的来自美国、法国、英国、德国等发达国家的外籍教师，在浙江科技学院对他们进行了有针对性的面对面访谈调查。访谈的主要内容是根据他们平时观测的结果,对自身和杭州市民在公共卫生、公共秩序、公共交往、公共观赏、公益服务、网络文明、国际礼仪文明七个方面的公共文明行为表现进行评价。同时,针对杭州市民公共文明方面存在的问题,请其提出相应的改进方案和对策建议。基于对上述 478 份问卷的统计分析以及与外籍人士的一对一访谈,课题组形成了此调查报告。

表1 外籍人士在杭居住年限分布情况

单位:个,%

居住年限	样本数	占比	居住年限	样本数	占比
0.5 ~ 1 年(含)	104	21.67	5 ~ 10 年(含)	41	8.54
1 ~ 3 年(含)	246	51.25	10 年以上	10	2.08
3 ~ 5 年(含)	79	16.46			

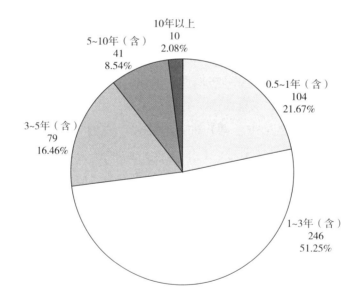

图1 外籍人士在杭居住年限分布情况

二 2017年与2016年、2015年、2014年 的综合评价指数比较

（一）一级指标

外籍人士对杭州市民公共文明行为的评价由综合评价指数来反映。评价指数由客评指数和主评指数综合构成，其中客评指数占综合评价指数的60%，主评指数占综合评价指数的40%。客评指数由外籍人士对他人在公共文明行为方面的评价构成，主评指数由外籍人士对自身在公共文明行为方面的评价构成。数据统计显示，2017年外籍人士对杭州市民公共文明行为的综合评价指数为84.56，比2016年的84.79下降了0.23（见表2）。由此可见，在过去的一年里，外籍人士对自身以及杭州市民的公共文明水平都持肯定态度，但评分略微下滑，这从侧面反映出2017年杭州市民以及外籍人士的公共文明水平与2016年基本持平，但有轻微下降。其中，外籍人士对杭州市民公共文明行为的客评指数下降较多，由2016年的84.33下降到2017年的82.28，下降了2.05。这说明在外籍人士看来，2017年杭州市民公共文明水平比2016年略有下降。这或许与2016年G20杭州峰会的召开有关，杭州市民积极支持这一盛会，并在公共行为方面约束自我，展现文明形象。而在2017年，这种自我约束稍有放松，这种现象应引起注意，促使有关部门思考建立提升市民公共文明水平的长效机制。这是一个较为显著的原因，具体原因仍需进一步调查。但总的来说，公共文明综合评价指数下降幅度较小并保持在较高水平，并且与2014年、2015年相比，仍有较大幅度的提升。而2017年的主评指数为87.98，比2016年的85.49上升了2.49。从2014~2017年的整体趋势来看，杭州市民公共文明指数稳步上升，略有波动。这说明杭州市委、市政府的重视，以及杭州市文明办的倡导，对杭州市民公共文明行为产生了显著的影响，并且对外籍人士也产生了积极的引导作用。2017年杭州市民公共文明主评指数和客评指数虽有波动，但总体维持

在较高水平，并且与外籍人士的评价差距不大，这说明在外籍人士看来，杭州市民公共文明行为指数依然处于较高水准，这也是对杭州公共文明建设成果的积极肯定。

表2 2014～2017年外籍人士对公共文明一级指标评价指数比较

一级指标	2014年	2015年	2016年	2017年	差值		
					2017年与2016年	2017年与2015年	2017年与2014年
客评指数	65.34	70.56	84.33	82.28	-2.05	11.72	16.94
主评指数	82.75	80.49	85.49	87.98	2.49	7.49	5.23
综合评价指数	72.26	74.53	84.79	84.56	-0.23	10.03	12.30

（二）二级指标

从表3的数据我们可以看出，2017年外籍人士对杭州市民公共文明行为的评价呈现以下几种情况。第一，2017年在杭外籍人士对杭州市民公共文明行为二级指标的客评指数普遍低于2016年，但高于2015年和2014年。其中，差值较大的是公共卫生，达到3.22；其次是公益服务，为2.63；再次是网络文明，为2.14。第二，2017年外籍人士对杭州市民公共文明行为二级指标的主评指数高于客评指数。这一特点与2014～2016年相同。主评是外籍人士对自身行为的评价，客评则是外籍人士对杭州市民的评价，这说明在外籍人士看来，杭州市民的总体文明情况与他们之间存在差距。这主要是因为人们往往对自我更信任和认可，对自我要求更低而对他人要求更高，这几乎可以说是人之本性。外籍人士同样无法摆脱这一人之本性的影响，因此他们对自我的评价也要普遍高些。当然，这其中有平均受教育程度的不同，也不乏文化因素。第三，2017年外籍人士对杭州市民公共文明行为二级指标的客评指数比2014年和2015年有较大提升。与2017年相较于2016年的轻微波动相比，2017年的客评指数比2014年和2015年的客评指数有较大提升，这说明从整体趋势上看，杭州市民的公共文明状况还是有较大改善的。第四，在 2017 年的各项评价中，总体来看公共卫生的评价指数略低，这是 2014～2016 年的共同特点。公共卫生的保持相对较难，需要全体市民的积极参与。

表3　2014～2017 年外籍人士对公共文明二级指标评价指数比较

二级指标	客评指数			主评指数			综合评价指数		
	2014 年	2017 年	差值	2014 年	2017 年	差值	2014 年	2017 年	差值
公共卫生	55.20	80.31	25.11	80.38	88.86	8.48	65.27	83.73	18.46
公共秩序	58.48	81.92	23.44	85.18	88.40	3.22	69.16	84.51	15.35
公共交往	66.72	83.65	16.93	86.96	89.05	2.09	74.82	85.81	10.99
公共观赏	68.40	83.90	15.50	86.10	89.05	2.95	75.48	85.96	10.48
公益服务	66.28	82.10	15.82	71.16	85.54	14.38	68.23	83.47	15.24
网络文明	72.26	82.36	10.10	86.74	87.98	1.24	78.05	84.61	6.56
国际礼仪文明	—	82.37	—	—	86.61	—	—	84.07	—
综合评价指数	65.34	82.28	16.94	82.75	87.98	5.23	72.26	84.56	12.3

二级指标	客评指数			主评指数			综合评价指数		
	2015 年	2017 年	差值	2015 年	2017 年	差值	2015 年	2017 年	差值
公共卫生	63.86	80.31	16.45	81.66	88.86	7.20	70.98	83.73	12.75
公共秩序	68.37	81.92	13.55	82.70	88.40	5.70	74.10	84.51	10.41
公共交往	68.89	83.65	14.76	82.36	89.05	6.69	74.28	85.81	11.53
公共观赏	75.44	83.90	8.46	85.14	89.05	3.91	79.32	85.96	6.64
公益服务	71.42	82.10	10.68	67.98	85.54	17.56	70.05	83.47	13.42
网络文明	72.93	82.36	9.43	82.28	87.98	5.70	76.67	84.61	7.94
国际礼仪文明	73.02	82.37	9.35	81.32	86.61	5.29	76.34	84.07	7.73
综合评价指数	70.56	82.28	11.72	80.49	87.98	7.49	74.53	84.56	10.03

二级指标	客评指数			主评指数			综合评价指数		
	2016 年	2017 年	差值	2016 年	2017 年	差值	2016 年	2017 年	差值
公共卫生	83.53	80.31	-3.22	85.64	88.86	3.22	84.37	83.73	-0.64
公共秩序	84.03	81.92	-2.11	85.17	88.40	3.23	84.49	84.51	0.02
公共交往	84.59	83.65	-0.94	86.11	89.05	2.94	85.20	85.81	0.61
公共观赏	84.96	83.90	-1.06	86.02	89.05	3.03	85.38	85.96	0.58
公益服务	84.73	82.10	-2.63	84.65	85.54	0.89	84.70	83.47	-1.23
网络文明	84.50	82.36	-2.14	85.31	87.98	2.67	84.82	84.61	-0.21
国际礼仪文明	84.31	82.37	-1.94	85.74	86.61	0.87	84.88	84.07	-0.81
综合评价指数	84.33	82.28	-2.05	85.49	87.98	2.49	84.79	84.56	-0.23

三 2017年外籍人士对公共文明行为的评价分析

（一）总体情况分析

1. 综合评价指数分析

2017年外籍人士对杭州市民在公共文明方面的综合评价指数与2016年基本持平。从7个二级指标的综合评价指数比较来看，外籍人士认为2017年杭州市民在公共文明方面的总体表现较好，综合评价指数为83~86，各项指标评分也基本趋于均衡。同时，7个二级指标的综合评价指数也具有一定的层次性，主要有四个层次：公共观赏和公共交往方面的总体表现较好，综合评价指数分别为85.96和85.81；其次是网络文明和公共秩序两个方面，综合评价指数分别为84.61和84.51；处于第三梯队的是国际礼仪文明，综合评价指数为84.07；而表现略差的是公共卫生和公益服务两个方面，综合评价指数分别为83.73和83.47（见图2）。

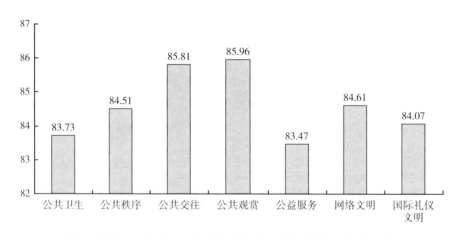

图2 2017年外籍人士对杭州市民公共文明行为的综合评价指数

2. 客评指数分析

客评指数主要是外籍人士对杭州市民公共文明行为表现的评价。通过数据分析得知，2017年外籍人士认为杭州市民在公共观赏、公共交往、国际礼仪文明和网络文明四个方面的表现较好，尤其是公共观赏方面的客评指数达到了83.90；其次是公共交往、国际文明礼仪和网络文明方面；而公共卫生方面的客评指数相对较低，为80.31（见图3）。

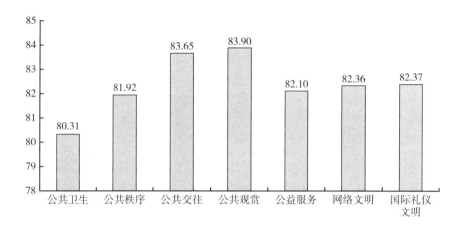

图3 2017年外籍人士对杭州市民公共文明行为的客评指数

3. 主评指数分析

主评指数主要是外籍人士对自身公共文明行为表现的评价。从问卷调查结果来看，2017年外籍人士对自身在公共文明方面的评价是很高的，主评指数为87.98，高于2016年的85.49（见图4）。他们对自身在公共交往和公共观赏方面的评价是非常高的，主评指数均达到了89.05；他们对自身在公共卫生、公共秩序、网络文明和国际礼仪文明方面的评价也很不错，主评指数分别为88.86、88.40、87.98和86.61；他们对自身在公益服务方面的表现相对来说不是很满意，主评指数为85.54（见图5）。这些数据结果也表明，在杭外籍人士的公共文明总体处于"较好"水平。以往的调查结果表明，市民公共文明指数与其受教育水平呈高度正相关，也就是说，人们的受教育水平越高，其公共文明行为总体表现就越好。在杭居住半年以上的绝大多数外籍人士为留学生，他们的文化程度普遍较高，受过良好的教育，加之他们的家庭条件往往也不错，因此他们普遍具有良好的公共文明素养。课题组采访调查的外籍教师任教于杭州各大高校,这也就意味着其受教育状况良好,同样属于公共文明素养较高的群体。但是,这并不意味着外籍人士对自身及杭州市民公共文明行为的评价都非常客观,文化背景和生活方式不同,有可能会导致人们对同一行为的认知和评价不尽相同。

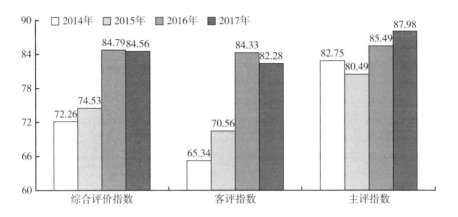

图4 2014~2017年外籍人士对公共文明一级指标评价指数比较

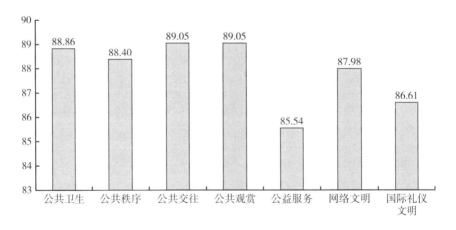

图5 2017年外籍人士对自身公共文明行为的主评指数

（二）三级指标数据分析

1. 公共卫生方面

（1）综合评价指数分析

数据统计显示，2017年外籍人士对杭州市民在公共卫生方面的综合评价指数为83.73，比2016年的84.37略有降低。根据前文的分析，与其他各项公共文明指标相比，公共卫生是与2016年相比指数值总体下降较多的一项指标。在公共卫生方面的各项指标中，综合评价指数最高的是"把垃圾扔进垃圾箱"，为88.18，高于2016年的86.09，这说明2017年杭州市民在"把垃圾扔进垃圾箱"这方面的表现总体上要好于2016年；其次是"垃圾分类投放"，综合评价指数为83.51；再次是"不乱张贴小广告、不乱涂写""遛宠物时，主动清理其排泄物""打喷嚏时，有所遮掩"，综合评价指数分别为83.48、83.30、82.83。相对而言，"不随地吐痰、便溺"和"不在设有禁烟标志的公共场所抽烟"的综合评价指数较低，分别为82.52和82.28（见表4）。

表4　2017年外籍人士对公共卫生三级指标评价指数

二级指标	三级指标	客评指数	主评指数	综合评价指数
公共卫生	把垃圾扔进垃圾箱	86.46	90.75	88.18
	垃圾分类投放	80.71	87.71	83.51
	不随地吐痰、便溺	78.00	89.29	82.52
	不在设有禁烟标志的公共场所抽烟	79.17	87.01	82.28
	打喷嚏时，有所遮掩	78.29	89.63	82.83
	遛宠物时，主动清理其排泄物	79.58	88.88	83.30
	不乱张贴小广告、不乱涂写	79.96	88.75	83.48

（2）客评指数分析

从表4可以看出，2017年外籍人士对杭州市民公共卫生方面的客评指数还是比较高的。其中，客评指数最高的是"把垃圾扔进垃圾箱"，为86.46；"垃圾分类投放"的客评指数也较高，为80.71。"不乱张贴小广告、不乱涂写"的客评指数为79.96，"遛宠物时，主动清理其排泄物"的客评指数为79.58，"不在设有禁烟标志的公共场所抽烟"的客评指数为79.17。其余两项指标的客评指数分别为"打喷嚏时，有所遮掩"78.29、"不随地吐痰、便溺"78.00。

（3）主评指数分析

2017年外籍人士对自身在公共卫生方面的总体评价很高，主评指数为88.86，且在七个方面的主评指数均高于对杭州市民的客评指数，其中"把垃圾扔进垃圾箱"的主评指数高达90.75，其余几项指标的主评指数均超过87。

2017年，外籍人士对杭州市民公共卫生方面的客评指数为80.31。其中，"把垃圾扔进垃圾箱"的客评指数最高，为86.46，这说明杭州市民在不乱丢垃圾、爱护公共卫生方面的意识较强，并且切实付诸行动，同时也表明杭州公共卫生方面的基础设施较为健全，垃圾箱在公共场所的分布数量和间隔距离皆符合人性化的设置，且垃圾能够得到及时的清理，因而外籍人士观察到的事实是杭州市民在"把垃圾扔进垃圾箱"方面总体表现还不错。而"垃圾分类投放"的客评指数为80.71，列第二位，说明垃圾分类作为解决"垃圾围城"问题的基本思路，也逐步在杭州市得到真正落实，这与近年来杭州不断开展推进垃圾分类工作有密切的联系。2017年是杭州全民推行垃圾分类的第七年，垃圾分类工作取得了显著成效。杭州各相关部门均采取了有效的垃圾分类管理措施，包括二维码扫描、垃圾实户制、垃圾定时定点投放、餐厨垃圾就地处理等。为了提升垃圾分类工作的质量，杭州的许多小区积极开动脑筋，运用了很多方法。例如，九堡兴安社区金泊林小区和上城区清波街道劳动路新民村实行二维码识别管理，利用二维码为垃圾袋"认主"，通过二维码智能管理系统对垃圾投放者的姓名、房号、联系方式等数据进行处理，得出垃圾投放参与率、准确率等数据，生成积分进行奖励，这一措施已试行了一段时间。拱墅区试行垃圾定时定点投放，要求在规定时间和规定地点投放垃圾，其余时间垃圾房不开放；在大型单位或企业食堂、小区、农贸市场、酒店等地试点运作餐厨垃圾处理机和园林垃圾粉碎机。同时，法治建设的推进也有力地推动了垃圾分类工作。2015年杭州市人大常委会审议通过的《杭州市生活垃圾管理条例》与每个人都息息相关，如果没有按照规定要求对垃圾进行分类，可能被处以 50 元以上 200 元以下罚款。该条例从政策上规范、培养了杭州市民分类投放垃圾的习惯。杭州公共卫生方面的基础设施较为健全，各个小区也都分类放置了颜色不同的标有"厨房垃圾""其他垃圾""可回收物""有害垃圾"的垃圾桶，以促进市民养成垃圾分类投放的良好习惯。

2017 年，杭州市城管委建立责任传递机制，进一步加强宣传引导，并通过引入诚信管理体系、增强垃圾处置能力等手段进一步深化垃圾分类工作。例如，各区落实小区垃圾分类责任人、垃圾分类专管员和片区执法队员，并发挥楼道长和志愿者作用，强化现场监管、指导，实行垃圾分类小区达标考核和示范小区摘牌机制。同时，在垃圾分类投放相关法规和配套设施不断完善的前提条件下，辅之以合理的宣传，以增强杭州市民分类投放垃圾的行动自觉，巩固其生活垃圾分类行为。这些努力使杭州在"垃圾分类投放"的监督和实施方面都取得了明显的成效。

2017 年外籍人士对杭州市民公共卫生方面的客评指数虽比 2016 年略有下降，但是波动幅度在合理的范围之内。造成这种波动的原因有两点。一是受访对象不同。2017 年的问卷发放对象与 2016 年不完全重合，不同的受访对象对公共文明现象的主观感受不同。二是 G20 杭州峰会之后，杭州的国际声誉更好，外籍人士对杭州的期许更高、要求更严。

2. 公共秩序方面

（1）综合评价指数分析

2017 年外籍人士对杭州市民在公共秩序方面的文明素养评价，主要依照其在十二个方面的具体行为表现。综合来看，2017 年外籍人士对杭州市民在公共秩序方面的评价较高，其综合评价指数为 84.51。具体来看，"在地面标示的规定区域内停车"和"乘坐公交时有序排队上下车"的综合评价指数较高，分别为 86.83 和 86.23。"驾车不抢道、超车、变道或加塞"和"不在公共场所大声喧哗"的综合评价指数相对较低，分别为 83.02 和 83.15（见表 5）。

表5 2017年外籍人士对公共秩序三级指标评价指数

二级指标	三级指标	客评指数	主评指数	综合评价指数
公共秩序	乘坐公交时有序排队上下车	83.54	90.25	86.23
	乘坐地铁时有序排队上下车	81.29	90.33	84.91
	遵守"一米线"外等候的规定	80.71	88.83	83.96
	不在公共场所大声喧哗	79.00	89.38	83.15
	行人不乱穿马路、乱闯红灯、乱翻栏杆	81.58	88.54	84.37
	共享单车不乱停、乱放	82.87	87.46	84.71
	驾车在斑马线前礼让行人	80.33	87.04	83.02
	在地面标示的规定区域内停车	85.83	88.33	86.83
	非机动车不闯红灯、不走机动车道	81.12	88.29	83.99
	上下台阶时主动靠右行走	82.54	87.08	84.36
	遛宠物时,注意把宠物拴好	81.04	87.17	83.49
	乘坐电梯时先出后进	83.17	88.13	85.15

（2）客评指数分析

数据统计显示,2017年外籍人士对杭州市民在公共秩序方面的客评指数为81.92,低于主评指数88.40,这说明在外籍人士看来杭州市民在公共秩序方面的文明程度较高,但仍有提升的空间。在具体十二个方面的行为表现中,客评指数最高的是"在地面标示的规定区域内停车",为85.83;其次是"乘坐公交时有序排队上下车",为83.54;再次是"乘坐电梯时先出后进",为83.17。客评指数低于80的只有"不在公共场所大声喧哗",为79.00。其余几个指标的客评指数均在80以上,由高至低依次为"共享单车不乱停、乱放"82.87、"上下台阶时主动靠右行走"82.54、"行人不乱穿马路、乱闯红灯、乱翻栏杆"81.58、"乘坐地铁时有序排队上下车"81.29、"非机动车不闯红灯、不走机动车道"81.12、"遛宠物时,注意把宠物拴好"81.04、"遵守'一米线'外等候的规定"80.71、"驾车在斑马线前礼让行人"80.33。

（3）主评指数分析

2017年外籍人士对自身在公共秩序方面的主评指数为88.40,并且在具体十二个方面的主评指数均高于对杭州市民的综合评价指数。其中,对自身评价较高的三项行为分别是"乘坐地铁时有序排队上下车"（90.33）、"乘坐公交时有序排队上下车"（90.25）、"不在公共场所大声喧哗"（89.38），对自身评价较低的三项行为分别是"遛宠物时，注意把宠物拴好"（81.17）、"上下台阶时主动靠右行走"（87.08）、"驾车在斑马线前礼让行人"（87.04）。

在公共秩序方面的各项三级指标中，"乘坐地铁时有序排队上下车"和"乘坐公交时有序排队上下车"是主评指数较高的两项指标。这一结果与各相关部门的共同努力有关。2016年，杭州市城投集团动员了万名志愿者加入文明劝导队伍。每月的1日和11日，是杭州公交排队上车宣传日，这些志愿者与杭州市公交集团的文明乘客劝导员一起，在杭州的几百个公交站进行文明乘车劝导。2016年5月，《钱江晚报》联合浙江省文明办、杭州市文明办、杭州市城投集团、共青团杭州市委员会和杭州市公交集团发起"排队上车，从我做起"的倡议。武林门北站就是这些活动的参与站点之一。渐渐的，武林门北站的乘客也从最初的"挤公交"变成现在的有序"乘公交"。经过努力，武林门北站即使没有隔离设施，也没有文明劝导员，等车的乘客也能够自觉地排队，没有拥挤、加塞行为。并且，这种良好的文明乘车习惯，在2017年一直延续着。

2017年，交通运输部在杭州召开公交都市专题会议，向全国倡导实行"人行横道礼让"。斑马线文明，是杭州城市文明的重要组成部分，曾入选"2010杭州生活品质总点评"年度活动，成为国内独一无二的文明风尚。杭州公交车，就像一扇扇传递关爱、尊重生命、温暖人心的文明之窗，文明礼让、遵章守纪不仅深入每位司机的内心，而且给市民游客留下了极其深刻的印象。在亲身体验、口口相传之下，"礼让行人"的影响力传播到了全国各地，杭州公交也因此名扬全国，成为各地公交部门竞相学习的榜样。在接下来的数年里，杭州公交逐步带动了全城车辆共同礼让行人，日积月累，杭州的出租车、私家车礼让行人也蔚然成风。2015年，杭州市人大通过《杭州市文明行为促进条例》，"斑马线礼让行人"首次被写入地方性法规。2016年，G20杭州峰会召开，"人行横道礼让"这张金名片得到来杭国际友人的高度赞赏。随着"斑马线礼让，文明我先行"理念的不断推广和深入践行，

"斑马线礼让行人"如今已成为杭州的城市"金名片"和亮丽的"人文风景",成为众多外地游客最喜欢杭州的理由之一。

共享单车乱停、乱放现象是许多城市的共同问题,但是经过努力,这种情况在杭州得到了极大改善。交通运输部科学研究院等机构共同发布的《2017年第四季度中国主要城市骑行报告》数据显示,2017年第四季度大众文明骑行指数稳步上升,单车破坏率最低的杭州被评选为"文明骑行程度最高"城市。

3. 公共交往方面

(1) 综合评价指数分析

关于公共交往方面的文明素养评价,主要包括五个方面的具体行为表现。2017年外籍人士对杭州市民在公共交往方面的综合评价指数为85.81,这说明外籍人士对杭州市民在公共交往方面的文明素养较为认可。具体来看,"与人交流时面带微笑,态度和蔼"的综合评价指数最高,达87.49;其余四项指标的综合评价指数比较均衡,为85~86,按照指数值由高至低排序,分别为"陌生人问路时,耐心、详细解答"85.71、"能给老、弱、病、残、孕及怀抱婴儿者让座"85.57、"主动给予外地游客方便或帮助"85.16、"交谈时不大声喧哗"85.13(见表6)。

表6 2017年外籍人士对公共交往三级指标评价指数

二级指标	三级指标	客评指数	主评指数	综合评价指数
公共交往	与人交流时面带微笑,态度和蔼	85.62	90.29	87.49
	交谈时不大声喧哗	82.63	88.88	85.13
	陌生人问路时,耐心、详细解答	83.62	88.83	85.71
	主动给予外地游客方便或帮助	83.04	88.33	85.16
	能给老、弱、病、残、孕及怀抱婴儿者让座	83.33	88.92	85.57

(2) 客评指数分析

数据统计显示,2017年外籍人士对杭州市民在公共交往方面的文明素养总体评价较高,客评指数为83.65。其中,"与人交流时面带微笑,态度

和蔼"的客评指数明显高于其他四项指标,为85.62;客评指数最低的是
"交谈时不大声喧哗",为82.63;其余三项指标,即"陌生人问路时,耐
心、详细解答""主动给予外地游客方便或帮助""能给老、弱、病、残、
孕及怀抱婴儿者让座"的客评指数为83~84。

(3)主评指数分析

2017年外籍人士对自身在公共交往方面的文明素养总体评价较高,主
评指数达89.05,与公共观赏方面的主评指数并列第一。其中,"与人交流
时面带微笑,态度和蔼"和"能给老、弱、病、残、孕及怀抱婴儿者让座"
的主评指数较高,分别为90.29和88.92。由此可以看出,外籍人士比较重
视公共交往,比较在意与人交谈时的态度和为别人着想的行为。主评指数最
低的是"主动给予外地游客方便或帮助",为88.33,这可能是因为存在语
言沟通障碍。

外籍人士对杭州市民在"交谈时不大声喧哗"方面的行为评价最低,
原因可能有四个。一是杭州方言本身的断句方式和语气。二是杭州人说话时
沉浸于自己的措辞,不太顾及周边环境中的其他人。三是大多数人对个人私
密情况不太敏感,不注意区分公共场合和私人场合。课题组采访的一位德国
籍教师称,德国人说话声音也挺大,但是在公共场合交谈或者打电话时都尽
量轻声细语,主要是因为他们视讨论的话题为私人生活的一部分,大声谈论
对自己和周围的人来说都是很奇怪的事情。四是文化背景不同,造成人们对
"喧哗"的感受不同。

4. 公共观赏方面

(1)综合评价指数分析

广义的公共观赏除了在电影院、剧院内观看电影或戏剧外,还包括在公
园观赏花卉展、在美术馆观赏美术作品等。本书涉及的公共观赏主要是指市
民在电影院或剧院内的公共观赏行为。2017年外籍人士对杭州市民在公共
观赏方面的综合评价指数为85.96。具体来看,各项行为的综合评价指数都
比较高,为84~88。其中,"不在观众席向演出或比赛场地投掷杂物"的综
合评价指数最高,为87.22;综合评价指数最低的是"不谩骂、起哄或围攻

裁判员、运动员或其他工作人员"和"手机关机或调为静音、振动",均为84.68（见表7）。

表7　2017年外籍人士对公共观赏三级指标评价指数

二级指标	三级指标	客评指数	主评指数	综合评价指数
公共观赏	按时入场、退场	85.33	88.79	86.72
	在入口处,主动配合做好安检工作	84.87	90.08	86.96
	手机关机或调为静音、振动	82.38	88.13	84.68
	在影剧院内,安静观赏,不交头接耳、不随意走动	82.54	88.50	84.93
	观赏时,适时给予掌声鼓励	84.00	90.38	86.55
	不谩骂、起哄或围攻裁判员、运动员或其他工作人员	82.71	87.68	84.68
	不在观众席向演出或比赛场地投掷杂物	85.50	89.79	87.22

（2）客评指数分析

对杭州市民在公共观赏方面的文明素养评价,主要依据其在七个方面的具体行为表现。数据统计显示,2017年外籍人士对杭州市民在公共观赏方面的文明素养总体评价较高,客评指数为83.90,在所有二级指标客评指数中位列第一。其中,"不在观众席向演出或比赛场地投掷杂物"的客评指数达到85.50,其余几项指标的客评指数也均在82以上。日常经验表明,前往电影院或剧院观看电影或戏剧的大多数市民具有一定的消费能力且文化程度较高,这意味着这些市民大多能遵守在"入口处,主动配合做好安检工作"这一基本的公共观赏行为规范。同时,看电影的大多是年轻人,受家庭、学校、社会的多重教育影响和国民公共文明氛围的持续熏陶,因此在公共观赏方面的文明素养正逐步提升。

（3）主评指数分析

2017年外籍人士对自身在公共观赏方面的文明素养总体评价较高,主评指数达到89.05,与公共交往主评指数相同,并列二级指标主评指数第一。各项指标主评指数均在87以上,其中"观赏时,适时给予掌声鼓励"和"在入口处,主动配合做好安检工作"的主评指数均在90以上,分别为90.38和

90.08。主评指数较高的主要原因是外籍人士更倾向于直接表达自己的感受和赞美，而且保证安全运营一直是世界各国法律所强调的，外籍人士对此十分重视，认为主动配合安检不仅是自身素质的体现，而且还能保护自身安全。

5.公益服务方面

（1）综合评价指数分析

公益服务是社会中的一股暖流，也是一道亮丽的风景线。此次调查主要了解杭州市民在"参加献血、捐助等公益活动""只要条件允许，愿意作为志愿者提供服务""积极参加公益知识讲座，向他人宣传公益知识""鼓励身边的人参与公益服务""自发做些公益服务""积极参与各类赛事活动的志愿服务"六个方面的具体行为表现。数据统计显示，在外籍人士看来，2017年杭州市民在公益服务方面的综合评价指数为83.47，在各项二级指标综合评价指数中最低。具体来看，各项指标综合评价指数为82~85，其中综合评价指数最高的是"积极参与各类赛事活动的志愿服务"，为84.47；综合评价指数最低的是"自发做些公益服务"，为82.39（见表8）。

表8　2017年外籍人士对公益服务三级指标评价指数

二级指标	三级指标	客评指数	主评指数	综合评价指数
公益服务	参加献血、捐助等公益活动	83.25	85.42	84.12
	只要条件允许,愿意作为志愿者提供服务	83.50	85.38	84.25
	积极参加公益知识讲座,向他人宣传公益知识	81.79	84.13	82.73
	鼓励身边的人参与公益服务	81.54	84.92	82.90
	自发做些公益服务	80.04	85.92	82.39
	积极参与各类赛事活动的志愿服务	82.46	87.47	84.47

（2）客评指数分析

2017年外籍人士对杭州市民在公益服务方面的客评指数为82.10，各三级指标客评指数为80~84。其中，客评指数最低的情况与综合评价指数相同，均为"自发做些公益服务"，客评指数为80.04。

（3）主评指数分析

2017年外籍人士对自身在公益服务方面的主评指数为85.54，虽然比其他各项二级指标的主评指数要低，但是高于公益服务方面的客评指数82.10。在2014～2016年的评价中，公益服务方面总体上是客评指数高于主评指数，2017年首次出现了主评指数高于客评指数的情况，这说明越来越多的外籍人士也纷纷加入公益服务事业中。

2017年外籍人士对杭州市民公益服务方面的主评指数首次高于客评指数，原因主要有以下几点：一是很多外籍人士参与公益服务的意识较强；二是杭州市不同种类、不同层次的公益服务丰富，宣传也比较到位，覆盖面广，已经形成了良好的公益氛围，这种氛围有利于外籍人士更多地参与到公益服务中；三是随着外籍人士在中国居住时间的延长，杭州公益事务的国际化程度也越来越高，使这些外籍人士有更多的机会和渠道获取相关的公益服务信息，并最终参与到公益服务中。

志愿者，是杭州一道亮丽的风景线。无论是在各种重大国际会议、赛事上，还是在小区里、道路边，都能见到他们的身影。他们的存在，给广大市民带来了许多便利与温暖。除了自发的志愿活动之外，杭州志愿者的组织形式也越来越成熟与多样化。2017年12月21日，杭州市首家区志愿者协会党委——江干区志愿者协会党委正式成立。据悉，江干区志愿者协会党委隶属于共青团江干区委员会机关党委，下设13个支部，分别是东站"微笑亭"党支部、九堡客运中心"微笑亭"党支部、皋亭山景区"微笑亭"党支部、区行政服务中心"微笑亭"党支部、区人社局"微笑亭"党支部和8个街道志愿者工作指导中心党支部，共管理党员249人，涵盖平安、文明、国际、关爱、文化、旅游、生态七个方面的志愿服务团队，旨在进一步推进江干区志愿服务的规范化、专业化、国际化，为打造世界名城首善之区贡献力量。

6. 网络文明方面

（1）综合评价指数分析

外籍人士对杭州市民在网络文明方面的文明素养评价，主要看其在五个方面的具体行为表现，即"文明用语，不谩骂、攻击他人""不浏览/传播色情、暴力、封建迷信等不良信息""不听信/散布谣言，不传播虚假（欺诈）信息""能合理安排上网时间，不沉迷网络""不窥探、传播他人隐私"。2017年网络文明方面的综合评价指数为84.61，与2016年的84.82基本持平，但略有下降（见表9）。综合来看，杭州市民的主要问题在于不能合理安排上网时间，沉迷网络。绝大部分市民能够做到在网络上"文明用语，不谩骂、攻击他人"，也基本能够甄别网上信息，做到"不浏览/传播色情、暴力、封建迷信等不良信息"。

表9 2017年外籍人士对网络文明三级指标评价指数

二级指标	三级指标	客评指数	主评指数	综合评价指数
网络文明	文明用语,不谩骂、攻击他人	83.88	90.21	86.41
	不浏览/传播色情、暴力、封建迷信等不良信息	82.50	88.33	84.83
	不听信/散布谣言,不传播虚假（欺诈）信息	81.71	86.67	83.69
	能合理安排上网时间,不沉迷网络	81.33	87.21	83.68
	不窥探、传播他人隐私	82.42	87.50	84.44

（2）客评指数分析

2017年外籍人士对杭州市民在网络文明方面的客评指数为82.36。具体来看，在外籍人士看来，杭州市民在"文明用语，不谩骂、攻击他人"方面做得比较好，该项行为的客评指数为83.88，居所有客评指数之首。

（3）主评指数分析

对自身在网络文明方面的表现，外籍人士的评价还是比较高的，主评指数为87.98。尤其是在"文明用语，不谩骂、攻击他人"方面的评价最高，主评指数为90.21。通过对比他评与自评的结果可以发现，外籍人士对自身在网络文明方面的表现较为自信，五项行为的主评指数都较客评指数高。可见，杭州市民在网络文明方面还有很大的提升空间。杭州市民在使用网络时，要注意控制上网时间，做到诚实负责，不散布虚假信息，不浏览不健康网页，文明用语，努力维护国人的形象，一起努力共创美好的网络社会。

近年来，杭州市在推动网络文明建设方面也做了很多努力。早在2009年，杭州就发布了《杭州市文明办网、文明上网倡议书》。2012年，杭州市建立了网络文明志愿者队伍，各方合力，共同推动网络文明建设。一是内部发力，夯实工作基础。充分运用网站、微博等新媒体，加强教育引导，带动网民养成自觉健康上网的习惯。二是外部借力，整合社会资源。加强与各专业单位的紧密合作，扩大宣传的广度与深度，引导网民自觉抵制不文明的网络行为。三是形成合力，提升服务水平，为网络文明提供坚实的后勤保障。2015 年 3 月 18 日，杭州市网络文明志愿行动启动仪式在杭州师范大学仓前校区举行。共青团浙江省委副书记朱斌宣布杭州市网络文明志愿行动启动并讲话。杭州市委宣传部部委、市委外宣办（市网信办）常务副主任周晔为杭州市网络文明志愿者总队授旗，为杭州市网络文明志愿者工作室授牌，杭州师范大学党委副书记张志军致辞。共青团杭州市委副书记马利阳主持仪式并做动员部署。各区（县、市）、局（公司）、大专院校及直属团（工）委负责人，以及网络文明志愿者代表等 200 余人参加启动仪式。仪式结束后，还举行了全市网络文明志愿者首场培训。这些活动和志愿者的行动，有助于推动杭州市民成为清朗网络空间的践行者，共同创造、维护网络文明。

2017 年 12 月 12～27 日，杭州市与宁波、黄山、铜陵联合开展"不忘初心，载梦前行"网络文明传播活动。邀请广大网友用生动的语言、鲜活的个例，与我们分享 2017 年这一年的"走一段路，留下一个故事，收获一份经历"。许多志愿者和网友纷纷参与到该活动中来，分享个人的真实经历，传播温暖与正能量。

7. 国际礼仪文明

（1）综合评价指数分析

外籍人士对杭州市民在国际礼仪文明方面的文明素养评价，主要看其在七个方面的具体行为表现。数据统计显示，2017 年外籍人士对杭州市民在国际礼仪文明方面的综合评价指数为 84.07。具体来看，各项行为的综合评价指数为 82～87，其中"在外籍人士面前，能自觉维护国家及杭州的形象与声誉"和"尊重外籍人士的习俗禁忌"的综合评价指数较高，分别为86.67 和 85.40（见表 10）。

表10 2017年外籍人士对国际礼仪文明三级指标评价指数

二级指标	三级指标	客评指数	主评指数	综合评价指数
国际礼仪文明	在外籍人士面前,能自觉维护国家及杭州的形象与声誉	85.33	88.67	86.67
	能热情友善对待外籍人士,并愿为其提供力所能及的帮助与服务	82.88	87.88	84.87
	不随意询问有关他人隐私问题(如年龄、家庭、收入等)	80.17	85.00	82.10
	能积极主动学习外语,并在与外籍人士交流时使用外语	81.00	84.96	82.58
	积极学习了解并遵循国际通行的礼仪规范	81.42	85.75	83.15
	参加正式涉外活动时,能着正装出席	82.21	85.92	83.69
	尊重外籍人士的习俗禁忌	83.58	88.13	85.40

（2）客评指数分析

数据统计显示，2017年外籍人士对杭州市民在国际礼仪文明方面的客评指数为82.37，评分较高，由此可见外籍人士对杭州市民在国际礼仪文明方面的行为表现持较肯定的态度。其中，"在外籍人士面前，能自觉维护国家及杭州的形象与声誉"的客评指数最高，为85.33；"不随意询问有关他人隐私问题（如年龄、家庭、收入等）""能积极主动学习外语，并在与外籍人士交流时使用外语""积极学习了解并遵循国际通行的礼仪规范"三项指标的客评指数较低，分别为80.17、81.00和81.42。

（3）主评指数分析

2017年外籍人士对自身在国际礼仪文明方面的主评指数为86.61，在各项二级指标的主评指数中较低。其中，"在外籍人士面前，能自觉维护国家及杭州的形象与声誉"的主评指数为88.67，"能热情友善对待外籍人士，并愿为其提供力所能及的帮助与服务"的主评指数为87.88，"不随意询问有关他人隐私问题（如年龄、家庭、收入等）"的主评指数为85.00，"能积极主动学习外语，并在与外籍人士交流时使用外语"的主评指数为84.96，"积极学习了解并遵循国际通行的礼仪规范"的主评指数为 85.75，"参加正式涉外活动时，能着正装出席"的主评指数为 85.92，"尊重外籍人士的习俗禁忌"的主评指数为 88.13。国际礼仪文明各方面的主评指数均高于客评指数。"能积极主动学习外语，并在与外籍人士交流时使用外语"这项行为，无论是在客评还是主评中，指数值均是各项指标中的最低值。

（三）2017年外籍人士评价较高的十项公共文明行为

1. 2017年外籍人士综合评价较高的十项公共文明行为

表 11 的数据显示，综合来看，2017 年外籍人士综合评价较高的公共文明行为集中于公共卫生、公共交往、公共观赏、网络文明、公共秩序和国际礼仪文明方面，这说明在外籍人士看来，杭州市民在公共文明的各个方面都有值得肯定之处，发展比较均衡。

表 11　2017 年外籍人士综合评价较高的十项公共文明行为

排序	公共文明行为	综合评价指数
1	把垃圾扔进垃圾箱	88.18
2	与人交流时面带微笑，态度和蔼	87.49
3	不在观众席向演出或比赛场地投掷杂物	87.22
4	在入口处，主动配合做好安检工作	86.96
5	在地面标示的规定区域内停车	86.83
6	按时入场、退场	86.72
7	在外籍人士面前，能自觉维护国家及杭州的形象与声誉	86.67
8	观赏时，适时给予掌声鼓励	86.55
9	文明用语，不谩骂、攻击他人	86.41
10	乘坐公交时有序排队上下车	86.23

2. 2017年外籍人士对自身评价较高的十项公共文明行为

从表 12 可以看出，2017 年外籍人士对自身评价较高的十项公共文明行为集中在公共卫生、公共观赏、公共秩序、公共交往和网络文明方面，这说明外籍人士对公共文明行为的各个层面都非常关注。

表12　2017年外籍人士自我评价较高的十项公共文明行为

排序	公共文明行为	主评指数
1	把垃圾扔进垃圾箱	90.75
2	观赏时,适时给予掌声鼓励	90.38
3	乘坐地铁时有序排队上下车	90.33
4	与人交流时面带微笑,态度和蔼	90.29
5	乘坐公交时有序排队上下车	90.25
6	文明用语,不谩骂、攻击他人	90.21
7	在入口处,主动配合做好安检工作	90.08
8	不在观众席向演出或比赛场地投掷杂物	89.79
9	打喷嚏时,有所遮掩	89.63
10	不在公共场所大声喧哗	89.38

3. 2017年外籍人士对杭州市民评价较高的十项公共文明行为

从表13可以看出，2017年外籍人士对杭州市民评价较高的十项公共文明行为集中在公共卫生、公共秩序、公共交往、公共观赏、国际礼仪文明和网络文明方面，这说明在杭州市政府、杭州市文明办以及广大市民的共同努力下，杭州市民公共文明提升的效果在各个层面都得到了体现。

表13　2017年外籍人士对杭州市民评价较高的十项公共文明行为

排序	公共文明行为	客评指数
1	把垃圾扔进垃圾箱	86.46
2	在地面标示的规定区域内停车	85.83
3	与人交流时面带微笑,态度和蔼	85.62
4	不在观众席向演出或比赛场地投掷杂物	85.50
5	按时入场、退场	85.33
6	在外籍人士面前,能自觉维护国家及杭州的形象与声誉	85.33
7	在入口处,主动配合做好安检工作	84.87
8	观赏时,适时给予掌声鼓励	84.00
9	文明用语,不谩骂、攻击他人	83.88
10	陌生人问路时,耐心、详细解答	83.62

四 认知调查

早在 2016 年 5 月，杭州市委就决定借 G20 杭州峰会和 2022 年亚运会的历史机遇，对照"历史文化名城、创新活力之城、东方品质之城"和"美丽中国"样本，朝着建设世界名城目标大步迈进，全面推进城市国际化。同年 9 月，G20 杭州峰会的顺利召开，向全世界人民展示了杭州的魅力，提升了杭州的知名度，并全面开启了建设世界名城新征程。巩固峰会成果，发挥峰会效应，向建设世界名城目标迈进，2017 年是跨出的第一步，杭州市政府为此做了大量的相关工作。这些努力，也对杭州市民的公共文明行为产生了重大影响。

（一）近年来杭州市民公共文明素养的提升情况

在"您认为近年来杭州市民公共文明素养的提升情况如何"的认知调查中，超过 60% 的外籍人士认为杭州市民的公共文明素养有很大或较大提升，其中 25.21% 的人认为杭州市民的公共文明素养"有很大提升，符合城市国际化要求"，38.33% 的人认为"有较大提升，但离建设世界名城的要求还有较大差距"。选择"有一定提升"的人数比例为 19.17%，选择"提升不大"的人数比例为 5.83%，另有 11.46% 的人选择"不清楚"（见表 14）。总体来看，外籍人士认为杭州市民公共文明素养的提升值得肯定，但不应停滞不前，仍需为建设世界名城的目标继续奋斗。

表 14 近年来杭州市民公共文明素养的提升情况

认知选项	频数	百分比（%）
有很大提升,符合城市国际化要求	121	25.21
有较大提升,但离建设世界名城的要求还有较大差距	184	38.33
有一定提升	92	19.17
提升不大	28	5.83
不清楚	55	11.46
合　计	480	100

（二）影响和促进杭州市民公共文明素养提升的主要因素

在"您认为影响和促进杭州市民公共文明素养提升的主要因素有哪些"的认知调查中，外籍人士普遍认为"《杭州市文明行为促进条例》的颁布与实施""执法力度的加大""城市基础设施的改善""城市治理水平的提升"是对杭州市民公共文明素养提升产生影响和促进作用最大的因素，选择人数比例分别为61.67%、61.67%、56.67%、54.17%。其余几项的认知调查结果分别为"城市品牌形象的提升"48.33%、"公共文明专项治理行动的开展"43.96%、"城市志愿服务的提升"41.67%、"杭州国际知名度的提升"40.42%。以上认知调研结果表明，杭州市政府在《杭州市文明行为促进条例》的颁布与实施、执法力度的加大、城市基础设施的改善、城市治理水平的提升等方面所做的努力，对杭州市民公共文明素养的提升作用最大。

表15　影响和促进杭州市民公共文明素养提升的主要因素

认知选项	频数	百分比（%）
城市基础设施的改善	272	56.67
《杭州市文明行为促进条例》的颁布与实施	296	61.67
执法力度的加大	296	61.67
城市治理水平的提升	260	54.17
城市品牌形象的提升	232	48.33
公共文明专项治理行动的开展	211	43.96
城市志愿服务的提升	200	41.67
杭州国际知名度的提升	194	40.42
其他	168	35.00

（三）是否知道《杭州市文明行为促进条例》

在"您知道《杭州市文明行为促进条例》吗"的认知调查中，超过半数的外籍人士表示"非常清楚"，具体人数比例为50.63%，只有3.13%的人表示"不知道"（见表16）。这说明《杭州市文明行为促进条例》的颁发、宣传与实施工作做得非常到位，就连外籍人士对该条例的认知度都如此之高。

表16 是否知道《杭州市文明行为促进条例》

认知选项	频数	百分比（%）
非常清楚	243	50.63
知道一些	148	30.83
不是很清楚	74	15.42
不知道	15	3.13
合　计	480	100

（四）《杭州市文明行为促进条例》的实施对提升杭州市民公共文明素养的作用

由调查可知，《杭州市文明行为促进条例》的认知度非常高，那么该条例的实施对提升杭州市民公共文明素养的作用如何呢？由表17可知，超过70%的外籍人士认为该条例的实施对杭州市民公共文明素养的提升"作用非常大"或"有较大作用"，其中35.00%的人认为"作用非常大"，41.67%的人认为"有较大作用"，仅有2.92%的人认为"作用体现不明显"。总体来说，《杭州市文明行为促进条例》的实施对杭州市民公共文明素养的提升作用，认同度非常高。

表17 《杭州市文明行为促进条例》的实施对提升杭州市民公共
文明素养的作用

认知选项	频数	百分比（%）
作用非常大	168	35.00
有较大作用	200	41.67
有一定作用	80	16.67
作用体现不明显	14	2.92
以后会发挥较大作用	18	3.75
合　计	480	100

（五）《杭州市文明行为促进条例》的颁布与实施对市民公共文明行为提升最明显的方面

在外籍人士看来，《杭州市文明行为促进条例》的颁布与实施对公共秩序文明和公共交往文明的提升是最明显的，选择这两项的人数比例分别为65.42%和63.75%。其次是公共卫生文明、公共观赏文明和公益服务文明，分别有59.38%、58.13%和55.21%的外籍人士选择（见表18）。当然，在外籍人士看来，《杭州市文明行为促进条例》的实施对网络文明和国际礼仪文明的直接提升作用相对较小。

表18　《杭州市文明行为促进条例》的颁布与实施对市民公共
文明行为提升最明显的方面

认知选项	频数	百分比（%）
公共卫生文明	285	59.38
公共秩序文明	314	65.42
公共交往文明	306	63.75
公共观赏文明	279	58.13
公益服务文明	265	55.21
网络文明	226	47.08
国际礼仪文明	224	46.67

（六）对《杭州市文明行为促进条例》中规定的文明行为基本规范最在意的内容

在"您对《杭州市文明行为促进条例》中规定的文明行为基本规范最在意的内容是哪些"的认知调查中，支持率最高的一项为"公民应当节约粮食、水、电力、燃油、天然气等资源，合理利用免费提供的公共资源"，66.88%的调研对象选择了此项。这说明在外籍人士看来，杭州市民以往在节约粮食、水、电力、燃油、天然气等资源和合理利用免费的公共资源方面还有不足之处，应在今后的文明促进中，加强节约观念的宣传，使杭州市民厉行节约，合理利用免费的公共资源。此外，认同率超过60%的选项分别是"公民交通出行应当遵守道路交通安全管理法律法规"62.92%、"公民应当做到爱国守法、明礼诚信、团结友善、勤俭自强、敬业奉献"62.29%、"公民应当自觉遵守公共秩序，爱护公共设施，维护公共环境卫生"61.67%、"公民旅游观光时应当尊重当地风俗习惯，保护生态环境，保持环境卫生，不损坏花草树木，爱护文物古迹，爱护公共设施，不随意刻画，与他人友善相处"60.83%（见表19）。这些认知调查的结果，可以为今后的努力方向提供参考。

表19　对《杭州市文明行为促进条例》中规定的文明行为基本规范最在意的内容

认知选项	频数	百分比(%)
公民应当做到爱国守法、明礼诚信、团结友善、勤俭自强、敬业奉献	299	62.29
公民应当自觉遵守公共秩序，爱护公共设施，维护公共环境卫生	296	61.67
公民交通出行应当遵守道路交通安全管理法律法规	302	62.92
公民旅游观光时应当尊重当地风俗习惯，保护生态环境，保持环境卫生，不损坏花草树木，爱护文物古迹，爱护公共设施，不随意刻画，与他人友善相处	292	60.83
公民应当节约粮食、水、电力、燃油、天然气等资源，合理利用免费提供的公共资源	321	66.88
公民应当遵守有关规定文明上网，不编造、散布虚假信息，不传播低级媚俗信息，不购买明知是侵犯他人知识产权的商品	268	55.83
公民应当遵守职业道德，勤勉敬业，恪尽职守，遵守工作制度和操作规范，尊重服务对象，提高服务水平	261	54.38
居民应当自觉遵守业主公约和其他相关规定，爱护和合理使用公用设施设备，保护绿化，有序停放车辆	223	46.46
促进文明家庭建设，培育良好家风，倡导邻里和睦	232	48.33

（七）如果发现身边人有发生《杭州市文明行为促进条例》所禁止的不文明行为时是否主动进行劝阻

在遇到他人有不文明行为时，不同的人会有不同的选择。在"如果发现身边人有发生《杭州市文明行为促进条例》所禁止的不文明行为时，您会主动进行劝阻吗"的认知调查中，41.67%的外籍人士选择"坚决劝阻"，48.96%的外籍人士选择"有时会劝阻"，9.38%的外籍人士选择"不关我的事，不予劝阻"（见表20）。可见，除了9.38%的人之外，其余的人在遇到不文明行为时不会坚决置之不理。某些外籍人士可能会由于语言或身份的原因，在某些情况下产生犹豫，坚决上前劝阻的人数不足一半，为41.67%。

表20　如果发现身边人有发生《杭州市文明行为促进条例》所禁止的不文明
行为时是否主动进行劝阻

认知选项	频数	百分比（%）
坚决劝阻	200	41.67
有时会劝阻	235	48.96
不关我的事,不予劝阻	45	9.38
合　计	480	100

（八）对他人的不文明行为进行劝阻时所遇到的对方的态度

关于"当您对他人的不文明行为进行劝阻时，所遇到的对方的态度通常是怎样的"这一问题，70.21%的外籍人士表示对他人的不文明行为进行劝阻后对方会"积极配合予以纠正"，52.08%的外籍人士表示对方会"不予搭理"，也有35.42%的外籍人士表示自己"从未进行劝阻"，外籍人士遇到的对方"不予改正，且采取谩骂等不文明行为"的占比为0（见表21）。总体来说，大多数人发生不文明行为时，如果有人上前劝阻，还是会积极配合予以纠正的。

表21 对他人的不文明行为进行劝阻时所遇到的对方的态度

认知选项	频数	百分比（%）
积极配合予以纠正	337	70.21
不予搭理	250	52.08
不予改正,且采取谩骂等不文明行为	0	0
从未进行劝阻	170	35.42

（九）进一步推动《杭州市文明行为促进条例》作用的发挥应做好的工作

"如果要进一步推动《杭州市文明行为促进条例》作用的发挥，您认为应该做好哪些工作"，这是一个有建设性的问题。在给出的12个选项中，外籍人士支持率最高的是"增强杭州市民的遵法、守法意识"，支持率为59.38%。这说明在外籍人士看来，遵法、守法意识的增强十分必要，应在工作过程中加大遵法、守法的宣传力度，使遵守文明行为也变成一件"有法可依、有法必依"的事情。支持率排名第二的选项为"提高处罚金额"，为59.17%。在外籍人士看来，违反法规的成本过低，会造成很多人对法规的忽视，适当提高处罚金额，建立合理的惩罚机制，"执法必严，违法必究"，是一个有效的方法。支持率排名第三的选项是"提高市民参与度"，为58.75%。市民公共文明素养的提升，需要落实到杭州市民本身，在日常生活中积极遵守《杭州市文明行为促进条例》，发现不文明行为能够主动、及时制止，最终形成一种良好的文明氛围。

表22 进一步推动《杭州市文明行为促进条例》作用的发挥
应做好的工作

认知选项	频数	百分比（%）
增强杭州市民的遵法、守法意识	285	59.38
提高处罚金额	284	59.17
加大执法力度	262	54.58
加强宣传,提高群众知晓度	276	57.50
加强志愿者引导工作	271	56.46

认知选项	频数	百分比(%)
提高市民参与度	282	58.75
增强文明行为促进工作规划、计划的科学性和可操作性	263	54.79
提高各组织、团体参与度	237	49.38
加强鼓励和表彰工作,发挥导向和激励作用	260	54.17
让国家工作人员、教育工作者、人大代表和政协委员等起表率作用	233	48.54
其他	200	41.67

五 进一步提升杭州市民公共文明素养的若干建议

基于问卷调查过程中和座谈会上外籍人士的反馈与建议,课题组认为杭州可从以下几个方面着手,进一步提高全市市民的公共文明素养。

(一)加强公民思想道德建设,营造健康向上的文明环境

课题组认为,抓好公民思想道德建设是提高市民公共文明素养的重中之重。由调查问卷的分析可知,市民自身的思想道德素质深刻影响着城市整体的公共文明指数。因此,广泛开展公民思想道德建设是一件事关长远的基础性建设工作。

市民公共文明素养的提升是一个潜移默化的过程,需要不间断地加以宣传和引导,形成良好的文明环境。一是加强舆论宣传。要把握并善用各种媒体,加大主流媒体和新兴媒体的宣传力度,在全社会营造浓厚的舆论氛围,使践行文明成为社会共识。二是坚持抓宣传教育活动。通过形式多样的宣传教育活动,引导公民知荣辱、讲正气、尽义务,形成健康向上的社会风气。三是唤起群众参与意识。要贴近群众生活的热点,贴近群众感情的动情点,丰富主题内涵,拓展活动载体,广泛开展群众乐于参与、便于参与的活动,千方百计吸引市民参与,进一步扩大市民素质教育活动的覆盖面和影响力,从而增强市民对城市的认同感和自豪

感。四是充分发挥典型示范作用。及时发现和选树富有时代特色的模范人物，如浙江省的"最美浙江人"评选活动等，充分发挥先进典型的良好示范带动作用和辐射作用，以教育引导和鼓舞激励广大市民。鼓励"比学赶帮"，在广大群众中兴起学习先进、争创先进的热潮，形成崇尚文明的浓厚氛围。同时，加大负面典型的曝光力度，引导社会舆论进行谴责、评判，促使市民自觉规范自身言行。在各种宣传、教育活动的引领之下，在全社会形成健康向上的文明环境。在各种交互影响之下，最终形成人人自觉、相互促进的文明氛围。

（二）营造刚正的执法环境以彰显公共文明规范的严肃性

市民的公共文明行为离不开执法部门的正确引导和严格规范，营造一个严肃的执法环境可以让市民更深刻地认识到公共文明行为规范的重要性。在公共卫生方面，"遛宠物时，主动清理其排泄物""打喷嚏时，有所遮掩""垃圾分类投放"等在当前更多依靠不成文的文明规范和市民自身的文明素养来进行自我约束，而在更多方面，如"不乱张贴小广告、不乱涂写""不随地吐痰、便溺""不在设有禁烟标志的公共场所抽烟"以及所有的交通行为规范，都是有明确的法律法规进行约束和规范的。但是，从问卷关于此部分的反馈数据来看，外籍人士认为在这些方面杭州尚存在执法力度不够、执法深度不足的情况。同时，课题组在对长期居住在杭州的外籍教师进行调查采访的过程中发现，他们也认为这的确是杭州乃至中国各大城市长期存在的阻碍市民公共文明素养提升的重要原因。例如，明文规定不允许在公共场合做的事，如果有人违反，也没有执法人员出面及时制止，即使有执法人员出面，最后也可能变为"大事化小，小事化无"或者"公了"变为"私了"的情况。由此可见，加大公共文明执法力度迫在眉睫，杭州市不仅要加快在公共行为规范方面的立法进度，而且要确保相应的执法力度，以此来彰显公共文明规范的严肃性，从而促进市民公共文明素养的有效提升。

（三）通过家风建设传递公共文明知识与精神

习近平总书记指出："家庭是社会的基本细胞，是人生的第一所学校。不论时代发生多大变化，不论生活格局发生多大变化，我们都要重视家庭建设，注重家庭、注重家教、注重家风。"通过家风建设传递公共文明知识与精神，是提升市民公共文明素养的重要途径。孩子在一个家庭受到的影响是巨大的，如果能让孩子在一开始就获得良好的文明素质教育，那么就会在家庭中营造良好的文明氛围，家长为了维持这一教育方式，也会进行有效的自控和示范，即形成所谓的"小手拉大手 文明1+6"效应。反过来，年轻人也可以通过自身的文明行为影响家庭中的其他成员甚至长辈。年轻人是最容易接受现代文明素质教育的群体，他们通过新媒体等途径接触到的世界范围内的文明事件、实践、准则等信息比较多，如其他国家关于"垃圾分类"的法规与做法、关于"公益活动"的形式与内容等，可以把年轻人的积极性充分调动起来，通过他们把"文明之风"吹进每个家庭，带动其他人。又如对于弱势群体，我们可以通过开展各种形式的关爱活动，把他们融入争创文明城市工作中，通过他们的宣传来影响带动其他人提升文明素养。再如窗口服务群体、公共服务行业群体等，这些群体都具有很好的示范带动作用，可以根据其所在的行业特点开展形式多样、内容丰富的主题实践活动。

2017年杭州市民公共文明指数调查国际礼仪文明报告

为进一步推进杭州市文明城市建设，加快建设独特韵味、别样精彩的世界名城，杭州市文明办、杭州市社会科学院启动了2017年杭州市民公共文明指数调查。本次调查的对象分布广泛，涵盖多个层次、多个领域的在杭居民。

调查区域主要涉及杭州市九城区（包括上城区、下城区、江干区、拱墅区、西湖区、滨江区、萧山区、余杭区和富阳区），现场共发放问卷3500份，回收问卷3451份，问卷回收率和问卷有效率分别为98.6%和100%。结合各城区的人口数量及其构成特点，对各城区的问卷发放总量做了综合权衡。

一　样本基本情况分析

受访者区域分布情况：上城区有效问卷181份，占九城区总有效问卷的5.24%（以下若无特别说明，均指有效问卷）；下城区252份，占7.30%；江干区500份，占14.49%；拱墅区271份，占7.85%；西湖区494份，占14.31%；滨江区159份，占4.61%；萧山区730份，占21.15%；余杭区512份，占14.84%；富阳区352份，占10.20%（见图1）。

受访者性别分布情况：男性1552人，占44.97%；女性1899人，占55.03%（见图2）。可见，女性略多于男性。

受访者年龄分布情况：16～24岁986人，占28.57%；25～34岁1080人，占31.30%；35～44岁872人，占25.27%；45～54岁265人，占

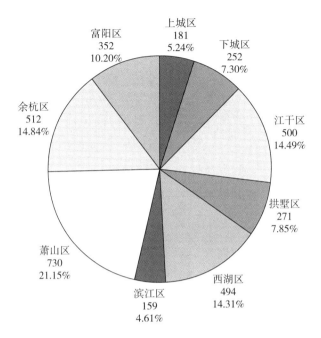

图 1   受访者区域分布情况

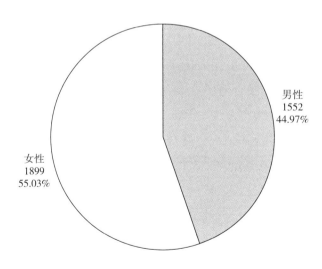

图 2   受访者性别分布情况

7.68%；55~64 岁 156 人，占 4.52%；65 岁及以上 91 人，占 2.64%；未注明 1 人，占 0.03%（见图 3）。

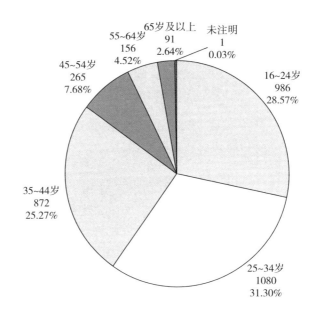

图3　受访者年龄分布情况

　　受访者学历分布情况：小学及以下159人，占4.61%；初中471人，占13.65%；高中/中专832人，占24.11%；大专525人，占15.21%；本科1265人，占36.66%；研究生及以上199人，占5.77%（见图4）。可见，受访人员学历分布比较合理，主要集中在初中到本科这个阶段，累计占90%左右。

　　受访者政治面貌分布情况：群众1735人，占50.28%；共青团员1196人，占34.66%；中共党员492人，占14.26%；民主党派28人，占0.81%（见图5）。

　　受访者在杭居住年限分布情况：5年及以下1157人，占33.53%；6～10年701人，占20.31%；11～20年546人，占15.82%；21年及以上1046人，占30.31%；未注明1人，占0.03%（见图6）。可见，大多数受访者在杭居住年限比较长，已经融入这个城市之中，且多数为在杭州成长的市民，甚至为数代在杭州居住的市民，他们的行为可以反映出杭州市民的整体文明素养。

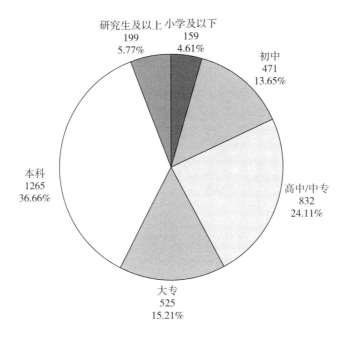

图4 受访者学历分布情况

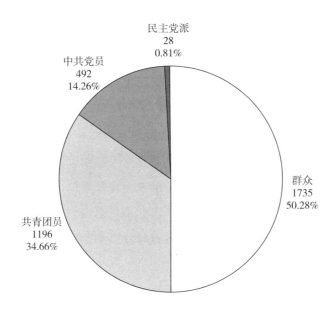

图5 受访者政治面貌分布情况

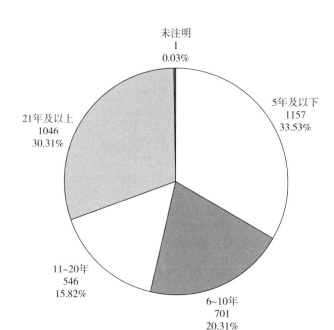

图6 受访者在杭居住年限分布情况

受访者职业分布情况：机关行政人员117人，占3.39%；事业单位人员348人，占10.08%；企业管理人员272人，占7.88%；企业普通职工611人，占17.71%；个体经营者543人，占15.73%；自由职业者337人，占9.77%；学生740人，占21.44%；务农人员27人，占0.78%；待业人员60人，占1.74%；离退休人员108人，占3.13%；其他288人，占8.35%（见图7）。可见，本次问卷调查的受访者职业分布选择也较为合理。此外，有两点需要说明：第一，杭州九城区居民基本以城镇户籍为主，仅萧山区、余杭区和富阳区还存在一定数量的农村户籍人口，因此，务农人员调查仅针对萧山区、余杭区和富阳区，所占比例自然也较低；第二，在问卷调查过程中发现，许多街边店面的营业人员将自己划归"其他"人员行列。

受访者户籍类型分布情况：杭州户籍2090人，占60.56%；外地户籍1361人，占39.44%。其中，杭州城镇1390人，占40.28%；杭州农村700人，占20.28%；外地城镇701人，占20.31%；外地农村660人，占19.12%（见图8）。

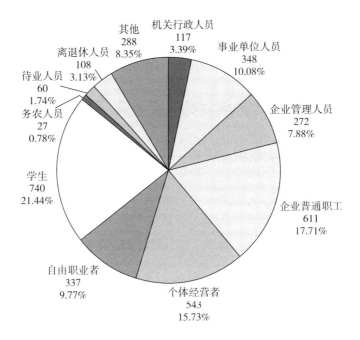

图 7　受访者职业分布情况

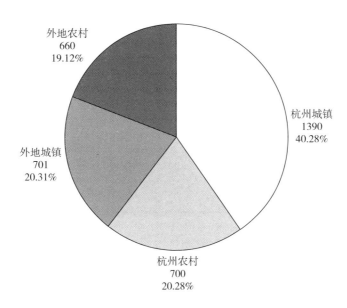

图 8　受访者户籍类型分布情况

基于对上述 3451 份问卷的统计分析结果，以及实地调研和访谈、座谈所形成的综合反馈情况，课题组形成了此调查报告。

二 杭州市民国际礼仪文明调查数据分析

（一）国际礼仪文明指标设置

国际礼仪文明调查总共设置了 7 个具体指标，分别为"在外籍人士面前，能自觉维护国家及杭州的形象与声誉""能热情友善对待外籍人士，并愿为其提供力所能及的帮助与服务""不随意询问有关他人隐私问题（如年龄、家庭、收入等）""能积极主动学习外语，并在与外籍人士交流时使用外语""积极学习了解并遵循国际通行的礼仪规范""参加正式涉外活动时，能着正装出席""尊重外籍人士的习俗禁忌"，以量化分析杭州市民的国际礼仪文明状况（见表 1）。调查问卷设客评（评价主体对他人公共行为文明程度给予的评价）、主评（评价主体对自身公共行为文明程度给予的评价）和外籍人士评价三个部分。

表 1 杭州市民国际礼仪文明指标设置

二级指标	三级指标
国际礼仪文明	在外籍人士面前,能自觉维护国家及杭州的形象与声誉
	能热情友善对待外籍人士,并愿为其提供力所能及的帮助与服务
	不随意询问有关他人隐私问题(如年龄、家庭、收入等)
	能积极主动学习外语,并在与外籍人士交流时使用外语
	积极学习了解并遵循国际通行的礼仪规范
	参加正式涉外活动时,能着正装出席
	尊重外籍人士的习俗禁忌

（二）2015～2017年杭州市民国际礼仪文明指数比较分析

1. 2015～2017年杭州市民国际礼仪文明综合评价指数比较分析

2017 年杭州市民国际礼仪文明综合评价指数为 85.42，2015～2017 年综合

评价指数呈现稳步上升的趋势，且高于杭州市民公共文明综合评价指数84.65
（见图9）。这表明杭州市民国际礼仪文明综合评价指数处于"较好"水平，
体现了近年来杭州市积极推进城市国际化建设工作，市民国际礼仪文明素养提
升工作取得了较好成果。2017年杭州市民国际礼仪文明综合评价指数与2016年
基本持平，略高0.1，而2016年与2015年相比高0.89，提升幅度在减小，这说
明2016年G20杭州峰会带来的对市民国际礼仪文明素养提升的效应在减弱，提
升市民国际礼仪文明素养是一个长期的过程，需要大家持之以恒的努力。

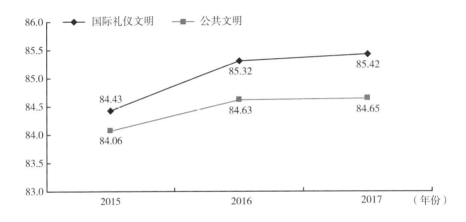

图9　2015~2017年杭州市民国际礼仪文明与公共文明综合评价指数比较

2017年杭州市民国际礼仪文明客评指数为84.21，比2016年略有下降，
但高于2015年的82.60，这表明杭州市民期待他人的国际礼仪文明程度能
有进一步的提升。

2017年杭州市民国际礼仪文明主评指数为87.23，比2016年的86.95
上升0.28，与2015年的87.21基本持平，这表明杭州市民对自身国际礼仪
文明程度给予的评价呈现比较稳定的态势（见图10）。

2. 2015~2017年杭州市民国际礼仪文明三级指标综合评价指数比较分析

对2015~2017年所设立的三级指标进行比较，发现"在外籍人士面前，
能自觉维护国家及杭州的形象与声誉"和"能热情友善对待外籍人士，并
愿为其提供力所能及的帮助与服务"两个指标的综合评价指数在三年间呈

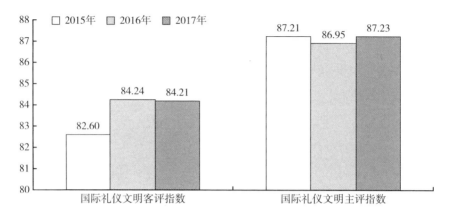

图10　2015～2017年国际礼仪文明客评指数与主评指数比较

现明显的上升趋势。"在外籍人士面前，能自觉维护国家及杭州的形象与声誉"的综合评价指数上升幅度较大，从2015年的87.71上升到2017年的88.69。该项指标综合评价指数的上升表明，在2016年杭州市委出台的《关于全面提升杭州城市国际化水平的若干意见》的指导下，以及随着G20杭州峰会的召开，杭州市民的主人翁意识和国际化理念得到了有效提升。"能热情友善对待外籍人士，并愿为其提供力所能及的帮助与服务"的综合评价指数从2015年的86.65上升到2017年的87.37（见图11）。

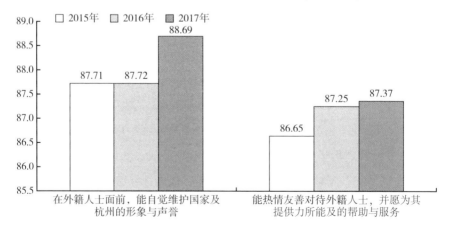

图11　2015～2017年综合评价指数呈递增趋势的三级指标

调查显示，"不随意询问有关他人隐私问题（如年龄、家庭、收入等）"和"参加正式涉外活动时，能着正装出席"两项指标的综合评价指数在 2016 年有略微下降，但在 2017 年有所回升，其中"不随意询问有关他人隐私问题（如年龄、家庭、收入等）"指标回升较明显（见图 12）。这表明杭州市民开始有意识地以国际礼仪规范要求自己，为建设独特韵味、别样精彩的世界名城贡献力量。"能积极主动学习外语，并在与外籍人士交流时使用外语"和"积极学习了解并遵循国际通行的礼仪规范"两项指标的综合评价指数在 2016 年有较大幅度提升，在 2017 年有较大幅度下降，但仍高于 2015 年（见图 13）。这表明杭州市民在 2016 年 G20 峰会的推动下，在学习使用外语及了解并遵循国际礼仪规范方面比较积极，但峰会过后热度明显下降，可见这两项指标受外部环境影响较大，还需形成内在的动力机制。

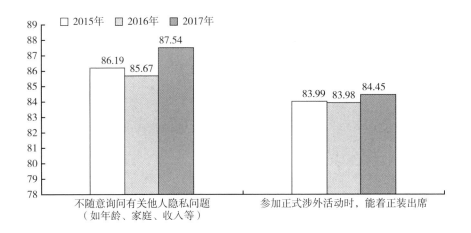

图 12 2015～2017 年综合评价指数先降后升的三级指标

数据表明，"尊重外籍人士的习俗禁忌"的综合评价指数略微下降，2017 年为 85.62，比 2016 年的 85.95 下降 0.33。这表明杭州市民较缺乏"尊重外籍人士的习俗禁忌"的意识。该指标的设立始于 2016 年，只有两年的数据，因此难以做出明确的趋势判断。

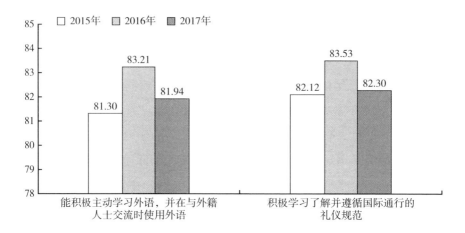

图 13　2015～2017 年综合评价指数先升后降的三级指标

3. 2015～2017年杭州市民国际礼仪文明三级指标客评指数比较分析

对比 2015～2017 年所设立的三级指标，发现"在外籍人士面前，能自觉维护国家及杭州的形象与声誉""不随意询问有关他人隐私问题（如年龄、家庭、收入等）""参加正式涉外活动时，能着正装出席"三个指标的客评指数在三年间呈现明显的上升趋势。其中，"不随意询问有关他人隐私问题（如年龄、家庭、收入等）"的客评指数上升幅度最大，从 2015 年的83.74 上升到 2017 年的 86.69，上升了 2.95。该项指标客评指数的上升说明杭州市民的尊重意识得到普遍认可。"在外籍人士面前，能自觉维护国家及杭州的形象与声誉"和"参加正式涉外活动时，能着正装出席"两项指标的客评指数分别从 2015 年的 86.06、81.76 上升到 2017 年的 87.13、83.17（见图 14）。

调查显示，"能热情友善对待外籍人士，并愿为其提供力所能及的帮助与服务""能积极主动学习外语，并在与外籍人士交流时使用外语""积极学习了解并遵循国际通行的礼仪规范"三项指标的客评指数在 2016 年有较大幅度的提升，在 2017 年有较大幅度的下降，但仍高于 2015 年（见图15）。这表明杭州市民期待他人在友善对待外籍人士、学习使用外语、遵循国际礼仪通行规范方面能保持 G20 峰会时的水准。

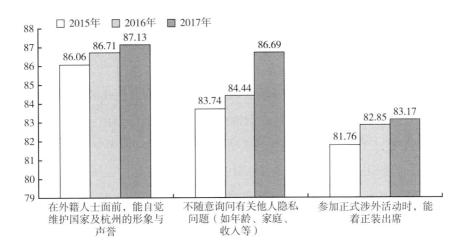

图14　2015~2017年客评指数呈递增趋势的三级指标

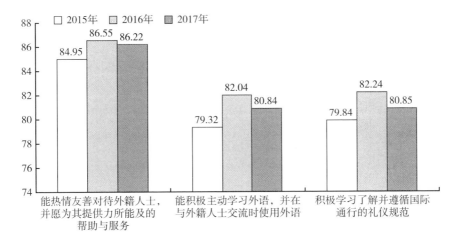

图15　2015~2017年客评指数先升后降的三级指标

　　数据显示,"尊重外籍人士的习俗禁忌"的客评指数略微下降,2017年为84.54,比2016年的84.84下降0.30。这表明杭州市民对他人"尊重外籍人士的习俗禁忌"的认可度在下降。该指标的设立始于2016年,只有两年的数据,因此难以做出明确的趋势判断。

　　4. 2015~2017年杭州市民国际礼仪文明三级指标主评指数比较分析

　　数据显示,"在外籍人士面前,能自觉维护国家及杭州的形象与声誉"

"能热情友善对待外籍人士，并愿为其提供力所能及的帮助与服务""不随意询问有关他人隐私问题（如年龄、家庭、收入等）""参加正式涉外活动时，能着正装出席"四项指标的主评指数在2016年有所下降，但在2017年有所回升，其中"在外籍人士面前，能自觉维护国家及杭州的形象与声誉"指标回升最明显（见图16）。这表明杭州市民对自身在国际礼仪文明方面的改进是肯定的、有信心的。"能积极主动学习外语，并在与外籍人士交流时使用外语"和"积极学习了解并遵循国际通行的礼仪规范"两项指标的主评指数在2016年有较大幅度提升，在2017年有较大幅度下降，但仍高于或与2015年持平（见图17）。这表明杭州市民在2016年G20峰会的推动下，学习使用外语及了解遵循国际礼仪规范比较积极，但峰会过后热度有所下降。

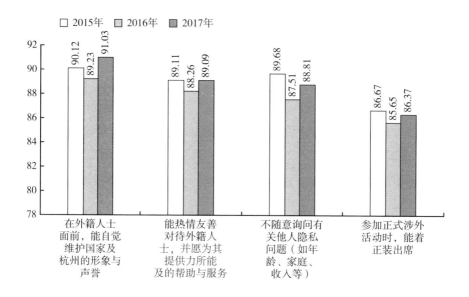

图16　2015～2017年主评指数先降后升的三级指标

　　数据显示，"尊重外籍人士的习俗禁忌"的主评指数略微下降，2017年为87.25，比2016年的87.58下降0.33。这表明杭州市民对自身在"尊重外籍人士的习俗禁忌"方面的评价略微降低。该指标的设立始于2016年，只有两年的数据，因此难以做出明确的趋势判断。

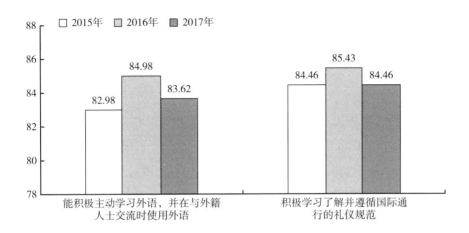

图17 2015~2017 年主评指数先升后降的三级指标

（三）2015~2017年外籍人士国际礼仪文明指数比较分析

2017 年外籍人士国际礼仪文明综合评价指数为 84.07，略低于 2016 年的 84.88，但高于 2015 年的 76.34，总体保持上升态势。这表明外籍人士对杭州市民国际礼仪文明素养的认可度较高。值得注意的是，2017 年外籍人士国际礼仪文明客评指数虽仍高于 2015 年的 73.02，但与 2016 年相比，下降了 1.94，这表明外籍人士更期待杭州市民的国际礼仪文明素养有进一步的提升（见图18）。

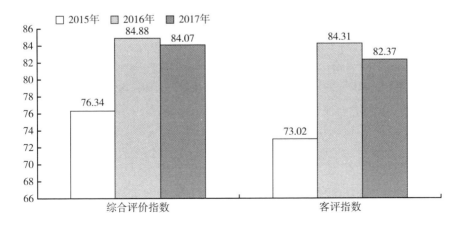

图18 2015~2017 年外籍人士国际礼仪文明综合评价指数与客评指数比较

对比2015~2017年外籍人士国际礼仪文明三级指标，发现与2016年相比，2017年7个三级指标的客评指数均下降，但均高于2015年。其中，"不随意询问有关他人隐私问题（如年龄、家庭、收入等）""能积极主动学习外语，并在与外籍人士交流时使用外语""积极学习了解并遵循国际通行的礼仪规范""参加正式涉外活动时，能着正装出席"4个指标的客评指数下降较多，分别较2016年下降3.35、2.65、2.15、1.78。同时，这4个指标也是2015~2017年7个指标中客评指数较低的（见图19）。课题组通过对外籍人士进行个案访谈发现，多数外籍人士对询问年龄、收入等隐私问题非常反感，即使发现个例，也会使其对周边群体产生不好的印象。同时，他们认为文化差异、缺乏沟通和自身对城市的融入不足也可能会产生判断的偏差。

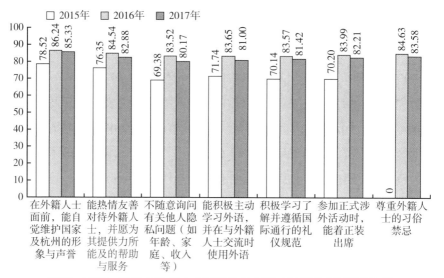

图19　2015~2017年外籍人士国际礼仪文明三级指标客评指数比较

三　受访者类型交叉分析

为进一步分析杭州市民国际礼仪文明指数情况，我们对受访者的性别、年龄、学历、政治面貌、在杭居住年限、职业、户籍类型等进行交叉分析，以期发现一些规律性的现象。

（一）受访者性别交叉分析

调查数据显示，总体而言，2017年女性的主评指数和综合评价指数都高于男性，分别达到87.81和85.53，由此可见女性的主评情况明显好于男性（见表2）。调查发现，女性评价更感性，男性评价则更理性，要求相对严格。调查数据还显示，2015～2017年女性的主评指数和综合评价指数都高于男性（见图20）。

表2　2017年受访者性别交叉分析情况

	指　　标	男性	女性
二级指标	客评指数	84.44	84.01
	主评指数	86.53	87.81
	综合评价指数	85.28	85.53
三级指标	在外籍人士面前,能自觉维护国家及杭州的形象与声誉	88.73	88.67
	能热情友善对待外籍人士,并愿为其提供力所能及的帮助与服务	87.05	87.63
	不随意询问有关他人隐私问题(如年龄、家庭、收入等)	87.44	87.61
	能积极主动学习外语,并在与外籍人士交流时使用外语	81.70	82.14
	积极学习了解并遵循国际通行的礼仪规范	82.28	82.31
	参加正式涉外活动时,能着正装出席	84.38	84.50
	尊重外籍人士的习俗禁忌	85.34	85.85

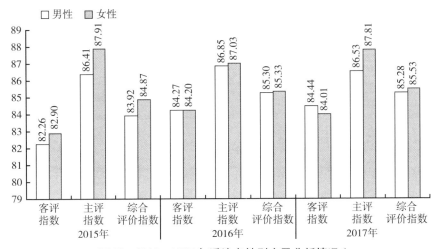

图20　2015～2017年受访者性别交叉分析情况1

研究发现，男性与女性在国际礼仪文明三级指标的调查中存在共性，如在"积极学习了解并遵循国际通行的礼仪规范"和"在外籍人士面前，能自觉维护国家及杭州的形象与声誉"两项指标中，男性与女性所表现出来的差异较小；在"能热情友善对待外籍人士，并愿为其提供力所能及的帮助与服务""尊重外籍人士的习俗禁忌""能积极主动学习外语，并在与外籍人士交流时使用外语"三项指标中，男性与女性所表现出来的差异较大。数据表明，2015～2017年，在"在外籍人士面前，能自觉维护国家及杭州的形象与声誉"这项指标中，男性与女性所表现出来的差异较小（见图21）。

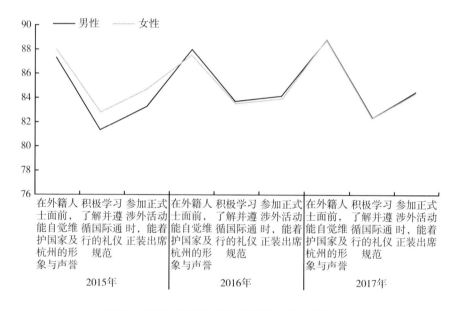

图21　2015～2017年受访者性别交叉分析情况2

（二）受访者年龄交叉分析

根据调查，我们发现受访者的年龄与国际礼仪文明指数之间存在一定的相关性。总体而言，受访者年龄越小，国际礼仪文明指数就越高；反之，受访者年龄越大，国际礼仪文明指数就越低（见表3和图22）。最符合这一趋势的就是主评指数，随着受访者年龄的增长，主评指数总体呈下降趋势。通常而言，受访者年龄越小，越容易接受新生事物和适应外界变化，而16～24岁的受访者大多是学生，或者是来杭务工的青年，所以这个年龄段的受访者的国际礼仪文明指数相对较高；年龄越大（55岁及以上）的受访者，也更有时间和热情关注国际礼仪文明。

表3　2017年受访者年龄交叉分析情况

	指　　标	16～24岁	25～34岁	35～44岁	45～54岁	55～64岁	65岁及以上
二级指标	客评指数	84.48	84.07	83.80	84.49	84.76	84.87
	主评指数	88.64	86.90	86.70	85.89	85.99	87.10
	综合评价指数	86.14	85.20	84.96	85.05	85.25	85.76
三级指标	在外籍人士面前,能自觉维护国家及杭州的形象与声誉	89.66	88.22	88.53	87.76	89.18	87.21
	能热情友善对待外籍人士,并愿为其提供力所能及的帮助与服务	87.60	87.29	87.41	86.75	87.36	87.08
	不随意询问有关他人隐私问题（如年龄、家庭、收入等）	87.63	87.74	87.34	86.96	87.05	88.35
	能积极主动学习外语,并在与外籍人士交流时使用外语	82.81	81.69	81.51	81.40	80.51	83.69
	积极学习了解并遵循国际通行的礼仪规范	83.35	82.14	81.12	82.01	82.56	84.40
	参加正式涉外活动时,能着正装出席	85.34	84.05	83.94	84.45	84.26	84.53
	尊重外籍人士的习俗禁忌	86.59	85.27	84.85	86.01	85.85	85.05

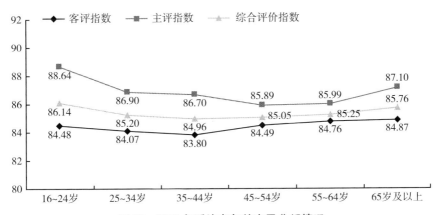

图22　2017年受访者年龄交叉分析情况

对比 2015～2017 年不同年龄段受访者的国际礼仪文明综合评价指数可以发现，16～24 岁受访者的国际礼仪文明素养最高也最稳定，35～44 岁、45～54 岁、65 岁及以上的受访者进步较快，其中 45～54 岁的受访者进步最快，综合评价指数由 2015 年的 82.55 上升到 2017 年的 85.05，提升了 2.50（见图 23）。这表明杭州市加快建设独特韵味、别样精彩的世界名城的举措取得了一定成效。

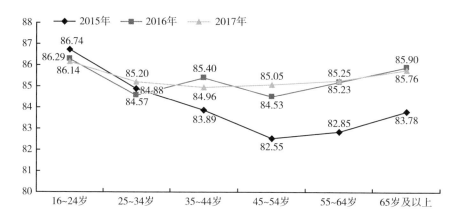

图 23　2015～2017 年受访者年龄交叉分析情况

（三）受访者学历交叉分析

调查数据显示，受访者的学历与国际礼仪文明指数之间存在一定的关联。从二级指标主评指数看，受访者的学历越高，主评指数就越高，如研究生及以上学历受访者的主评指数达到 89.62（见表 4 和图 24）。尤为显著的是，在 7 个三级指标中，综合评价指数最高的均是研究生及以上学历的受访者。出现这种情况的原因主要是学历越高，对国际礼仪文明方面的知识掌握得就越多，国际化视野更为开阔，对国际礼仪文明方面的行为感知也更为准确，自我评价就更高。

对比 2015～2017 年不同学历受访者的国际礼仪文明综合评价指数可以发现，高中/中专、大专和本科学历受访者的国际礼仪文明素养比较稳定，

表4 2017年受访者学历交叉分析情况

指标		小学及以下	初中	高中/中专	大专	本科	研究生及以上
二级指标	客评指数	83.45	84.62	83.88	84.08	84.19	85.66
	主评指数	85.28	85.61	86.43	87.55	88.10	89.62
	综合评价指数	84.18	85.02	84.90	85.47	85.75	87.24
三级指标	在外籍人士面前,能自觉维护国家及杭州的形象与声誉	85.64	88.45	88.40	88.67	89.15	90.13
	能热情友善对待外籍人士,并愿为其提供力所能及的帮助与服务	85.74	86.62	86.85	87.52	87.97	88.36
	不随意询问有关他人隐私问题(如年龄、家庭、收入等)	86.79	87.95	87.07	87.33	87.62	89.15
	能积极主动学习外语,并在与外籍人士交流时使用外语	82.42	80.82	81.03	81.17	82.60	85.95
	积极学习了解并遵循国际通行的礼仪规范	81.43	82.03	81.60	82.22	82.72	84.04
	参加正式涉外活动时,能着正装出席	82.54	83.99	84.27	84.81	84.50	86.49
	尊重外籍人士的习俗禁忌	84.73	85.23	85.09	86.54	85.69	86.57

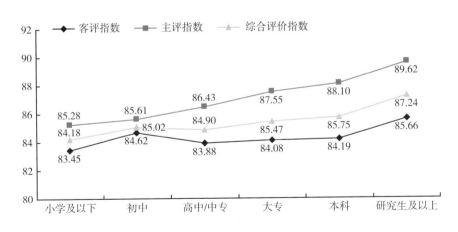

图24 2017年受访者学历交叉分析情况

小学及以下、初中和研究生及以上学历的受访者进步较快,其中初中学历受访者进步最快,综合评价指数由2015年的81.85上升到2017年的85.02,

提升了3.17（见图25）。这表明只要加强宣传教育，较低学历的市民也可以大幅提升国际礼仪文明素养。

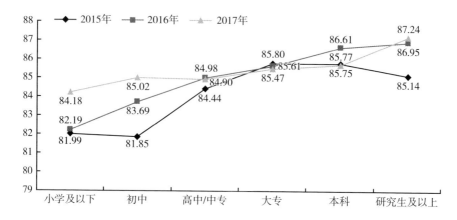

图25　2015～2017年受访者学历交叉分析情况

（四）受访者政治面貌交叉分析

受访者的政治面貌与国际礼仪文明指数之间也存在一定的相关性。总体而言，民主党派和中共党员的二级指标指数值较高，群众的二级指标指数值较低，共青团员的二级指标指数值居中（见表5和图26）。中国共产党代表着中国先进社会生产力的发展要求，代表着中国先进文化的前进方向，代表着中国最广大人民的根本利益，因此中共党员的整体文化程度和文明素养较高。民主党派的主要力量来自教科文卫领域，他们知识丰富，接触面广，学习能力强，愿意接受新生事物，善于学习先进文化，因此在国际礼仪文明二级、三级指标中指数值比较高。

表5　2017年受访者政治面貌交叉分析情况

指标		群众	共青团员	中共党员	民主党派
二级指标	客评指数	83.93	84.11	85.12	89.29
	主评指数	86.66	87.19	89.07	92.86
	综合评价指数	85.02	85.34	86.70	90.71

续表

指 标		群众	共青团员	中共党员	民主党派
三级指标	在外籍人士面前,能自觉维护国家及杭州的形象与声誉	88.62	88.34	89.69	91.29
	能热情友善对待外籍人士,并愿为其提供力所能及的帮助与服务	86.77	87.55	88.84	90.86
	不随意询问有关他人隐私问题(如年龄、家庭、收入等)	87.32	87.19	88.80	93.29
	能积极主动学习外语,并在与外籍人士交流时使用外语	81.11	82.17	83.89	89.57
	积极学习了解并遵循国际通行的礼仪规范	81.87	82.30	83.40	89.29
	参加正式涉外活动时,能着正装出席	83.98	84.45	85.81	89.57
	尊重外籍人士的习俗禁忌	85.47	85.34	86.50	91.14

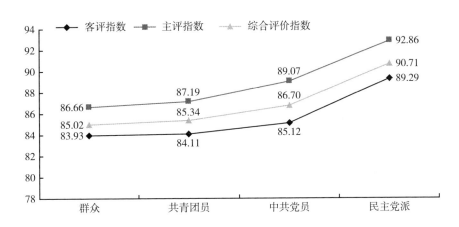

图26 2017年受访者政治面貌交叉分析情况

对比 2015~2017 年不同政治面貌受访者的国际礼仪文明综合评价指数可以发现,共青团员和中共党员的国际礼仪文明素养比较稳定,民主党派进步最快,综合评价指数由 2015 年的 80.80 上升到 2017 年的 90.71,提升了9.91(见图27)。这表明民主党派只要意识到国际礼仪文明的重要性,这个群体的高层次、强学习能力非常有助于其提升国际礼仪文明素养。

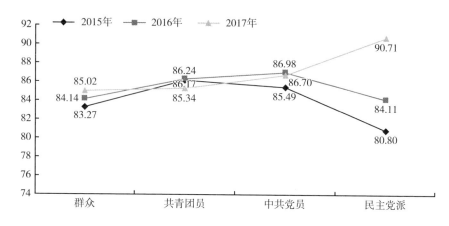

图 27　2015～2017 年受访者政治面貌交叉分析情况

（五）受访者在杭居住年限交叉分析

数据显示，受访者在杭居住年限与国际礼仪文明指数之间存在一定关联。总体而言，随着在杭居住年限的增长，国际礼仪文明指数呈现下降趋势，但在杭居住 21 年及以上受访者的国际礼仪文明指数则呈现上升趋势（见表 6 和图 28）。由图 28 可知，在杭居住年限为 5 年及以下的受访者，国际礼仪文明的指数值最高；其次是在杭居住年限为 21 年及以上的受访者；在杭居住年限为 6～10 年和 11～20 年的受访者之间的差异性不显著，刚好处于 5 年及以下和 21 年及以上两个群体的中间。在杭居住年限为 5 年及以下的受访者大多是新杭州人，学历普遍较高，文明素养相对也高。在杭居住 20 年以上的受访者大多是土生土长的杭州人，受杭州城市文化的熏陶时间也最长，文明素养自然会比较高。

表 6　2017 年受访者在杭居住年限交叉分析情况

指　　标		5 年及以下	6～10 年	11～20 年	21 年及以上
二级指标	客评指数	84.38	83.78	83.73	84.55
	主评指数	88.15	86.05	86.25	87.53
	综合评价指数	85.88	84.69	84.74	85.74

	指　　标	5年及以下	6～10年	11～20年	21年及以上
三级指标	在外籍人士面前,能自觉维护国家及杭州的形象与声誉	89.57	88.03	87.36	88.86
	能热情友善对待外籍人士,并愿为其提供力所能及的帮助与服务	87.84	86.61	86.27	87.93
	不随意询问有关他人隐私问题(如年龄、家庭、收入等)	87.53	87.54	86.89	87.89
	能积极主动学习外语,并在与外籍人士交流时使用外语	82.45	80.42	81.80	82.48
	积极学习了解并遵循国际通行的礼仪规范	82.84	81.31	81.90	82.55
	参加正式涉外活动时,能着正装出席	84.91	83.70	83.74	84.80
	尊重外籍人士的习俗禁忌	86.03	85.19	85.19	85.66

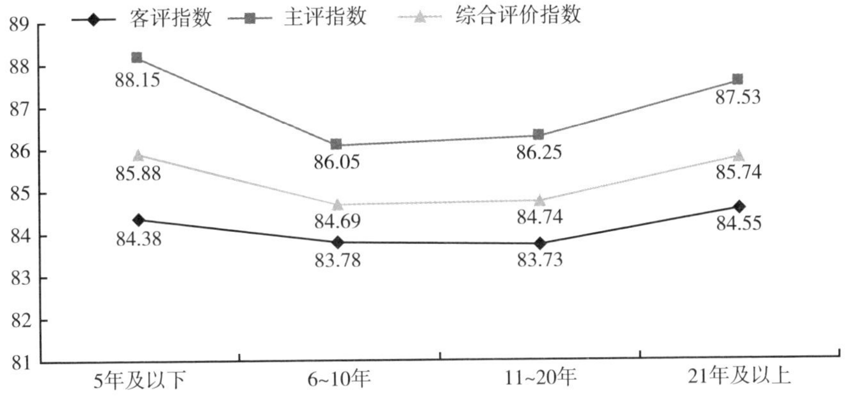

图 28　2017 年受访者在杭居住年限交叉分析情况

对比 2015～2017 年不同在杭居住年限受访者的国际礼仪文明综合评价指数可以发现,在杭居住年限为 21 年及以上的受访者进步最大,综合评价指数由 2015 年的 83.89 上升到 2017 年的 85.74,提升了 1.85,其次是在杭居住年限为 5 年及以下的受访者。综合评价指数下降比较大的则是在杭居住年限为 11～20 年的受访者,与 2015 年相比下降了 1.15(见图 29)。

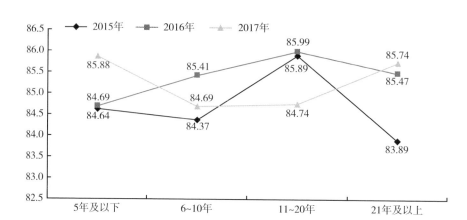

图29 2015~2017年受访者在杭居住年限交叉分析情况

（六）受访者职业交叉分析

不同职业的受访者对杭州市民国际礼仪文明方面的评价，其差异性也比较显著。表7和图30显示，从二级指标看，机关行政人员的主评指数和综合评价指数最高，而其他人员、学生和行政机关人员的综合评价指数差别不大。行政机关人员由于工作要求，对国际文明礼仪有着一定的了解，而学生通常具备良好的文明素养。因此，行政机关人员和学生的国际礼仪文明指数相对较高也在情理之中。

从2015~2017年不同职业受访者的国际礼仪文明综合评价指数来看，事业单位人员、企业管理人员和学生三个群体的国际礼仪文明素养最稳定，这说明三个群体本身具备良好的文明素养并被社会普遍认可（见图31）。

（七）受访者户籍类型交叉分析

统计数据分析表明，不同户籍类型受访者的国际礼仪文明指数的差异性显著。总体而言，杭州城镇户籍受访者的国际礼仪文明指数最高，其次是外地城镇户籍受访者，再次是外地农村户籍受访者，最低的是杭州农村户籍受访者（见表8和图32）。

表7 2017年受访者职业交叉分析情况

	指标	机关行政人员	事业单位人员	企业管理人员	企业普通职工	个体经营者	自由职业者	学生	务农人员	待业人员	离退休人员	其他
二级指标	客评指数	85.47	84.08	83.56	83.92	83.29	84.60	84.84	78.31	82.52	84.21	85.59
	主评指数	89.11	87.38	87.30	86.71	85.42	86.98	89.10	83.60	84.86	84.89	88.00
	综合评价指数	86.93	85.40	85.06	85.03	84.15	85.55	86.54	80.42	83.46	84.48	86.55
三级指标	在外籍人士面前，能自觉维护国家及杭州的形象与声誉	88.58	87.72	88.29	89.73	87.47	88.30	90.07	84.89	86.47	86.15	89.11
	能热情友善对待外籍人士，并愿为其提供力所能及的帮助与服务	87.49	87.28	86.91	88.29	85.81	86.53	88.34	82.07	88.67	86.93	87.71
	不随意询问有关他人隐私问题（如年龄，家庭，收入等）	89.57	87.46	86.88	87.78	86.47	87.00	88.42	86.37	86.20	86.93	87.88
	能积极主动学习外语，并在与外籍人士交流时使用外语	85.74	82.89	82.22	79.69	80.15	82.26	83.49	74.81	78.47	80.33	84.83
	积极学习了解国际通行的礼仪规范	84.99	82.16	82.21	80.09	81.43	83.00	83.67	75.11	76.73	82.74	85.07
	参加正式涉外活动时，能着装正式出席	86.02	84.01	84.10	83.81	83.39	85.49	85.54	77.33	82.20	83.85	85.35
	尊重外籍人士的习俗禁忌	86.09	86.18	84.78	85.83	84.30	86.28	86.27	82.37	85.47	84.44	85.89

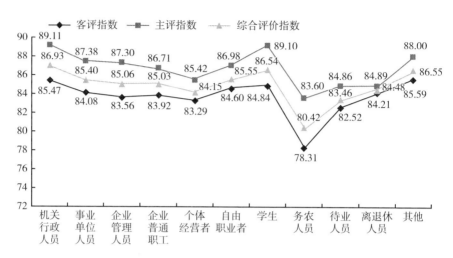

图30　2017年受访者职业交叉分析情况

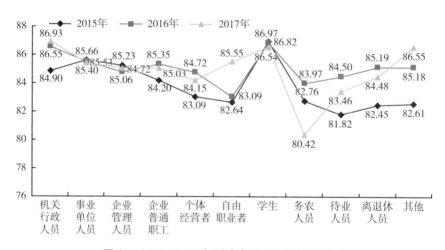

图31　2015～2017年受访者职业交叉分析情况

在G20杭州峰会效应的影响下，杭州市委、市政府加快推进杭州城市国际化战略，相关部门如杭州市精神文明建设委员会办公室为此做了大量工作，向全市人民发出倡议，争当文明市民，共建生态优越、文化昌盛、经济繁荣、市民文明的美丽杭州。调查结果也显示，杭州市民以及生活居住在杭州的人们在国际礼仪文明方面的总体水平都很高，这与人们对自身的要求以及相关部门的努力是分不开的。

表8 2017年受访者户籍类型交叉分析情况

	指　　标	杭州城镇	杭州农村	外地城镇	外地农村
二级指标	客评指数	84.43	83.50	84.17	84.52
	主评指数	87.96	85.35	88.03	86.85
	综合评价指数	85.84	84.24	85.72	85.45
三级指标	在外籍人士面前,能自觉维护国家及杭州的形象与声誉	88.77	87.70	89.38	88.86
	能热情友善对待外籍人士,并愿为其提供力所能及的帮助与服务	87.61	86.18	87.30	88.20
	不随意询问有关他人隐私问题(如年龄、家庭、收入等)	87.82	87.26	87.73	87.03
	能积极主动学习外语,并在与外籍人士交流时使用外语	82.57	80.70	82.37	81.50
	积极学习了解并遵循国际通行的礼仪规范	82.83	80.25	82.99	82.59
	参加正式涉外活动时,能着正装出席	84.94	83.47	84.52	84.36
	尊重外籍人士的习俗禁忌	86.33	84.13	85.71	85.61

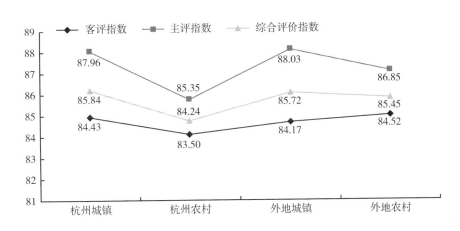

图32 2017年受访者户籍类型交叉分析情况

对比2015~2017年不同户籍类型受访者的国际礼仪文明综合评价指数可以发现,杭州城镇户籍受访者的指数值一直最高,而杭州农村户籍受访者的指数值进展不大。令人欣喜的是,外地城镇户籍和外地农村户籍受访者的指数值进步明显，分别由 2015 年的 83.47、84.13 上升到 2017 的 85.72、85.45（见图 33）。这与 G20 杭州峰会后杭州连续两年人才净流入率位居全国第一，吸引了大批国内外高素质人才入杭有关。

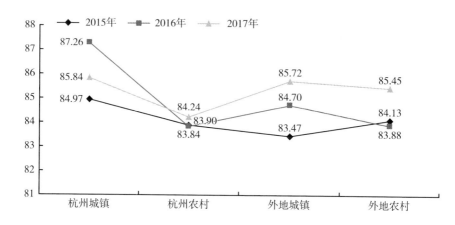

图 33 **2015～2017 年受访者户籍类型交叉分析情况**

四 2017年杭州市民国际礼仪文明的新亮点、新问题

调查数据及分析结果显示，2017 年杭州市民国际礼仪文明呈现以下三个亮点和四个需要引起重视的问题。

（一）三个亮点

1. 杭州市民国际礼仪文明意识持续增强

2015～2017 年杭州市民国际礼仪文明综合评价指数呈现稳步上升的趋势，且都显著高于杭州市民公共文明综合评价指数，两者的差值有增大趋势（见表 9）。这表明杭州市民国际礼仪文明综合评价指数处于"较好"水平，体现了近年来杭州市积极推进城市国际化，市民国际礼仪文明素养有了极大的提升。杭州市民尤其注重维护国家及杭州的形象与声誉，"在外籍人士面前，能自觉维护国家及杭州的形象与声誉"的综合评价指数提升最快，由 2016 的 87.72 上升到 2017 的 88.69，在 2015 ~ 2017 年也呈现明显的上升趋势。

表9　2015 ~ 2017 年杭州市民公共文明及国际礼仪文明综合评价指数比较

指数	2015 年	2016 年	2017 年
公共文明	84.06	84.63	84.65
国际礼仪文明	84.43	85.32	85.42
差值	0.37	0.69	0.77

2. 民主党派国际礼仪文明素养提升最快

在 2017 年受访者政治面貌交叉分析中，民主党派的国际礼仪文明客评指数、主评指数及综合评价指数最高，并显著高于当年杭州市民国际礼仪文明对应的各项指数（见表10）。同时，民主党派进步最快，综合评价指数由 2015 年的 80.80 上升到 2017 年的 90.71，提升了 9.91。这表明民主党派只要意识到国际礼仪文明的重要性，这个群体的高层次、强学习能力非常有助于其提升国际礼仪文明素养。

表10　2017 年民主党派与杭州市民国际礼仪文明指数比较

类别	客评指数	主评指数	综合评价指数
杭州市民	84.21	87.23	85.42
民主党派	89.29	92.86	90.71
差值	5.08	5.63	5.29

3. 新杭州人国际礼仪文明素养提升较快

调查数据显示，2017 年在杭居住年限为 5 年及以下、外地城镇户籍受访者的国际礼仪文明综合评价指数由两年前或一年前的低于杭州市民国际礼仪文明综合评价指数到一跃超过该指数，进步显著（见图34）。总体而言，在杭居住年限为 5 年及以下、外地城镇户籍受访者以新杭州人居多，这与 G20 杭州峰会后杭州连续两年人才净流入率位居全国第一，吸引了大批国内外高素质人才入杭有关。

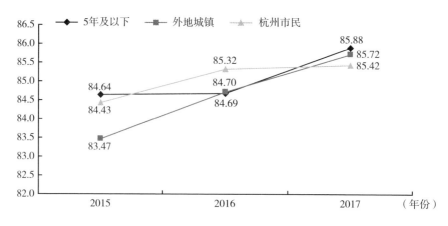

图34　2015～2017年在杭居住年限为5年及以下、外地城镇户籍受访者与
杭州市民国际礼仪文明综合评价指数比较

（二）四个需要引起重视的问题

1. 主评与客评存在的差距比较明显

调查显示，杭州市民对自身国际礼仪文明程度给予的评价较高，对周围他人给予的评价相对偏低。对照评价指标体系，通过对问卷调查数据进行综合分析得出的主评指数与二级指标主评指数连续三年均明显高于对应的客评指数（见表11）。这表明杭州市民对自身国际礼仪文明素养的提升以及在这方面的改进是肯定的、有信心的，同时也期待周围他人的国际礼仪文明程度有进一步的提升。

表11　2015～2017年杭州市民国际礼仪文明指数比较

年份	客评指数	主评指数	差值
2015	82. 60	87. 21	4. 61
2016	84. 24	86. 95	2. 71
2017	84. 21	87. 23	3. 02

2. 外籍人士评价依然理性严格

2017年外籍人士国际礼仪文明客评指数为82.37，虽仍高于2015年的

73.02，但与2016年的84.31相比，下降1.94，这表明外籍人士更期待杭州市民的国际礼仪文明素养有进一步的提升。从三级指标客评指数看，与2016年相比，7个指标的客评指数均下降，其中"不随意询问有关他人隐私问题（如年龄、家庭、收入等）""能积极主动学习外语，并在与外籍人士交流时使用外语""积极学习了解并遵循国际通行的礼仪规范""参加正式涉外活动时，能着正装出席"4个指标的客评指数下降最多，分别较2016年下降3.36、2.65、2.15、1.78。同时，这4个指标也都是2015～2017年7个指标中指数值最低的。这要求杭州市民加强与外籍人士的沟通，逐步消除文化差异以及因自身对城市的融入不足而可能会产生的判断偏差。

3. 弱势群体的国际礼仪文明素养总体偏低

对不同群体的国际礼仪文明综合评价指数进行比较，发现小学及以下、务农人员及杭州农村户籍受访者的国际礼仪文明综合评价指数较低，且连续三年低于杭州市民国际礼仪文明综合评价指数（见图35）。这与弱势群体本身的知识储备、行为习惯以及政府相关部门对其关注度不够有关。

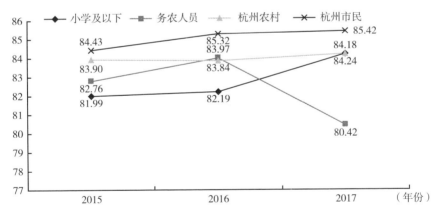

图35　2015～2017年小学及以下、务农人员、杭州农村户籍受访者与
杭州市民国际礼仪文明综合评价指数比较

4. 在学习外语和了解并遵循国际礼仪规范等方面仍然需要加强

调查数据显示，在杭州市民国际礼仪文明评价的7个三级指标中，无论是主评指数、客评指数还是综合评价指数，指数值最低的都是"能积极主

动学习外语，并在与外籍人士交流时使用外语"，而"积极学习了解并遵循国际通行的礼仪规范"的指数值也较低。综合分析 2015 ~ 2017 年的调查情况，"能积极主动学习外语，并在与外籍人士交流时使用外语"和"积极学习了解并遵循国际通行的礼仪规范"的综合评价指数在 2016 年有较大幅度提升，在 2017 年有较大幅度下降，但仍高于 2015 年（见图 36）。横向来看，"能积极主动学习外语，并在与外籍人士交流时使用外语"和"积极学习了解并遵循国际通行的礼仪规范"的综合评价指数还是比较低，依然是杭州市国际礼仪文明建设和市民国际礼仪文明素养提升中迫切需要弥补的短板。

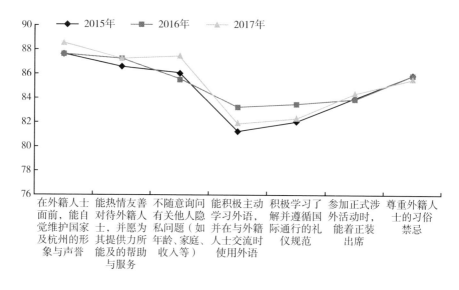

图 36　2015 ~ 2017 年杭州市民国际礼仪文明三级指标比较

五　对策建议

"后峰会、前亚运"时期，杭州的国际知名度大大提升，如何持续放大峰会效应，抓住亚运会机遇，推进杭州市民国际礼仪文明素养再上一个台阶，为加快城市国际化、建设世界名城打下坚实基础，是杭州面临的一个重要课题。综合本次调查数据分析和访谈结果，借鉴国内外名城建设经验和启示，我们认为杭州可以从以下几个方面进一步提高市民国际礼仪文明水平。

（一）以"世界名城"为导向，探索建立杭州市民国际礼仪文明培育的政策法规体系

政策法规是维护社会秩序的重要途径，在公共生活中，其指引性、预测性、强制性和评价性是道德无法替代的。自杭州提出打造世界名城的目标后，先后出台了一系列相关政策法规，如 2015 年的《杭州市加快推进城市国际化行动纲要（2015~2017 年)》、2016 年的《中共杭州市委关于全面提升杭州城市国际化水平的若干意见》《杭州市文明行为促进条例》、2018 年的《中共杭州市委关于高举习近平新时代中国特色社会主义思想伟大旗帜，加快建设独特韵味别样精彩世界名城的意见》以及目前正在征求意见的《杭州市城市国际化促进条例（草案)》，这些政策法规为杭州国际化建设提供了保障，推进了杭州国际化建设进程，同时也推动了杭州市民国际礼仪文明素养连续三年提升。然而，目前的政策法规主要是面向杭州国际化建设的，针对的领域广泛，包括产业国际化、城市环境国际化、公共服务国际化等，每一个领域都涉及市民的国际礼仪文明素养，市民国际礼仪文明素养的高低自然会影响杭州国际化的实现程度。市民国际礼仪文明如此重要，但遗憾的是，杭州目前仍然没有专门的针对杭州市民国际礼仪文明建设的相关规定，现有的政策法规在杭州市民国际礼仪文明建设方面比较零散，发挥作用有限。建议以加快建设独特韵味、别样精彩的世界名城为契机，以《杭州市城市国际化促进条例（草案)》为基础，尽快出台杭州市民国际礼仪文明建设标准、规范等，努力形成杭州市民国际礼仪文明培育的政策法规体系。

（二）以"杭州品牌"为主旨，探索建立杭州市民国际礼仪文明培育的联动机制

1. 进一步推进国际礼仪文明宣传教育，增强杭州市民的国际礼仪文明观念

人的观念的国际化是国际礼仪文明素养的基础，需要借筹备亚运会等国

际赛事和融入大湾区的契机，加大国际礼仪文明的宣传教育力度，让市民从观念、理念上增强建设国际化城市的意识，从杭州人的杭州转变为中国的杭州、世界的杭州，让"我是文明杭州人"的观念深入人心。

第一，推动学校建立国际礼仪课程体系，从娃娃抓起，步步推进，形成小学到大学一体化，理论普及与实践体验、短期计划与长期规划相结合的多元化学校教育体系。

第二，丰富国际礼仪文明宣传手段，激发市民的学习兴趣。G20杭州峰会后，杭州市在城市国际化方面取得了较大进步。然而，调查发现，市民对时代和国际社会的认知程度还不够，对杭州政府在推进国际化方面所做的努力有较多期待，但现实中相关国际礼仪文明知识的学习机会偏少。这就要求政府多领域、多层次、多渠道开展国际礼仪文明宣传教育活动。一是定期与不定期相结合。国际礼仪文明宣传既要定期开展"国际礼仪宣传日""国际礼仪宣传月""市民国际礼仪节"等品牌活动，也要不定期地借助一些热点如大型会议、赛事等开展有针对性的国际礼仪文明宣传与普及。这样才能使国际礼仪文明宣传教育保持常态化，如"365天永不落幕"的上海市民文化节，经过5年的打造，已成为全国公共文化的"金名片"。二是"土"与"洋"相结合。国际礼仪文明宣传既需要像学术交流、文化会展、国际赛事等这样"高大上"的形式，又要有接地气、能融入普通市民日常生活的"土"形式，政府、社区需要开展多样式、多层次的国际礼仪文化宣传，如聘请市民熟知并具有国际影响力的名人或明星担任"杭州国际形象大使"，开展国际礼仪文明知识竞赛、争创杭城国际礼仪小达人、国际礼仪之星评选等活动，真正做到国际文明礼仪进社区、进家庭。三是"线下"与"线上"相结合。国际礼仪文明宣传教育既要发挥传统的"线下"优势，又要顺应"互联网＋"发展的新趋势，依托"杭州文明网""杭州发布"等各大新老媒体平台及各子云平台，策划设计基于互联网技术和数字文化消费模式的市民国际礼仪文化活动，面向市民打造开放、全天候的市民国际礼仪文明宣传教育及互动平台。也可以尝试推出国际礼仪文明宣传VR 4D体验，借助VR技术，让市民在鲜活的国际礼仪场景中行走、触摸和体验，身临其境地感受国际礼仪文明的重要性和影响力,进而增强市民对国际礼仪文化的认识。线上与线下相结合,能有效拓展市民的参与途径和服务半径,大大增强国际礼仪文明宣传的实效性。

2. 进一步推进国际化社区建设,夯实城市国际化基础

国际化社区是城市国际化落到社会的小单元,具有创新活力的国际化社区将为城市国际化提供强有力的支撑。杭州于2016年开始推出第一批国际化示范社区,2017年推出了第二批国际化示范社区。2017年还发布了国际化社区指标体系,全面引入城市可持续发展国际标准先进理念和方法,以标准化助推国际化社区可持续发展。由于运行时间较短,模式还不是很成熟,建设高水准、有特色、能复制、易推广的国际化社区示范典型迫在眉睫。建设国际化社区,既要有新建的小区,也要有能够彰显本地区历史文化特色的市井街区老房子,鼓励和引导热爱国际交流的社区居民参与,让杭州这座国际旅游城市成为展示东方文化的窗口。同时,针对长期在杭州工作的国际友人,通过政府、企业合作机制引导其在某些特定社区聚集,这些特定社区应能够满足设施配套完善、交通出行便捷、景观环境优越等基本要求,可引入国际化商业形态,营造便捷的国际化服务环境。为提升国际化社区建设的社会参与度,还可推出国际化社区融合项目,如英语沙龙、杭州故事、沟通你我等,营造国际交流和文化生活氛围,使中外居民邻里亲善融合。

3. 进一步加强对外示范性服务窗口及重点服务性行业从业人员的国际礼仪培训,提升行业的国际礼仪文明水准

进一步完善公共场所双语标志,增加政府窗口部门和公共服务单位的外语服务内容,如12345市长热线、杭州导引英文版等,提升对外商务、信息、咨询、中介等服务功能。建立与国际接轨的办学模式。培养高水平的双语教育师资队伍,全面开展双语教育。通过政府部门自身的示范性带动,提升市民学习国际礼仪文明的自觉性。

餐饮、交通、旅游行业是城市文明重要的窗口,是一个城市非常重要的门面,其从业人员国际礼仪文明水平的高低直接影响外部人士对一个城市国际文明程度的判断。政府相关部门要强化对这些重点行业人员国际礼仪文明

方面的培训，让从业人员掌握更多的国际礼仪文明方面的知识，并将行业的国际礼仪文明考核纳入行业日常服务水平考核中。

目前杭州市国际礼仪文明宣传教育工作主要还是相关部门、行业在各自领域分别进行宣传教育推广，这种"单打独斗"的状态容易导致各部门、行业之间不能进行资源共享、战略统筹，宣传教育效果大大减弱。针对这种状况，各部门、行业有必要加强国际礼仪文明宣传教育统筹。除了在市文明办的指导支持下进一步完善体制机制外，还应加强各部门的统筹协调，充分调动相关部门、各行业的积极性。为适应杭州国际礼仪文明推广工作日益凸显的重要性、多元性、综合性和国际性，建议建立"杭州市国际礼仪联盟"，以联盟为桥梁和纽带建立联动工作机制，整合教育、外宣、外事、民政、旅游等部门资源及行业力量，为进一步提升杭州市民国际礼仪文明水平发挥作用。

（三）以"过程培育"为宗旨，探索建立杭州市民国际礼仪评价体系

与结果性评价相比，"过程培育"评价不仅包括对知识与技能的掌握效果进行评价，而且包括对学习过程和方法以及态度和价值观进行评价，这种评价更具全面性和公平性。

为掌握国际礼仪文明培育的进展和落实情况，系统了解市民对国际礼仪文明的需求情况，以便及时调整政策内容，适时解决国际礼仪文明培育中的现实问题，有效推进杭州市民国际礼仪文明建设，建议从以下三个方面采取措施，探索建立杭州市民国际礼仪评价体系。

1.建立杭州市民国际礼仪文明社会评价体系

社会评价体系，是社会环境的重要组成部分，起着塑造人、影响人的重要作用。每个人都希望得到社会的肯定性评价，肯定性评价能强化人们再次重复良好行为的心理；否定性评价则会减少甚至消除相应不良行为的再次出现。因此，提高市民国际礼仪文明程度的一项重要任务就是要下大力气构建一个具有鲜明荣辱导向作用的社会评价体系。建议通过纸媒、广播、电视、

网络等媒体宣传市民良好的国际礼仪文明行为及践行国际礼仪文明的优秀市民，并进行正面引导。同时，对热度较高的国际礼仪文明方面的不文明行为进行讨论，引发市民内心的反思，以达到促进整个社会国际礼仪文明素养提升的目标。

2. 建立政府奖惩制度

奖惩分明是健全高效考核制度的基本原则。按照加快建设独特韵味、别样精彩的世界名城的目标和要求，制定国际礼仪文明奖惩细则，对于对国际礼仪文明促进工作有突出贡献的单位和个人，由政府按规定给予表彰和奖励，反之则进行惩处，凝聚人心，共同推进杭州国际礼仪文明水平提升。

3. 建立志愿者服务评估制度

志愿者服务是汇聚社会资源、传递社会关爱、弘扬社会正气的重要载体，是形成向上向善、诚信互助的社会风尚的重要力量。在国际礼仪文明建设方面，志愿者服务的引领作用不可替代。这就要按照杭州国际化的要求，建立国际礼仪文明志愿者服务方面的评估制度，包括对志愿服务的形式、内容、时间、质量、奖励等进行评估。只有建立起相对完善的志愿者评估制度，才能切实发挥志愿服务在国际礼仪文明建设方面的榜样和引领作用。

2017年杭州市民公共文明指数调查认知部分分析报告

2016年9月，G20杭州峰会圆满成功。杭州，从此站在了新的历史起点，担负起新的时代使命：加快推进城市国际化，建设独特韵味、别样精彩的世界名城。同时，为迎接2022年亚运会的到来，杭州迈出了铿锵的脚步：扬长处、补短板，硬件、软件一起抓。2017年，杭州的硬件设施提升更快了：地铁二号线西北段开通，到2022年将建成12条446公里的城市快速轨道交通网；"四纵五横"快速路网正在向11个方向继续延伸，5年后将形成一张464公里的快速路网；在等待国家发改委批复的杭州铁路枢纽总图上，杭州高铁线路规划从目前的4条跃升至11条，高铁客运站从3个变成6个……这一年，杭州人正共享越来越醇厚的文明：斑马线前，每一位司机都主动礼让行人，每一位行人也配合加速通行；垃圾分类在更多小区落地，垃圾清洁直运迎来第9次升级……自2016年3月1日起，《杭州市文明行为促进条例》正式施行，因此此次问卷的认知部分主要是为配合杭州市打造世界名城针对杭州市民及外来人员对《杭州市文明行为促进条例》的实施落实、效果评价和意见建议等情况进行调查。此次问卷调查在杭州市九城区共发放问卷4000份（包含主评卷和客评卷），其中3500份为针对16岁及以上杭州市民（包括城区居民、城郊农民和外来务工人员）的问卷，500份为针对在杭居住半年以上的外籍人士的问卷。3500份问卷共回收3451份，问卷回收率和问卷有效率分别为98.6%和100%。

一 样本基本情况分析

受访者区域分布情况：上城区有效问卷181份，占九城区总有效问卷的

5.24%（以下若无特别说明，均指有效问卷）；下城区 252 份，占 7.30%；江干区 500 份，占 14.49%；拱墅区 271 份，占 7.85%；西湖区 494 份，占 14.31%；滨江区 159 份，占 4.61%；萧山区 730 份，占 21.15%；余杭区 512 份，占 14.84%；富阳区 352 份，占 10.20%（见图 1）。各城区发放问卷数量所占比例基本与其常住人口数占杭州市总人口数的比例相同。本次调查的对象分布广泛，涵盖了多个层次、多个领域的在杭居民。

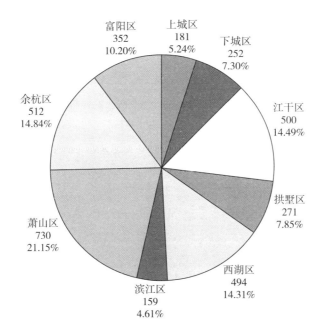

图 1　受访者区域分布情况

受访者性别分布情况：男性 1552 人，占 44.97%；女性 1899 人，占 55.03%（见图 2）。

受访者年龄分布情况：16～24 岁 986 人，占 28.57%；25～34 岁 1080 人，占 31.30%；35～44 岁 872 人，占 25.27%；45～54 岁 265 人，占 7.68%；55～64 岁 156 人，占 4.52%；65 岁及以上 91 人，占 2.64%；未注明 1 人，占 0.03%（见图 3）。

受访者学历分布情况：小学及以下 159 人，占 4.61%；初中 471 人，占

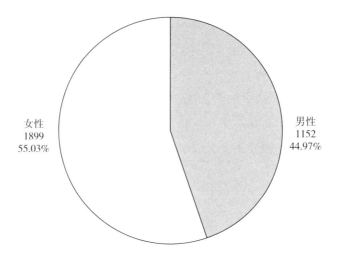

图2 受访者性别分布情况

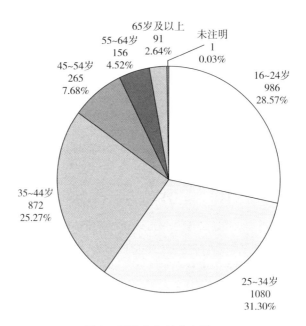

图3 受访者年龄分布情况

13.65%；高中/中专832人，占24.11%；大专525人，占15.21%；本科1265人，占36.66%；研究生及以上199人，占5.77%（见图4）。可见，受访人员学历分布比较合理，主要集中在初中到本科这个阶段，累计占90%左右。

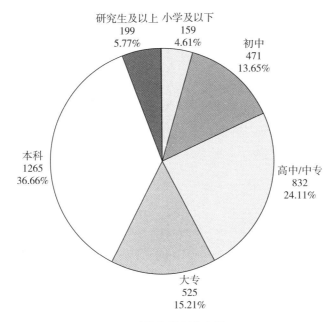

图4 受访者学历分布情况

受访者政治面貌分布情况：群众1735人，占50.28%；共青团员1196人，占34.66%；中共党员492人，占14.26%；民主党派28人，占0.81%（见图5）。

受访者在杭居住年限分布情况：5年及以下1157人，占33.53%；6~10年701人，占20.31%；11~20年546人，占15.82%；21年及以上1046人，占30.31%；未注明1人，占0.03%（见图6）。可见，受访者在杭居住年限分布比较合理，有近几年融入这个城市中的新杭州人，也有在杭州成长的市民，还有数代在杭州居住的市民，他们的行为可以大致反映出杭州市民的整体文明素养。

受访者职业分布情况：机关行政人员117人，占3.39%；事业单位人员348人，占10.08%；企业管理人员272人，占7.88%；企业普通职工611人，占17.71%；个体经营者543人，占15.73%；自由职业者337人，占9.77%；学生740人，占21.44%；务农人员27人，占0.78%；待业人员60人，占1.74%；离退休人员108人，占3.13%；其他288人，占

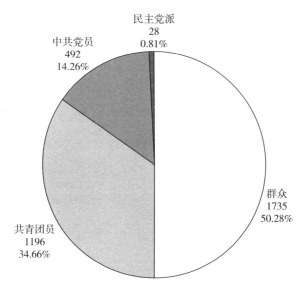

图5 受访者政治面貌分布情况

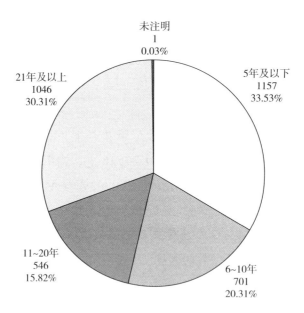

图6 受访者在杭居住年限分布情况

8.35%（见图7）。本次问卷调查的受访者职业分布选择也较为合理。其中，务农人员的比例较低，这与杭州市城镇化水平较高有直接关系。

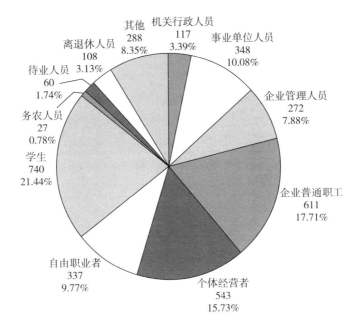

图7 受访者职业分布情况

受访者户籍类型分布情况：杭州户籍2090人，占60.56%；外地户籍1361人，占39.44%。其中，杭州城镇1390人，占40.28%；杭州农村700人，占20.28%；外地城镇701人，占20.31%；外地农村660人，占19.12%（见图8）。

二 杭州市民认知情况调查分析

（一）分项总体情况分析

为实现杭州市建成世界名城这一目标，受访者对近年来杭州市民公共文明素养的提升情况还是较为肯定且期待的。根据调查，28.48%的受访者认为近年来杭州市民公共文明素养"有很大提升，符合城市国际化要求"，近半数的受访者（46.91%）认为"有较大提升，但离建设世界名城的要求还有较大差距"（见表1）。也就是说，超过七成的受访者对杭州市民公共文明素养的提升情况是比较认可的，但同时也说明大家对杭州市民公共文明素养

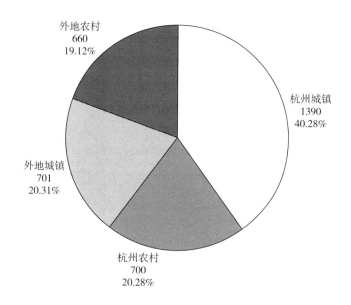

图8 受访者户籍类型分布情况

提升的期待值也较高。而影响和促进杭州市民公共文明素养提升的主要因素是城市基础设施，即61.29%的受访者认为提升杭州市民公共文明素养首先是"城市基础设施的改善"，另外还有"城市品牌形象的提升""城市治理水平的提升""杭州国际知名度的提升""公共文明专项治理行动的开展""城市志愿服务的提升"等（见表2）。当然，"《杭州市文明行为促进条例》的颁布与实施"以及"执法力度的加大"也至关重要，这也说明市民的法制意识有了一定的提高，这在一定程度上反映了该条例的实施效果。

表1 近年来杭州市民公共文明素养的提升情况

认知选项	频数	百分比（%）
有很大提升,符合城市国际化要求	983	28.48
有较大提升,但离建设世界名城的要求还有较大差距	1619	46.91
有一定提升	505	14.63
提升不大	153	4.43
不清楚	191	5.53
合　计	3451	100

表2　影响和促进杭州市民公共文明素养提升的主要因素

认知选项	频数	百分比（%）
城市基础设施的改善	2115	61.29
《杭州市文明行为促进条例》的颁布与实施	1633	47.32
执法力度的加大	1314	38.08
城市治理水平的提升	1703	49.35
城市品牌形象的提升	1884	54.59
公共文明专项治理行动的开展	1442	41.78
城市志愿服务的提升	1386	40.16
杭州国际知名度的提升	1489	43.15
其他	91	2.64

　　调查数据显示，"非常清楚"《杭州市文明行为促进条例》的受访者只占10.23%，"知道一些"的占44.97%，还有近45%的受访者"不是很清楚"或"不知道"这部条例（见表3）。这说明这部条例的宣传力度不够或宣传方式欠佳，市民的认知度与参与度不高。同时，相关部门的执行力不够，影响了该条例的具体落实。概括地说，可能是因为宣传上虽有标语，也有媒体进行宣传，还开展了各种活动，但未能落实到每栋楼、每户家庭、每个人，而且在实际操作上也可能存在技术问题。

表3　是否知道《杭州市文明行为促进条例》

认知选项	频数	百分比（%）
非常清楚	353	10.23
知道一些	1552	44.97
不是很清楚	1135	32.89
不知道	411	11.91
合　计	3451	100

　　调查结果表明，有近半数的受访者认为《杭州市文明行为促进条例》的实施对提升杭州市民公共文明素养"作用非常大"（15.27%）或"有较大作用"（33.96%），还有37.15%的受访者认为"有一定作用"（见表4）。可以看出，绝大部分人认为法律法规是有效或应该有效的，但实际生活中又

较难证实法律法规的有效性程度，即民众对法律法规虽有期待但信心不足，这一点从认为该条例的实施对提升杭州市民公共文明素养"作用非常大"的受访者只占15.27%就可以看出来。因此，贯彻执行依法治国理念，增强民众法制观念，加强学法知法普法教育迫在眉睫。

表4　《杭州市文明行为促进条例》的实施对提升杭州市民公共文明素养的作用

认知选项	频数	百分比（%）
作用非常大	527	15.27
有较大作用	1172	33.96
有一定作用	1282	37.15
作用体现不明显	315	9.13
以后会发挥较大作用	155	4.49
合　计	3451	100

调查结果表明，高达75.31%的受访者认为《杭州市文明行为促进条例》的颁布与实施对市民公共文明行为提升最明显的方面是公共秩序文明，其次是公共卫生文明和公共交往文明，选择比例分别为63.52%和56.13%。的确，以上三项的变化对公众而言是最直观的。而公益服务文明、网络文明、国际礼仪文明和公共观赏文明的选择比例也不低，分别达到42.57%、35.84%、35.53%和34.83%（见表5），该条例的成效性在此得到了充分显现，也表明杭州市民还是比较相信并遵守该条例的，这也为杭州深入推进城市国际化，提升城市的国际知名度、竞争力和影响力提供了坚实的保障。

表5　《杭州市文明行为促进条例》的颁布与实施对市民公共文明行为提升最明显的方面

认知选项	频数	百分比（%）
公共卫生文明	2192	63.52
公共秩序文明	2599	75.31
公共交往文明	1937	56.13
公共观赏文明	1202	34.83
公益服务文明	1469	42.57
网络文明	1237	35.84
国际礼仪文明	1226	35.53

在对《杭州市文明行为促进条例》中规定的文明行为基本规范最在意的内容调查中，选择比例最高的是"公民应当自觉遵守公共秩序，爱护公共设施，维护公共环境卫生"，占比为71.46%；其次是"公民交通出行应当遵守道路交通安全管理法律法规"，占比为68.36%；再次是"公民应当做到爱国守法、明礼诚信、团结友善、勤俭自强、敬业奉献"，占比为67.34%；其余几项的选择比例也都不低（见表6）。这说明该条例制定的文明行为基本规范的内容是相当符合人们的意愿和需求的。

表6　对《杭州市文明行为促进条例》中规定的文明行为基本规范最在意的内容

认知项	频数	百分比（%）
公民应当做到爱国守法、明礼诚信、团结友善、勤俭自强、敬业奉献	2324	67.34
公民应当自觉遵守公共秩序，爱护公共设施，维护公共环境卫生	2466	71.46
公民交通出行应当遵守道路交通安全管理法律法规	2359	68.36
公民旅游观光时应当尊重当地风俗习惯，保护生态环境，保持环境卫生，不损坏花草树木，爱护文物古迹，爱护公共设施，不随意刻画，与他人友善相处	1770	51.29
公民应当节约粮食、水、电力、燃油、天然气等资源，合理利用免费提供的公共资源	1713	49.64
公民应当遵守有关规定文明上网，不编造、散布虚假信息，不传播低级媚俗信息，不购买明知是侵犯他人知识产权的商品	1938	56.16
公民应当遵守职业道德，勤勉敬业，恪尽职守，遵守工作制度和操作规范，尊重服务对象，提高服务水平	1938	56.16
居民应当自觉遵守业主公约和其他相关规定，爱护和合理使用公用设施设备，保护绿化，有序停放车辆	1684	48.80
促进文明家庭建设，培育良好家风，倡导邻里和睦	1454	42.13

调查数据显示，如果发现身边人有发生《杭州市文明行为促进条例》所禁止的不文明行为时，68.50%的受访者表示"有时会劝阻"，23.62%的受访者表示"坚决劝阻"，只有7.88%的受访者表示"不关我的事，不予劝阻"（见表7）。可见，多数杭州市民将制止不文明行为作为自己的责任，但也还是有所保留的。毕竟，有些不文明行为更需要实施者本人进行自省，这也说明制止不文明行为更需要一个强有力的监督体系，同时对劝阻者要有一定的保护和鼓励措施。

表 7　如果发现身边人有发生《杭州市文明行为促进条例》
所禁止的不文明行为时是否主动进行劝阻

认知选项	频数	百分比（%）
坚决劝阻	815	23.62
有时会劝阻	2364	68.50
不关我的事，不予劝阻	272	7.88
合　计	3451	100

对他人的不文明行为进行劝阻，大部分被劝阻者会"积极配合予以纠正"（62.65%），但也有不少人"不予搭理"（48.54%），甚至"不予改正，且采取谩骂等不文明行为"（25.27%）（见表 8）。这诚然与市民的整体文明素质及整个社会风气有关。另外，中国人爱面子，这就需要劝阻者采用更合适、更恰当、更委婉的方式进行劝阻，这样又容易导致人们放弃劝阻。因此，坚持正确导向、加强舆论监督刻不容缓，同时文明素质教育从娃娃抓起一刻也不能放松。

表 8　对他人的不文明行为进行劝阻时所遇到的对方的态度

认知选项	频数	百分比（%）
积极配合予以纠正	2162	62.65
不予搭理	1675	48.54
不予改正，且采取谩骂等不文明行为	872	25.27
从未进行过劝阻	417	12.08

关于进一步推动《杭州市文明行为促进条例》作用的发挥应做好的工作，选择比例最高的是"增强杭州市民的遵法、守法意识"，达 69.89%，选择"加强宣传，提高群众知晓度"的比例达 59.14%，选择"加强志愿者引导工作"的比例达 50.80%。另外几个选项的比例也不低，分别为"加强鼓励和表彰工作，发挥导向和激励作用"48.65%、"提高市民参与度"46.68%、"增强文明行为促进工作规划、计划的科学性和可操作性"45.00%、"加大执法力度"43.73%、"提高处罚金额"37.61%、"让国家

工作人员、教育工作者、人大代表和政协委员等起表率作用"35.27%（见表9）。这些数据表明，杭州市民对提升公共文明素养的意愿非常强，并希望各部门、各群体采用各种方式提升杭州市民的公共文明素养，其中最认可的是发挥法律法规的规范作用和有效惩治作用，这也说明杭州市民的法制意识和法律素养还是比较强的。

表9　进一步推动《杭州市文明行为促进条例》作用的发挥应做好的工作

认知选项	频数	百分比（%）
增强杭州市民的遵法、守法意识	2412	69.89
提高处罚金额	1298	37.61
加大执法力度	1509	43.73
加强宣传，提高群众知晓度	2041	59.14
加强志愿者引导工作	1753	50.80
提高市民参与度	1611	46.68
增强文明行为促进工作规划、计划的科学性和可操作性	1553	45.00
提高各组织、团体参与度	1199	34.74
加强鼓励和表彰工作，发挥导向和激励作用	1679	48.65
让国家工作人员、教育工作者、人大代表和政协委员等起表率作用	1217	35.27
其他	37	1.07

（二）受访者类型分项交叉分析

为进一步研究调查结果与受访者类型的相关性，探究影响调查结果的基本因子，课题组将受访者的性别、年龄、学历、政治面貌、在杭居住年限、职业、户籍类型与调查结果中的主要指标进行分项交叉分析。

1. 对性别的交叉分析

本次接受调查的受访者共3451人，其中男性1552人，女性1899人，男女比例为8.17∶10。从调查数据看，对绝大部分问题的看法，男性与女性的差别不大，他们都认为近年来杭州市民的公共文明素养有了很大提升，《杭州市文明行为促进条例》的颁布对市民公共文明素养的提升起了很大作用。

但在以下几个问题中，性别的区别还是比较明显的。一是"非常清楚"

《杭州市文明行为促进条例》的，男性占12.11%，女性仅占8.69%。可见，男性对新法律法规颁布和实施的信息捕捉更快，而女性的关注度相对低些。二是关于《杭州市文明行为促进条例》的实施对提升杭州市民公共文明素养的作用，认为"作用非常大"或"有较大作用"的，男性分别占16.30%和34.09%，超过了女性的14.43%和33.86%。三是如果发现身边人有发生《杭州市文明行为促进条例》所禁止的不文明行为时，会"坚决劝阻"的，也是男性的比例（24.55%）超过女性（22.85%），这应该与男性的性别特征有直接关系。而女性的选择比例略高于男性的是一些比较具体或细节方面的行为，如《杭州市文明行为促进条例》的颁布与实施对市民公共文明行为提升最明显的方面是公共卫生文明和公共秩序文明，女性分别占64.77%和76.20%，高于男性的61.98%和74.23%（见表10）。

表10 调查结果与性别交叉分析

内容	认知选项	性别			
		男性		女性	
		频数	百分比(%)	频数	百分比(%)
是否知道《杭州市文明行为促进条例》	非常清楚	188	12.11	165	8.69
	知道一些	700	45.10	852	44.87
	不是很清楚	471	30.35	664	34.97
	不知道	193	12.44	218	11.48
	合　计	1552	100	1899	100
《杭州市文明行为促进条例》的实施对提升杭州市民公共文明素养的作用	作用非常大	253	16.30	274	14.43
	有较大作用	529	34.09	643	33.86
	有一定作用	551	35.50	731	38.49
	作用体现不明显	147	9.47	168	8.85
	以后会发挥较大作用	72	4.64	83	4.37
	合　计	1552	100	1899	100
《杭州市文明行为促进条例》的颁布与实施对市民公共文明行为提升最明显的方面	公共卫生文明	962	61.98	1230	64.77
	公共秩序文明	1152	74.23	1447	76.20
	公共交往文明	853	54.96	1084	57.08
	公共观赏文明	545	35.12	657	34.60
	公益服务文明	658	42.40	811	42.71
	网络文明	561	36.15	676	35.60
	国际礼仪文明	582	37.50	644	33.91

内容	认知选项	性别			
		男性		女性	
		频数	百分比（%）	频数	百分比（%）
如果发现身边人有发生《杭州市文明行为促进条例》所禁止的不文明行为时是否主动进行劝阻	坚决劝阻	381	24.55	434	22.85
	有时会劝阻	1046	67.40	1318	69.40
	不关我的事，不予劝阻	125	8.05	147	7.74
	合　计	1552	100	1899	100

2. 对年龄的交叉分析

将年龄与调查结果交叉分析可知，55～64岁和65岁及以上的受访者认为近年来杭州市民公共文明素养"有很大提升，符合城市国际化要求"的选择比例较高，分别达到46.15%和39.56%（见表11），而其他几个年龄段的受访者选择这一项的比例都不高于30%，这或许可以说明年龄越大越热爱杭州、肯定杭州，对杭州的满意度越高；而年纪轻些的对杭州的期待值更高，希望杭州能继续大踏步前行。

关于是否知道《杭州市文明行为促进条例》，65岁及以上的受访者"非常清楚"的比例反而最高，为19.78%，这应该与社区在开展宣传《杭州市文明行为促进条例》活动时老年人的参与度较高以及老年人有阅览报纸的习惯有关。而如果发现身边人有发生《杭州市文明行为促进条例》所禁止的不文明行为时会"坚决劝阻"的，55～64岁的受访者占31.41%，65岁及以上的受访者占40.66%，这个占比远远超过其他年龄段的受访者。

3. 对学历的交叉分析

对于问卷的大部分问题，学历与调查结果之间的数据差别不太明显。关于近年来杭州市民公共文明素养的提升情况，认为"有很大提升，符合城市国际化要求"和"有较大提升，但离建设世界名城的要求还有较大差距"的比例，按照学历由低到高均呈现上升趋势，两个选项比例相加分别为小学69.81%、初中72.40%、高中/中专72.60%、大专75.62%、本科77.71%、研究生及以上83.41%，可见研究生及以上学历的受访者认为近年来杭州市民公共文明素养提升较大（见表12）。

表11 调查结果与年龄交叉分析列表

内容	认知选项	16~24岁 频数	16~24岁 百分比(%)	25~34岁 频数	25~34岁 百分比(%)	35~44岁 频数	35~44岁 百分比(%)	45~54岁 频数	45~54岁 百分比(%)	55~64岁 频数	55~64岁 百分比(%)	65岁及以上 频数	65岁及以上 百分比(%)
近年来杭州市民公共文明素养的提升情况	有很大提升，符合城市国际化要求	269	27.28	305	28.24	229	26.26	72	27.17	72	46.15	36	39.56
	有较大提升，但距离建设世界名城的要求还有较大差距	468	47.46	526	48.70	427	48.97	117	44.15	52	33.33	28	30.77
	有一定提升	143	14.50	161	14.91	133	15.25	40	15.09	17	10.90	11	12.09
	提升不大	38	3.85	47	4.35	39	4.47	14	5.28	6	3.85	9	9.89
	不清楚	68	6.90	41	3.80	44	5.05	22	8.30	9	5.77	7	7.69
	合计	986	100	1080	100	872	100	265	100	156	100	91	100
是否知道《杭州市文明行为促进条例》	非常清楚	91	9.23	119	11.02	79	9.06	30	11.32	16	10.26	18	19.78
	知道一些	370	37.53	518	47.96	428	49.08	123	46.42	78	50.00	35	38.46
	不是很清楚	382	38.74	321	29.72	276	31.65	89	33.58	45	28.85	22	24.18
	不知道	143	14.50	122	11.30	89	10.21	23	8.68	17	10.90	16	17.58
	合计	986	100	1080	100	872	100	265	100	156	100	91	100
如果发现身边人有发生《杭州市文明行为促进条例》所禁止的不文明行为时是否主动进行劝阻	坚决劝阻	191	19.37	247	22.87	233	26.72	58	21.89	49	31.41	37	40.66
	有时会劝阻	696	70.59	750	69.44	591	67.78	185	69.81	97	62.18	44	48.35
	不关我的事，不予劝阻	99	10.04	83	7.69	48	5.50	22	8.30	10	6.41	10	10.99
	合计	986	100	1080	100	872	100	265	100	156	100	91	100

表12　调查结果与学历交叉分析

内容	认知选项	学历					
		小学及以下		初中		高中/中专	
		频数	百分比（%）	频数	百分比（%）	频数	百分比（%）
近年来杭州市民公共文明素养的提升情况	有很大提升,符合城市国际化要求	36	22.64	140	29.72	252	30.29
	有较大提升,但离建设世界名城的要求还有较大差距	75	47.17	201	42.68	352	42.31
	有一定提升	26	16.35	73	15.50	132	15.87
	提升不大	8	5.03	24	5.10	42	5.05
	不清楚	14	8.81	33	7.01	54	6.49
	合　计	159	100	471	100	832	100

内容	认知选项	学历					
		大专		本科		研究生及以上	
		频数	百分比（%）	频数	百分比（%）	频数	百分比（%）
近年来杭州市民公共文明素养的提升情况	有很大提升,符合城市国际化要求	141	26.86	357	28.22	57	28.64
	有较大提升,但离建设世界名城的要求还有较大差距	256	48.76	626	49.49	109	54.77
	有一定提升	82	15.62	172	13.60	20	10.05
	提升不大	20	3.81	52	4.11	7	3.52
	不清楚	26	4.95	58	4.58	6	3.02
	合　计	525	100	1265	100	199	100

4. 对政治面貌的交叉分析

从调查结果与政治面貌交叉分析可知,民主党派认为近年来杭州市民公共文明素养"有很大提升,符合城市国际化要求"和"有较大提升,但离建设世界名城的要求还有较大差距"的比例分别为39.29%和53.57%,两项合计占比高达92.86%,远高于群众、共青团员及中共党员的占比,且民主党派认为近年来杭州市民公共文明素养"提升不大"和"不清楚"的为0（见表13）。

表13　调查结果与政治面貌交叉分析

内容	认知选项	政治面貌			
		群众		共青团员	
		频数	百分比（%）	频数	百分比（%）
近年来杭州市民公共文明素养的提升情况	有很大提升,符合城市国际化要求	502	28.93	331	27.68
	有较大提升,但离建设世界名城的要求还有较大差距	791	45.59	566	47.32
	有一定提升	266	15.33	178	14.88
	提升不大	78	4.50	49	4.10
	不清楚	98	5.65	72	6.02
	合　计	1735	100	1196	100
是否知道《杭州市文明行为促进条例》	非常清楚	175	10.09	111	9.28
	知道一些	766	44.15	513	42.89
	不是很清楚	594	34.24	416	34.78
	不知道	200	11.53	156	13.04
	合　计	1735	100	1196	100
如果发现身边人有发生《杭州市文明行为促进条例》所禁止的不文明行为时是否主动进行劝阻	坚决劝阻	408	23.52	264	22.07
	有时会劝阻	1188	68.47	827	69.15
	不关我的事,不予劝阻	139	8.01	105	8.78
	合　计	1735	100	1196	100
内容	认知选项	政治面貌			
		中共党员		民主党派	
		频数	百分比（%）	频数	百分比（%）
近年来杭州市民公共文明素养的提升情况	有很大提升,符合城市国际化要求	139	28.25	11	39.29
	有较大提升,但离建设世界名城的要求还有较大差距	247	50.20	15	53.57
	有一定提升	59	11.99	2	7.14
	提升不大	26	5.28	0	0
	不清楚	21	4.27	0	0
	合　计	492	100	28	100
是否知道《杭州市文明行为促进条例》	非常清楚	62	12.60	5	17.86
	知道一些	259	52.64	14	50.00
	不是很清楚	117	23.78	8	28.57
	不知道	54	10.98	1	3.57
	合　计	492	100	28	100
如果发现身边人有发生《杭州市文明行为促进条例》所禁止的不文明行为时是否主动进行劝阻	坚决劝阻	138	28.05	5	17.86
	有时会劝阻	329	66.87	20	71.43
	不关我的事,不予劝阻	25	5.08	3	10.71
	合　计	492	100	28	100

关于是否知道《杭州市文明行为促进条例》，不同政治面貌的受访者选择"非常清楚"的比例分别为群众 10.09%、共青团员 9.28%、中共党员 12.60%、民主党派 17.86%，可见民主党派的选择比例最高。选择"非常清楚"和"知道一些"两项的比例合计也是民主党派最高。至于如果发现身边人有发生《杭州市文明行为促进条例》所禁止的不文明行为时会"坚决劝阻"的比例则是中共党员最高，达 28.05%，高于群众的23.52%、共青团员的 22.07%、民主党派的 17.86%。可见，政治面貌与调查结果相关，民主党派的成员多为知识分子，法制意识较强，对法律法规的信任度也较高，但在对不文明行为进行实际劝阻的行动方面相对薄弱些。

5. 对在杭居住年限的交叉分析

在调查结果与在杭居住年限交叉分析中，我们发现了一个有趣的现象，不同在杭居住年限的市民认为近年来杭州市民公共文明素养"有很大提升，符合城市国际化要求"的比例依次为 5 年及以下 26.36%、6～10 年27.10%、11～20 年 32.42%、21 年及以上 29.64%，可见在杭居住年限为11～20 年的市民占比最大。而"非常清楚"《杭州市文明行为促进条例》和如果发现身边人有发生《杭州市文明行为促进条例》所禁止的不文明行为时会"坚决劝阻"的比例也是在杭居住年限为 11～20 年的这个群体最高，分别为 13.19% 和 27.66%（见表 14）。

6. 对职业的交叉分析

将调查结果与职业进行交叉分析可知，不同职业间的差别还是存在的。认为近年来杭州市民公共文明素养"有很大提升，符合城市国际化要求"的比例较大的主要是机关行政人员、务农人员和离退休人员，分别为38.46%、37.04% 和 33.33%，待业人员的比例最低，为 18.33%。关于是否知道《杭州市文明行为促进条例》，选择"非常清楚"的比例分别为机关行政人员 15.38%、事业单位人员 14.94%、企业管理人员 12.13%、企业普通职工 7.20%、个体经营者 12.71%、自由职业者 9.20%、学生 8.51%、

表14 调查结果与在杭居住年限交叉分析

内容	认知选项	在杭居住年限			
		5年及以下		6~10年	
		频数	百分比(%)	频数	百分比(%)
近年来杭州市民公共文明素养的提升情况	有很大提升,符合城市国际化要求	305	26.36	190	27.10
	有较大提升,但离建设世界名城的要求还有较大差距	538	46.50	325	46.36
	有一定提升	171	14.78	114	16.26
	提升不大	57	4.93	35	4.99
	不清楚	86	7.43	37	5.28
	合　计	1157	100	701	100
是否知道《杭州市文明行为促进条例》	非常清楚	102	8.82	79	11.27
	知道一些	459	39.67	368	52.50
	不是很清楚	435	37.60	199	28.39
	不知道	161	13.92	55	7.85
	合　计	1157	100	701	100
如果发现身边人有发生《杭州市文明行为促进条例》所禁止的不文明行为时是否主动进行劝阻	坚决劝阻	232	20.05	173	24.68
	有时会劝阻	822	71.05	477	68.05
	不关我的事,不予劝阻	103	8.90	51	7.28
	合　计	1157	100	701	100
内容	认知选项	在杭居住年限			
		11~20年		21年及以上	
		频数	百分比(%)	频数	百分比(%)
近年来杭州市民公共文明素养的提升情况	有很大提升,符合城市国际化要求	177	32.42	310	29.64
	有较大提升,但离建设世界名城的要求还有较大差距	242	44.32	514	49.14
	有一定提升	78	14.29	142	13.58
	提升不大	20	3.66	41	3.92
	不清楚	29	5.31	39	3.73
	合　计	546	100	1046	100
是否知道《杭州市文明行为促进条例》	非常清楚	72	13.19	100	9.56
	知道一些	250	45.79	475	45.41
	不是很清楚	163	29.85	337	32.22
	不知道	61	11.17	134	12.81
	合　计	546	100	1046	100

内容	认知选项	在杭居住年限			
		11~20 年		21 年及以上	
		频数	百分比（%）	频数	百分比（%）
如果发现身边人有发生《杭州市文明行为促进条例》所禁止的不文明行为时是否主动进行劝阻	坚决劝阻	151	27.66	259	24.76
	有时会劝阻	356	65.20	708	67.69
	不关我的事，不予劝阻	39	7.14	79	7.55
	合　　计	546	100	1046	100

务农人员 3.70%、待业人员 8.33%、离退休人员 13.89%，可见务农人员的比例明显低于其他职业的受访者。同时，务农人员"不知道"《杭州市文明行为促进条例》的比例也远高于其他群体，为 25.93%。至于如果发现身边人有发生《杭州市文明行为促进条例》所禁止的不文明行为时会"坚决劝阻"的比例也是务农人员相对低些，为 14.81%，而企业管理人员占比最高，为 32.35%（见表 15）。

7. 对户籍类型的交叉分析

将调查结果与户籍类型进行交叉分析，无论是杭州还是外地，也无论是城镇还是农村，差距都不太明显。认为近年来杭州市民公共文明素养"有很大提升，符合城市国际化要求"的比例，不同户籍类型受访者的选择比例分别为杭州城镇 31.15%、杭州农村 27.43%、外地城镇 24.96%、外地农村 27.73%，可见杭州城镇的比例略高。关于是否知道《杭州市文明行为促进条例》，不同户籍类型受访者的选择比例分别为杭州城镇 12.09%、杭州农村 9.14%、外地城镇 9.84%、外地农村 7.88%，可见城镇高于农村，杭州城镇高于外地城镇，杭州农村高于外地农村，杭州和外地、城镇和农村稍有差别。至于如果发现身边人有发生《杭州市文明行为促进条例》所禁止的不文明行为时会"坚决劝阻"，不同户籍类型受访者的选择比例分别为杭州城镇 25.40%、杭州农村 26.71%、外地城镇 21.68%、外地农村 18.64%，可见杭州户籍比外地户籍的比例明显要高，但杭州城镇与杭州农村之间的差别不明显，农村高于城镇，这或许与杭州多年来积极推进城乡一体化发展，村民的公共文明素养明显提升有关（见表 16）。

表15 调查结果与职业交叉分析

内容	认知选项	机关行政人员 频数	机关行政人员 百分比(%)	事业单位人员 频数	事业单位人员 百分比(%)	企业管理人员 频数	企业管理人员 百分比(%)	企业普通职工 频数	企业普通职工 百分比(%)	个体经营者 频数	个体经营者 百分比(%)	自由职业者 频数	自由职业者 百分比(%)
近年来杭州市民公共文明素养的提升情况	有很大提升,符合城市国际化要求	45	38.46	102	29.31	87	31.99	148	24.22	169	31.12	90	26.71
	有较大提升,但距离建设世界名城的要求还有较大差距	54	46.15	167	47.99	130	47.79	303	49.59	256	47.15	149	44.21
	有一定提升	8	6.84	51	14.66	38	13.97	108	17.68	72	13.26	50	14.84
	提升不大	3	2.56	18	5.17	12	4.41	23	3.76	26	4.79	16	4.75
	不清楚	7	5.98	10	2.87	5	1.84	29	4.75	20	3.68	32	9.50
	合计	117	100	348	100	272	100	611	100	543	100	337	100
是否知道《杭州市文明行为促进条例》	非常清楚	18	15.38	52	14.94	33	12.13	44	7.20	69	12.71	31	9.20
	知道一些	62	52.99	193	55.46	157	57.72	283	46.32	255	46.96	155	45.99
	不是很清楚	20	17.09	80	22.99	62	22.79	214	35.02	164	30.20	100	29.67
	不知道	17	14.53	23	6.61	20	7.35	70	11.46	55	10.13	51	15.13
	合计	117	100	348	100	272	100	611	100	543	100	337	100
如果发现身边有人有发生《杭州市文明促进条例》所禁止的不文明行为时是否主动进行劝阻	坚决劝阻	35	29.91	91	26.15	88	32.35	107	17.51	147	27.07	88	26.11
	有时会劝阻	77	65.81	242	69.54	168	61.76	456	74.63	355	65.38	216	64.09
	不关我的事,不予劝阻	5	4.27	15	4.31	16	5.88	48	7.86	41	7.55	33	9.79
	合计	117	100	348	100	272	100	611	100	543	100	337	100

职业

续表

内容	认知选项	职业									
		学生		务农人员		待业人员		离退休人员		其他	
		频数	百分比(%)	频数	百分比(%)	频数	百分比(%)	频数	百分比(%)	频数	百分比(%)
近年来杭州市民公共文明素养的提升情况	有很大提升,符合城市国际化要求	207	27.97	10	37.04	11	18.33	36	33.33	78	27.08
	有较大提升,但离建设世界名城的要求还有较大差距	345	46.62	8	29.63	31	51.67	36	33.33	140	48.61
	有一定提升	113	15.27	4	14.81	10	16.67	16	14.81	35	12.15
	提升不大	28	3.78	3	11.11	3	5.00	8	7.41	13	4.51
	不清楚	47	6.35	2	7.41	5	8.33	12	11.11	22	7.64
	合计	740	100	27	100	60	100	108	100	288	100
是否知道《杭州市文明行为促进条例》	非常清楚	63	8.51	1	3.70	5	8.33	15	13.89	22	7.64
	知道一些	262	35.41	2	7.41	27	45.00	44	40.74	112	38.89
	不是很清楚	306	41.35	17	62.96	18	30.00	32	29.63	122	42.36
	不知道	109	14.73	7	25.93	10	16.67	17	15.74	32	11.11
	合计	740	100	27	100	60	100	108	100	288	100
如果发现身边有人发生《杭州市促进条例》所禁止的不文明行为时是否主动进行劝阻	坚决劝阻	139	18.78	4	14.81	15	25.00	30	27.78	71	24.65
	有时会劝阻	530	71.62	18	66.67	40	66.67	64	59.26	198	68.75
	不关我的事,不予劝阻	71	9.59	5	18.52	5	8.33	14	12.96	19	6.60
	合计	740	100	27	100	60	100	108	100	288	100

表16　调查结果与户籍类型交叉分析

内容	认知选项	户籍类型			
		杭州城镇		杭州农村	
		频数	百分比（%）	频数	百分比（%）
近年来杭州市民公共文明素养的提升情况	有很大提升,符合城市国际化要求	433	31.15	192	27.43
	有较大提升,但离建设世界名城的要求还有较大差距	665	47.84	317	45.29
	有一定提升	185	13.31	111	15.86
	提升不大	59	4.24	36	5.14
	不清楚	48	3.45	44	6.29
	合　计	1390	100	700	100
是否知道《杭州市文明行为促进条例》	非常清楚	168	12.09	64	9.14
	知道一些	698	50.22	302	43.14
	不是很清楚	404	29.06	229	32.71
	不知道	120	8.63	105	15.00
	合　计	1390	100	700	100
如果发现身边人有发生《杭州市文明行为促进条例》所禁止的不文明行为时是否主动进行劝阻	坚决劝阻	353	25.40	187	26.71
	有时会劝阻	949	68.27	448	64.00
	不关我的事,不予劝阻	88	6.33	65	9.29
	合　计	1390	100	700	100
内容	认知选项	户籍类型			
		外地城镇		外地农村	
		频数	百分比（%）	频数	百分比（%）
近年来杭州市民公共文明素养的提升情况	有很大提升,符合城市国际化要求	175	24.96	183	27.73
	有较大提升,但离建设世界名城的要求还有较大差距	335	47.79	302	45.76
	有一定提升	115	16.41	94	14.24
	提升不大	26	3.71	32	4.85
	不清楚	50	7.13	49	7.42
	合　计	701	100	660	100
是否知道《杭州市文明行为促进条例》	非常清楚	69	9.84	52	7.88
	知道一些	297	42.37	255	38.64
	不是很清楚	243	34.66	259	39.24
	不知道	92	13.12	94	14.24
	合　计	701	100	660	100

续表

内容	认知选项	户籍类型			
		外地城镇		外地农村	
		频数	百分比(%)	频数	百分比(%)
如果发现身边人有发生《杭州市文明行为促进条例》所禁止的不文明行为时是否主动进行劝阻	坚决劝阻	152	21.68	123	18.64
	有时会劝阻	491	70.04	476	72.12
	不关我的事,不予劝阻	58	8.27	61	9.24
	合　计	701	100	660	100

三　基本结论

(一)近年来杭州市民公共文明素养提升较大,期待杭州早日建设成为世界名城

28.48%的受访者认为近年来杭州市民公共文明素养"有很大提升,符合城市国际化要求",近半数的受访者(46.91%)认为"有较大提升,但离建设世界名城的要求还有较大差距"。这就是说,杭州市民对自身及城市的要求较高,对公共文明素养提升的期待值也高,同时充分显示了杭州市民的国际化视野和抱负,这也为杭州深入推进城市国际化,提升城市的国际知名度、竞争力和影响力提供了良好的导向和坚实的基础。

(二)杭州市民对《杭州市文明行为促进条例》的认知度不够高

根据调查数据,"非常清楚"《杭州市文明行为促进条例》的受访者只占10.23%,"知道一些"的占44.97%,还有近45%的受访者"不是很清楚"或"不知道"这部条例。这说明要么是相关部门的宣传力度不够或方式欠佳,民众的认知度与参与度不高;要么是相关部门的执行力不够,影响了该条例的具体落实。概括地说,可能是因为宣传上虽有标语,也有媒体进行宣传,还开展了各种活动,但未能落实到每栋楼、每户家庭、每个人,而且在实际操作上也可能存在技术问题。

（三）《杭州市文明行为促进条例》是促进杭州市民公共文明素养提升的重要因素，市民已亲身感知到该条例所发挥的实际作用，同时期待该条例能发挥更大的作用

47.32%的受访者认为"《杭州市文明行为促进条例》的颁布与实施"是影响和促进杭州市民公共文明素养提升的主要因素。近一半的受访者认为该条例的实施对提升杭州市民公共文明素养"作用非常大"或"有较大作用"。75.31%的受访者认为该条例的颁布与实施对市民公共文明行为提升最明显的方面是公共秩序文明，其次是公共卫生文明和公共交往文明，选择比例分别为63.52%和56.13%。这说明杭州市民已亲身感知到该条例所发挥的实际作用，并期望通过法律法规提升市民的公共文明素养，也期待和相信法律法规能发挥更大的功效。

（四）杭州市民积极维护《杭州市文明行为促进条例》，愿意以身作则，同时也愿意承担相应的监督职责

高达71.46%的受访者对《杭州市文明行为促进条例》中规定的文明行为基本规范最在意的内容是"公民应当自觉遵守公共秩序，爱护公共设施，维护公共环境卫生"，而"公民应当做到爱国守法、明礼诚信、团结友善、勤俭自强、敬业奉献"的比例也高达67.34%。对于如果发现身边人有发生《杭州市文明行为促进条例》所禁止的不文明行为时，23.62%的受访者表示会"坚决劝阻"，68.50%的受访者表示"有时会劝阻"，只有7.88%的受访者表示"不关我的事，不予劝阻"。以上数据充分显示了绝大部分市民愿意充当城市的监督人和守护者，为提升杭州市民公共文明素养贡献自己的一份力量。

（五）杭州市民的法制意识较强，但还应该继续增强，市民期待《杭州市文明行为促进条例》真正落到实处，并群策群力解决问题

为进一步推动《杭州市文明行为促进条例》作用的发挥，69.89%的受访者认为应该"增强杭州市民的遵法、守法意识"，43.73%的受访者选择

"加大执法力度"，37.61% 的受访者选择"提高处罚金额"，越来越文明和国际化的杭州使人们的法制意识逐渐增强，同时人们更期待《杭州市文明行为促进条例》真正落到实处，从而推动杭州市民公共文明素养提升，这符合世界名城的国际化要求。

（六）杭州市的老年人法制意识强、公共文明素养高，民主党派和中共党员的法制意识也非常强

关于是否知道《杭州市文明行为促进条例》，65 岁及以上的受访者"非常清楚"的比例最高，为 19.78%，而如果发现身边人有发生《杭州市文明行为促进条例》所禁止的不文明行为时会"坚决劝阻"的，55~64 岁的受访者占 31.41%，65 岁及以上的受访者占 40.66%，这个占比远远超过其他年龄段的受访者。这充分说明了杭州的老年人不仅遵法、守法意识强，而且愿意身体力行地加入维护法律法规的队伍中，也显示出杭州市老年人的公共文明素养较高。

在不同政治面貌的受访者中，"非常清楚"《杭州市文明行为促进条例》的，民主党派的比例最高，为 17.86%，这应该与民主党派的成员多为知识分子，法制意识较强，对法律法规的信任度也较高有关。而对于如果发现身边人有发生《杭州市文明行为促进条例》所禁止的不文明行为时会"坚决劝阻"的比例，则是中共党员最高，达 28.05%。

（七）杭州市民的整体法制意识强、公共文明素养高，城乡差距不明显

关于是否知道《杭州市文明行为促进条例》，不同户籍类型受访者的选择比例分别为杭州城镇 12.09%、杭州农村 9.14%、外地城镇 9.84%、外地农村 7.88%，可见城镇高于农村，杭州城镇高于外地城镇，杭州农村高于外地农村，杭州和外地、城镇和农村稍有差别。至于如果发现身边人有发生《杭州市文明行为促进条例》所禁止的不文明行为时会"坚决劝阻"的比例，不同户籍类型受访者的选择比例分别为杭州城镇 25.40%、杭州农村

26.71%、外地城镇 21.68%、外地农村 18.64%，可见杭州户籍比外地户籍的比例明显要高，但杭州城镇与杭州农村之间的差别不明显，农村高于城镇。以上数据充分说明杭州市民的整体法制意识强、公共文明素养高，且杭州的城乡一体化发展水平高。

四 几点对策建议

（一）用《杭州市文明行为促进条例》提升杭州市民公共文明素养，以较高的杭州市民公共文明素养促进该条例的实施和落实，最终实现公共文明素养和法制意识的相互提升

国际上大部分国家或地区的文明进程是通过法律推进的，杭州市自2016 年 3 月 1 日开始，有了《杭州市文明行为促进条例》，该条例的颁布旨在提升杭州市民公共文明素养，并达到杭州建设世界名城的要求。这是符合所有杭州市民意愿和期待的国际盛事，也是顺应时代发展的千秋大业，杭州市民乐在参与其中、群策群力，相信不久的将来《杭州市文明行为促进条例》的实施、作用的发挥将与杭州市民公共文明素养的提升相得益彰。为实现这一目标，我们必须具体细致地筹划和执行，将法制意识和公共文明意识融入公共生活领域的方方面面，使之成为人们日常工作生活的基本准则。

（二）坚持做好普法宣传，多方法、多渠道加强宣传

从目前《杭州市文明行为促进条例》的宣传上看还存在一定问题。一是在时间上，要将持续性和阶段性相结合，不能是条例刚出台，报纸、杂志等媒体以及客户端、公众号"一窝蜂"热一阵，要在之后借助热点事件、特殊时段等进行阶段性宣传，延续人们的关注度，进而渗透于人们的日常生活中。二是在场所上，该条例刚出台时，杭州市的社区宣传活动开展得还是丰富多彩的，有文艺演出、知识问答、趣味运动会以及橱窗展示等，但参加这些活动的群体相对有限，基本上是离退休人员和少数家庭主妇。因此，建

议社区宣传应落实到每一幢楼，具体到每一户家庭，再通过各类单位、各级学校进行宣传，同时不定期开展各类公益活动，在公共场所电子屏幕滚动播放等，真正做到落地生根。

（三）提升政府及相关执法部门的业务水平，增强创新意识和服务意识

关于公共文化设施的建设和维护，以及公共文化活动的开展，政府要根据老百姓的需求，站在老百姓的立场上去创建和开展。既然有法规规定，执法部门就一定要有所作为，做到赏善罚恶，对违法行为必须进行惩罚，在具体形式上，因地制宜地提出一些老百姓可以执行和操作的措施与要求。群众的力量是无限的，要善于发动各种力量。

（四）监督队伍既要稳定又要多样化

从人员来看，除了相关部门拥有的较固定的监督队伍外，还要充分发挥人大代表、政协委员的监督作用。可以考虑招募几支由不同群体组成的监督队伍，如可以以社区、学校、医院、企业等为载体设置，快递小哥的力量也不可小觑，还可以招募临时志愿者，力争做到人人都是城市的监督者和守护者，让监督意识深入民心。从方式上看，有显性的和隐性的，可以开通各种市民热线、市民信箱，采集各种金点子，开展各种视频比赛、微电影比赛和摄影比赛等活动，让每个人都感觉到监督就在身边。

（五）加强公共文明素质教育

由于一部分人的法律意识淡薄，公共意识不强，往往以自我为中心，再加上人口多、空间少，容易因争夺资源而产生各类矛盾，因此必须加强公共文明素质教育，毕竟文明行为的背后是人的素质。要从娃娃抓起，一个家庭的夫妇除了教育子女，也要教育家中的老人，因为不良的生活习惯也会导致老人发生不文明行为。同时，还要对外来务工人员给予制度保障，并提供各种辅导、教育机会。

现场观测报告

2017年杭州市民公共文明指数
调查现场观测报告（主报告）

根据《2017 年杭州市民公共文明指数调查实施方案》的总体安排，在调查工作领导小组和总课题组的指导下，现场观测组近 100 名观测员于 2017 年 11 月 23 日至 12 月 4 日在杭州各城区 135 个观测点进行了市民文明行为表现情况现场观测。现场观测指标除个别指标略做调整外，总体架构和内容与 2016 年保持一致。2017 年杭州市民公共文明行为现场观测结果显示，各种不文明现象持续得到改善，与 2016 年相比不文明现象总体发生率下降了 0.13 个百分点。

一 现场观测基本概况

在杭州九城区（上城区、下城区、江干区、拱墅区、西湖区、滨江区、萧山区、余杭区和富阳区）市民出入频繁的各类公共场所（主要包括公交车站、地铁站、医院、交叉路口、社区、农贸市场、公园/广场、街巷、商场、公交线路与影院等）设置的 135 个现场观测点，针对 56 万余人次、近 16 万辆机动车、近 17 万辆非机动车以及近 20 条公交线路和地铁线路，在工作日和双休日的早上、中午、傍晚不同时段，对市民公共文明状况进行了近 90 万人次/辆次累计 7000 多小时的现场观测与数据采集。

现场观测指标包括公共卫生、公共秩序、公共交往和公共观赏四个方面共 24 个指数指标与 5 个非指数指标（见表 1）。为便于数据对比，在各方面指标内涵设计上，除根据现场观测的特点做了必要的修正外，还尽可能地与

表 1   2017 年杭州市民公共文明指数调查现场观测指标

指标	指标内涵	
公共卫生	1 扔垃圾时没有扔进垃圾箱	5 打喷嚏时没有遮掩
	2 投放垃圾时没有进行分类	6 遛宠物时不清理其排泄物
	3 随地吐痰、便溺	7 公交车站有乱贴小广告和乱涂写现象
	4 在禁烟场所抽烟	8 社区楼道等有乱贴小广告和乱涂写现象
公共秩序	9 乘坐公交时没有做到有序排队上下车	15 非机动车越线停车
	10 乘坐地铁时没有做到有序排队上下车	16 共享单车无序停放
	11 排队时没有在规定区域等候	17 行人乱穿马路、闯红灯、翻栏杆
	12 机动车在斑马线前不礼让行人	18 上下台阶时不主动靠右侧
	13 机动车不在地面标示的规定区域内停车	19 乘坐直行电梯时没有做到先出后进
	14 非机动车闯红灯、走机动车道	20 遛宠物时没有拴好绳子
公共交往	21 相互之间大声交谈不顾及他人	23 没有给老、弱、病、残、孕及怀抱婴儿者让座
	22 向陌生人问讯时没有礼貌回应	
公共观赏	24 放映前不按时检票入场	27 观看时吃零食影响他人（包括发出声音与散发出气味）
	25 观看时交头接耳，大声喧哗，随意走动	28 观看结束后不自觉清理并带走垃圾
	26 观看时使用手机影响他人（包括出现光亮与发出声音）	29 早退或无序退场

注：字体为楷体的指标为 2017 年新增指标；编号为 5、8、16、20 和 28 的 5 个指标为非指数指标，在统计不文明现象发生率时（包括各城区）没有纳入。

问卷调查的内容保持一致，其中除"公交车站有乱贴小广告和乱涂写现象"和"社区楼道等有乱贴小广告和乱涂写现象"两个指标为静态观测指标外，其余均为动态下的反向表述。

二　现场观测的总体情况

（一）杭州九城区的总体情况

对所选定的杭州九城区 135 个观测点在不同时段进行现场观测，所观测的总流量为 860156 人次/辆次，其中不文明现象发生量为 28729 人次/辆次，不文明现象总体发生率为 3.34%。

（二）四个方面的总体情况

从四个方面的情况来看，在公共卫生方面，本次观测所得总流量为245785 人次，其中不文明现象发生量为 3294 人次，不文明现象发生率为1.34%。在公共秩序方面，本次观测所得总流量为 550983 人次/辆次，其中不文明现象发生量为 22828 人次/辆次，不文明现象发生率为 4.14%。在公共交往方面，本次观测所得总流量为 54276 人次，其中不文明现象发生量为 2055人次，不文明现象发生率为 3.79%。在公共观赏方面，本次观测所得总流量为9112 人次，其中不文明现象发生量为 552 人次，不文明现象发生率为 6.06%。

四个方面的不文明现象发生率从低到高依次为公共卫生、公共交往、公共秩序、公共观赏。其中，公共卫生方面的不文明现象发生率最低，为1.34%，低于全市不文明现象总体发生率（3.34%）；其余三个方面的不文明现象发生率均高于全市不文明现象总体发生率，公共观赏方面的不文明现象发生率最高，为 6.06%（见图 1）。

（三）各城区的总体情况

上城区所观测总流量为 107814 人次/辆次，其中不文明现象发生量为

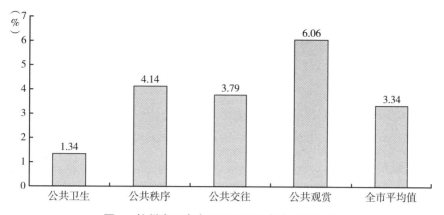

图1 杭州市四个方面不文明现象发生率比较

3057 人次/辆次，不文明现象总体发生率为 2.84% 。在上城区内四个方面中，公共卫生方面所观测总流量为 34283 人次，其中不文明现象发生量为 295 人次，不文明现象发生率为 0.86% ；公共秩序方面所观测总流量为 66821 人次/辆次，其中不文明现象发生量为 2486 人次/辆次，不文明现象发生率为 3.72% ；公共交往方面所观测总流量为 6073 人次，其中不文明现象发生量为 252 人次，不文明现象发生率为 4.15% ；公共观赏方面所观测总流量为 637 人次，其中不文明现象发生量为 24 人次，不文明现象发生率为 3.77% 。不文明现象发生率从低到高依次是公共卫生、公共秩序、公共观赏、公共交往，其中公共卫生方面的不文明现象发生率低于全区不文明现象总体发生率（见图2）。

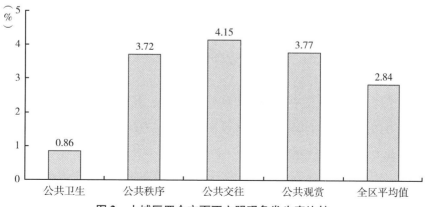

图2 上城区四个方面不文明现象发生率比较

下城区所观测总流量为 132590 人次/辆次，其中不文明现象发生量为 4355 人次/辆次，不文明现象总体发生率为 3.28%。在下城区内四个方面中，公共卫生方面所观测总流量为 42565 人次，其中不文明现象发生量为 435 人次，不文明现象发生率为 1.02%；公共秩序方面所观测总流量为 80596 人次/辆次，其中不文明现象发生量为 3617 人次/辆次，不文明现象发生率为 4.49%；公共交往方面所观测总流量为 8516 人次，其中不文明现象发生量为 279 人次，不文明现象发生率为 3.28%；公共观赏方面所观测总流量为 913 人次，其中不文明现象发生量为 24 人次，不文明现象发生率为 2.63%。不文明现象发生率从低到高依次是公共卫生、公共观赏、公共交往、公共秩序，其中公共卫生、公共观赏方面的不文明现象发生率低于全区不文明现象总体发生率，而公共交往方面的不文明现象发生率与全区不文明现象总体发生率持平（见图3）。

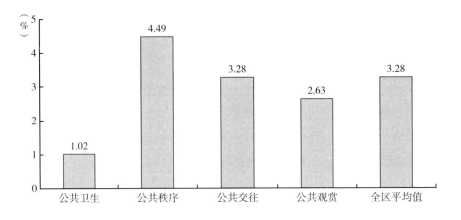

图 3　下城区四个方面不文明现象发生率比较

江干区所观测总流量为 115108 人次/辆次，其中不文明现象发生量为 2916 人次/辆次，不文明现象总体发生率为 2.53%。在江干区内四个方面中，公共卫生方面所观测总流量为 40488 人次，其中不文明现象发生量为 519 人次，不文明现象发生率为 1.28%；公共秩序方面所观测总流量为 57640 人次/辆次，其中不文明现象发生量为 1976 人次/辆次，不文明现象发生率为3.43%；公共交往方面所观测总流量为13816人次，其中不文明现象发生量为263人次，不文明现象发生率为1.90%；公共观赏方面所观测总流量为3164人次，其中不文明现象发生量为158人次，不文明现象发生率为4.99%。不文明现象发生率从低到高依次是公共卫生、公共交往、公共秩序、公共观赏，其中公共卫生和公共交往两个方面的不文明现象发生率均低于全区不文明现象总体发生率（见图4）。

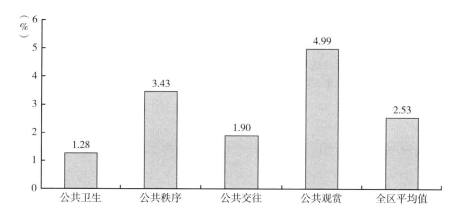

图4 江干区四个方面不文明现象发生率比较

拱墅区所观测总流量为97241人次/辆次，其中不文明现象发生量为2944人次/辆次，不文明现象总体发生率为3.03%。在拱墅区内四个方面中，公共卫生方面所观测总流量为20292人次，其中不文明现象发生量为389人次，不文明现象发生率为1.92%；公共秩序方面所观测总流量为69858人次/辆次，其中不文明现象发生量为2201人次/辆次，不文明现象发生率为3.15%；公共交往方面所观测总流量为6013人次，其中不文明现象发生量为268人次，不文明现象发生率为4.46%；公共观赏方面所观测总流量为1078人次，其中不文明现象发生量为86人次，不文明现象发生率为7.98%。不文明现象发生率从低到高依次是公共卫生、公共秩序、公共交往、公共观赏，其中公共卫生方面的不文明现象发生率低于全区不文明现象总体发生率（见图5）。

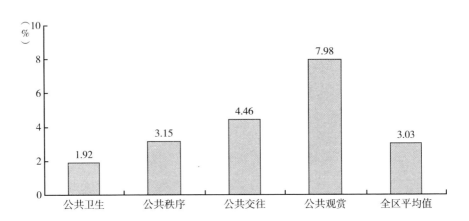

图5 拱墅区四个方面不文明现象发生率比较

西湖区所观测总流量为118839人次/辆次，其中不文明现象发生量为3557人次/辆次，不文明现象总体发生率为2.99%。在西湖区内四个方面中，公共卫生方面所观测总流量为45864人次，其中不文明现象发生量为349人次，不文明现象发生率为0.76%；公共秩序方面所观测总流量为67095人次/辆次，其中不文明现象发生量为2939人次/辆次，不文明现象发生率为4.38%；公共交往方面所观测总流量为5230人次，其中不文明现象发生量为216人次，不文明现象发生率为4.13%；公共观赏方面所观测总流量为650人次，其中不文明现象发生量为53人次，不文明现象发生率为8.15%。不文明现象发生率从低到高依次是公共卫生、公共交往、公共秩序、公共观赏，其中公共卫生方面的不文明现象发生率低于全区不文明现象总体发生率（见图6）。

滨江区所观测总流量为69645人次/辆次，其中不文明现象发生量为2636人次/辆次，不文明现象总体发生率为3.78%。在滨江区内四个方面中，公共卫生方面所观测总流量为17242人次，其中不文明现象发生量为355人次，不文明现象发生率为2.06%；公共秩序方面所观测总流量为47424人次/辆次，其中不文明现象发生量为2012人次/辆次，不文明现象发生率为4.24%；公共交往方面所观测总流量为4048人次，其中不文明现

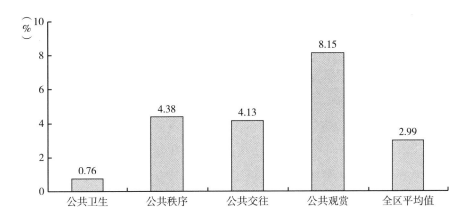

图6　西湖区四个方面不文明现象发生率比较

象发生量为186人次，不文明现象发生率为4.59%；公共观赏方面所观测总流量为931人次，其中不文明现象发生量为83人次，不文明现象发生率为8.92%。不文明现象发生率从低到高依次是公共卫生、公共秩序、公共交往、公共观赏，其中公共卫生方面的不文明现象发生率低于全区不文明现象总体发生率（见图7）。

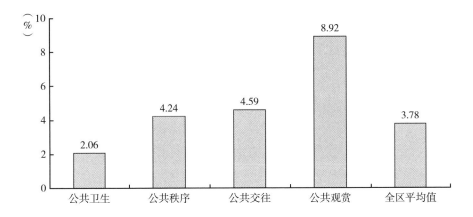

图7　滨江区四个方面不文明现象发生率比较

萧山区所观测总流量为 57842 人次/辆次，其中不文明现象发生量为 2405 人次/辆次，不文明现象总体发生率为 4.16%。在萧山区内四个方面中，公共卫生方面所观测总流量为 11049 人次，其中不文明现象发生量为 253 人次，不文明现象发生率为 2.29%；公共秩序方面所观测总流量为 42159 人次/辆次，其中不文明现象发生量为 1871 人次/辆次，不文明现象发生率为 4.44%；公共交往方面所观测总流量为 4005 人次，其中不文明现象发生量为 242 人次，不文明现象发生率为 6.04%；公共观赏方面所观测总流量为 629 人次，其中不文明现象发生量为 39 人次，不文明现象发生率为 6.20%。不文明现象发生率从低到高依次是公共卫生、公共秩序、公共交往、公共观赏，其中公共卫生方面的不文明现象发生率低于全区不文明现象总体发生率（见图8）。

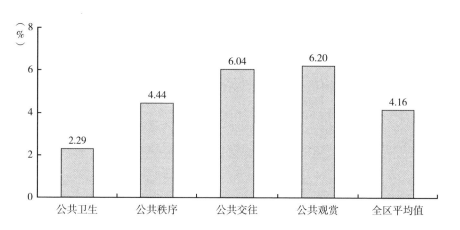

图8　萧山区四个方面不文明现象发生率比较

余杭区所观测总流量为 107742 人次/辆次，其中不文明现象发生量为 4040 人次/辆次，不文明现象总体发生率为 3.75%。在余杭区内四个方面中，公共卫生方面所观测总流量为 18929 人次，其中不文明现象发生量为 299 人次，不文明现象发生率为 1.58%；公共秩序方面所观测总流量为 84785 人次/辆次，其中不文明现象发生量为 3541 人次/辆次，不文明现象发生率为 4.18%；公共交往方面所观测总流量为 3404 人次，其中不文明现象发生量为 165 人次，不文明现象发生率为 4.85％；公共观赏方面所观测总流量为 624 人次，其中不文明现象发生量为 35 人次，不文明现象发生率为 5.61％。不文明现象发生率从低到高依次是公共卫生、公共秩序、公共交往、公共观赏，其中公共卫生方面的不文明现象发生率低于全区不文明现象总体发生率（见图 9）。

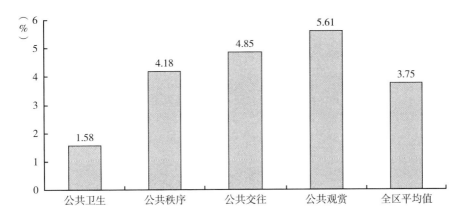

图 9　余杭区四个方面不文明现象发生率比较

富阳区所观测总流量为 53335 人次/辆次，其中不文明现象发生量为 2819 人次/辆次，不文明现象总体发生率为 5.29％。在富阳区内四个方面中，公共卫生方面所观测总流量为 15073 人次，其中不文明现象发生量为 400 人次，不文明现象发生率为 2.65％；公共秩序方面所观测总流量为 34605 人次/辆次，其中不文明现象发生量为 2185 人次/辆次，不文明现象发生率为 6.31％；公共交往方面所观测总流量为 3171 人次，其中不文明现象发生量为 184 人次，不文明现象发生率为 5.80％；公共观赏方面所观测总流量为 486 人次，其中不文明现象发生量为 50 人次，不文明现象发生率为 10.29％。不文明现象发生率从低到高依次是公共卫生、公共交往、公共秩序、公共观赏，其中公共卫生方面的不文明现象发生率低于全区不文明现象总体发生率（见图 10）。

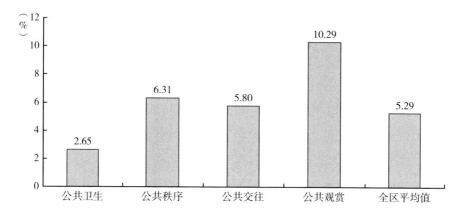

图10 富阳区四个方面不文明现象发生率比较

三 四个方面各指标数据情况

（一）四个方面九城区2017年数据分析

1.公共卫生方面

对所设置的公共卫生方面8个指标在07：00~09：00、10：00~12：00、13：00~15：00、16：00~18：00四个不同时段进行观测，观测的总流量为245785人次，其中不文明现象发生量为3294人次，不文明现象总体发生率为1.34%。

从具体指标来看，"扔垃圾时没有扔进垃圾箱"所观测的总流量为10873人次，不文明现象发生量为492人次，不文明现象发生率为4.52%；"投放垃圾时没有进行分类"所观测的总流量为10852人次，不文明现象发生量为1010人次，不文明现象发生率为9.31%；"随地吐痰、便溺"所观测的总流量为137673人次，不文明现象发生量为1284人次，不文明现象发生率为0.93%；"在禁烟场所抽烟"所观测的总流量为84328人次，不文明现象发生量为342人次，不文明现象发生率为0.41%；"打喷嚏时没有遮

196

掩"所观测的总流量为 5145 人次，不文明现象发生量为 849 人次，不文明现象发生率为 16.50%；"遛宠物时不清理其排泄物"所观测的总流量为 1117 人次，不文明现象发生量为 108 人次，不文明现象发生率为 9.67%；"公交车站有乱贴小广告和乱涂写现象"所观测的总数为 942 个，其中不文明现象发生量为 58 个，不文明现象发生率为 6.16%；"社区楼道等有乱贴小广告和乱涂写现象"所观测的总数为 515 个，其中不文明现象发生量为 105 个，不文明现象发生率为 20.39%。

在其中的 6 个指数指标中，"在禁烟场所抽烟"的不文明现象发生率最低，其次为"随地吐痰、便溺"，且这两个指标的不文明现象发生率都低于公共卫生方面的不文明现象总体发生率（1.34%）。其余 4 个指标的不文明现象发生率均高于公共卫生方面的不文明现象总体发生率，其中"遛宠物时不清理其排泄物"的不文明现象发生率最高，达到 9.67%；"投放垃圾时没有进行分类"的不文明现象发生率也较高，为 9.31%（见图 11）。

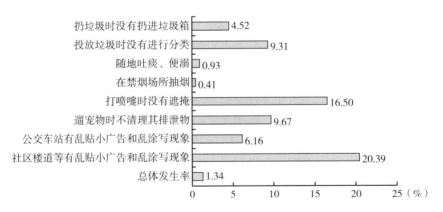

图 11 公共卫生方面各项指标不文明现象发生率比较

分时段来看，07：00～09：00 时段所观测的总流量为 53215 人次，其中不文明现象发生量为 930 人次，不文明现象发生率为 1.75%；10：00～12：00 时段所观测的总流量为 71216 人次，其中不文明现象发生量为 937 人次，不文明现象发生率为 1.32%；13：00～15：00 时段所观测的总流量为 59413 人次，其中不文明现象发生量为 705 人次，不文明现象发生率为

1.19%；16：00～18：00 时段所观测的总流量为 61941 人次，其中不文明现象发生量为 722 人次，不文明现象发生率为 1.17%。在四个时段中，10：00～12：00、13：00～15：00 和 16：00～18：00 时段的不文明现象发生率均低于公共卫生方面的不文明现象总体发生率，其中 16：00～18：00 时段的不文明现象发生率最低，为 1.17%；07：00～09：00 时段的不文明现象发生率高于公共卫生方面的不文明现象总体发生率，且不文明现象发生率最高，为 1.75%（见图 12）。

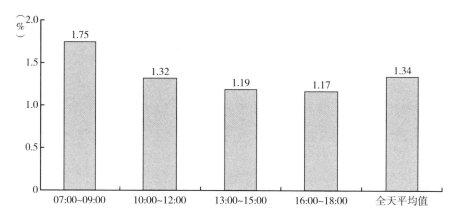

图 12 公共卫生方面各项指标不同时段不文明现象发生率比较

2.公共秩序方面

对所设置的公共秩序方面 12 个指标在 07：00～09：00、10：00～12：00、13：00～15：00、16：00～18：00 四个不同时段进行观测，观测的总流量为 550983 人次/辆次，其中不文明现象发生量为 22828 人次/辆次，不文明现象总体发生率为 4.14%。

从具体指标来看，"乘坐公交时没有做到有序排队上下车"所观测的总流量为 25389 人次，不文明现象发生量为 397 人次，不文明现象发生率为 1.56%；"乘坐地铁时没有做到有序排队上下车"所观测的总流量为 19420 人次，不文明现象发生量为 457 人次，不文明现象发生率为 2.35%；"排队时没有在规定区域等候"所观测的总流量为 45356 人次，不文明现象发生量为 1688 人次，不文明现象发生率为 3.72%；"机动车在斑马线前不礼让行人"所观测的总流量为 144671 辆次，不文明现象发生量为 1096 辆次，不文明现象发生率为 0.76%；"机动车不在地面标示的规定区域内停车"所观测的总流量为 14261 辆次，不文明现象发生量为 925 辆次，不文明现象发生率为 6.49%；"非机动车闯红灯、走机动车道"所观测的总流量为 72445 辆次，不文明现象发生量为 2929 辆次，不文明现象发生率为 4.04%；"非机动车越线停车"所观测的总流量为 70168 辆次，不文明现象发生量为 5470 辆次，不文明现象发生率为 7.80%；"共享单车无序停放"所观测的总流量为 24657 辆次，不文明现象发生量为 2567 辆次，不文明现象发生率为 10.41%；"行人乱穿马路、闯红灯、翻栏杆"所观测的总流量为 68286 人次，不文明现象发生量为 3449 人次，不文明现象发生率为 5.05%；"上下台阶时不主动靠右侧"所观测的总流量为 60844 人次，不文明现象发生量为 4843 人次，不文明现象发生率为 7.96%；"乘坐直行电梯时没有做到先出后进"所观测的总流量为 30143 人次，不文明现象发生量为 1574 人次，不文明现象发生率为 5.22%；"遛宠物时没有拴好绳子"所观测的总流量为 1157 人次，不文明现象发生量为 194 人次，不文明现象发生率为 16.77%

在其中的 10 个指数指标中，有 5 个指标的不文明现象发生率低于公共秩序方面的不文明现象总体发生率（4.14%），其余 5 个指标的不文明现象发生率均高于公共秩序方面的不文明现象总体发生率。其中，"机动车在斑马线前不礼让行人"的不文明现象发生率最低，为 0.76%。"上下台阶时不主动靠右侧"的不文明现象发生率最高，达到 7.96%；其次是"非机动车越线停车"，不文明现象发生率为 7.80%；"机动车不在地面标示的规定区域内停车"和"乘坐直行电梯时没有做到先出后进"这两个指标的不文明现象发生率也较高，分别为 6.49% 和 5.22%（见图 13）。

分时段来看，07：00～09：00 时段所观测的总流量为 139774 人次/辆次，其中不文明现象发生量为 5890 人次/辆次，不文明现象发生率为 4.21%；10：00～12：00 时段所观测的总流量为 124809 人次/辆次，其中不文明现象发生量为 5313 人次/辆次，不文明现象发生率为 4.26%；13：00～15：00 时段

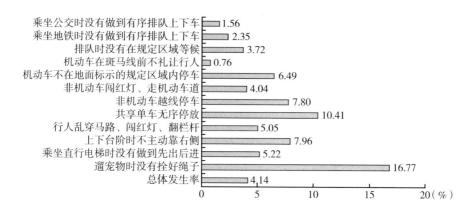

图 13　公共秩序方面各项指标不文明现象发生率比较

所观测的总流量为 144405 人次/辆次，其中不文明现象发生量为 5443 人次/辆次，不文明现象发生率为 3.77%；16：00 ~ 18：00 时段所观测的总流量为 141995 人次/辆次，其中不文明现象发生量为 6182 人次/辆次，不文明现象发生率为 4.35%。在四个时段中，13：00 ~ 15：00 时段的不文明现象发生率最低，为 3.77%，且低于公共秩序方面的不文明现象总体发生率；其余三个时段的不文明现象发生率均高于公共秩序方面的不文明现象总体发生率，其中 16：00 ~ 18：00 时段的不文明现象发生率最高，为 4.35%（见图 14）。

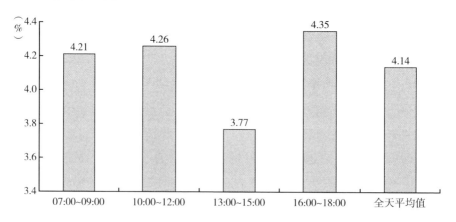

图 14　公共秩序方面各项指标不同时段不文明现象发生率比较

3. 公共交往方面

对所设置的公共交往方面 3 个指标在 07：00 ~ 09：00、10：00 ~ 12：00、13：00 ~ 15：00、16：00 ~ 18：00 四个不同时段进行观测，观测的总流量为 54276 人次，其中不文明现象发生量为 2055 人次，不文明现象总体发生率为 3.79%。

从具体指标来看，"相互之间大声交谈不顾及他人"所观测的总流量为 48660 人次，不文明现象发生量为 1826 人次，不文明现象发生率为 3.75%；"向陌生人问讯时没有礼貌回应"所观测的总流量为 3826 人次，不文明现象发生量为 139 人次，不文明现象发生率为 3.63%；"没有给老、弱、病、残、孕及怀抱婴儿者让座"所观测的总流量为 1790 人次，不文明现象发生量为 90 人次，不文明现象发生率为 5.03%。

在 3 个指数指标中，"没有给老、弱、病、残、孕及怀抱婴儿者让座"的不文明现象发生率高于公共交往方面的不文明现象总体发生率，为 5.03%；其余两个指标的不文明现象发生率均低于公共交往方面的不文明现象总体发生率，其中"向陌生人问讯时没有礼貌回应"的不文明现象发生率最低，为 3.63%（见图 15）。

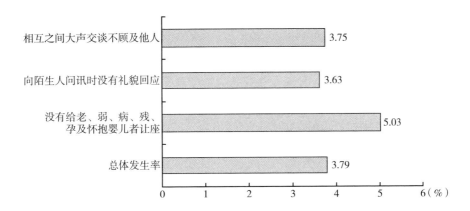

图15 公共交往方面各项指标不文明现象发生率比较

分时段来看，07：00 ~ 09：00 时段所观测的总流量为 10375 人次，其中不文明现象发生量为 422 人次，不文明现象发生率为 4.07%；10：00 ~

12：00 时段所观测的总流量为 12864 人次，其中不文明现象发生量为 551 人次，不文明现象发生率为 4.28%；13：00 ~ 15：00 时段所观测的总流量为 13951 人次，其中不文明现象发生量为 540 人次，不文明现象发生率为 3.87%；16：00 ~ 18：00 时段所观测的总流量为 17086 人次，其中不文明现象发生量为 542 人次，不文明现象发生率为 3.17%。在四个时段中，16：00 ~ 18：00 时段的不文明现象发生率最低，为 3.17%；10：00 ~ 12：00 时段的不文明现象发生率最高，为 4.28%（见图 16）。

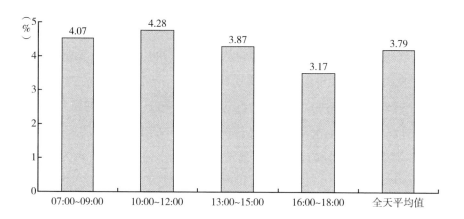

图 16　公共交往方面各项指标不同时段不文明现象发生率比较

4. 公共观赏方面

对所设置的公共观赏方面 6 个指标在 07：00 ~ 09：00、10：00 ~ 12：00、13：00 ~ 15：00、16：00 ~ 18：00 四个不同时段进行观测，观测的总流量为 9112 人次，其中不文明现象发生量为 552 人次，不文明现象总体发生率为 6.06%。

从具体指标来看，所观测的观影总人数为 2031 人次，其中"放映前不按时检票入场"的不文明现象发生量为 46 人次，不文明现象发生率为 2.26%；"观看时交头接耳，大声喧哗，随意走动"的不文明现象发生量为 91 人次，不文明现象发生率为 4.48%；"观看时使用手机影响他人（包括出现光亮与发出声音）"的不文明现象发生量 259 人次，不文明现象发生率为12.75%；"早退或无序退场"的不文明现象发生量为21人次，不文明现象发生率为1.03%。在2031人次中吃零食者有988人次，其中"观看时吃零食影响他人（包括发出声音与散发出气味）"的不文明现象发生量为135人次，不文明现象发生率为13.66%；"观看结束后不自觉清理并带走垃圾"的不文明现象发生量为254人次，不文明现象发生率为25.71%。

在其中的5个指数指标中，除"观看时使用手机影响他人（包括出现光亮与发出声音）"和"观看时吃零食影响他人（包括发出声音与散发出气味）"这两个指标的不文明现象发生率高于公共观赏方面的不文明现象总体发生率（6.06%）外，其余3个指标的不文明现象发生率均低于公共观赏方面的不文明现象总体发生率，其中"早退或无序退场"的不文明现象发生率最低，为1.03%（见图17）。

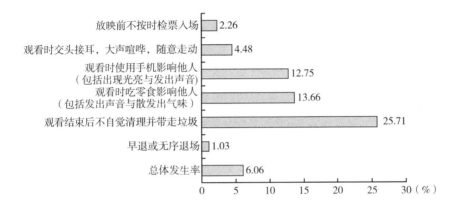

图17 公共观赏方面各项指标不文明现象发生率比较

分时段来看，由于07：00～09：00时段影院还未开门营业，因此这一时段没有观测到数据。10：00～12：00时段所观测的总流量为1684人次，不文明现象发生量为119人次，不文明现象发生率为7.07%；13：00～15：00时段所观测的总流量为3632人次，不文明现象发生量为202人次，不文明现象发生率为5.56%；16：00～18：00时段所观测的总流量为3796人次，不文明现象发生量为231人次，不文明现象发生率为6.09%。在所观测的三个时段中，10：00～12：00和16：00～18：00时段的不文明现象发生率高于公共观赏方面的不文明现象总体发生率。其中，10：00～12：00 时段的不文明现象发生率最高，为 7.07%；13：00～15：00 时段的不文明现象发生率最低，为 5.56%（见图18）。

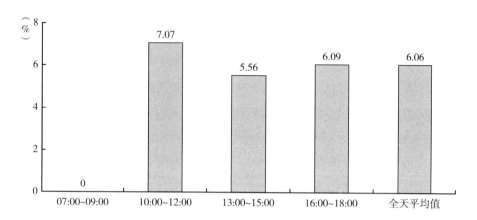

图18 公共观赏方面各项指标不同时段不文明现象发生率比较

（二）部分指标对应观测点数据分析

通过对本次观测所设置的每个区 15 个观测点在四个不同时段的观测，发现同一指标在不同观测点的观测数据存在较大差异。

1. 公共卫生方面

"扔垃圾时没有扔进垃圾箱"和"投放垃圾时没有进行分类"的观测点主要有公交车站、地铁站、医院、社区、农贸市场、公园/广场和街巷。在这 7 个观测点中，"扔垃圾时没有扔进垃圾箱"的不文明现象发生率最高的是公园/广场，为 8.38%；最低的是农贸市场，为 3.10%。不文明现象发生率从高到低依次为公园/广场、街巷、社区、公交车站、地铁站、医院和农贸市场（见图19）。"投放垃圾时没有进行分类"的不文明现象发生率最高的也是公园/广场，为 13.77%；最低的是农贸市场，为 4.52%。不文明现象发生率从高到低依次为公园/广场、社区、街巷、公交车站、医院、地铁站和农贸市场（见图20）。

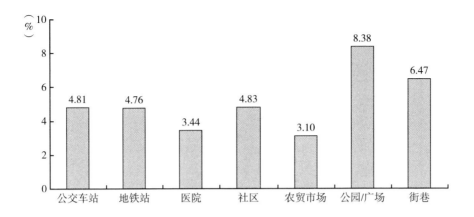

图19　观测指标"扔垃圾时没有扔进垃圾箱"不同
观测点不文明现象发生率比较

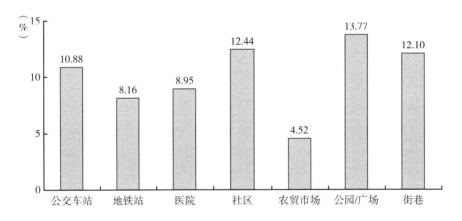

图20　观测指标"投放垃圾时没有进行分类"不同
观测点不文明现象发生率比较

　　"随地吐痰、便溺"的观测点主要有公交车站、地铁站、医院、社区、农贸市场、公园/广场、街巷和商场。其中，不文明现象发生率最高的是社区，为1.78%；最低的是商场，为0.16%。不文明现象发生率从高到低依次为社区、公园/广场、街巷、公交车站、农贸市场、医院、地铁站和商场（见图21）。

　　"在禁烟场所抽烟"的观测点主要有地铁站、医院、农贸市场和商场。

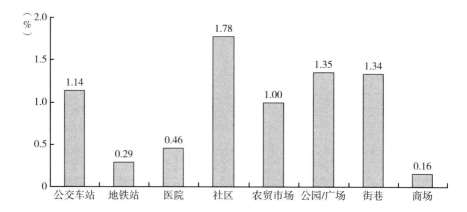

图21 观测指标"随地吐痰、便溺"不同观测点不文明现象发生率比较

不文明现象发生率最高的是农贸市场，为1.11%；其次为医院、地铁站；最低的是商场，为0.19%（见图22）。

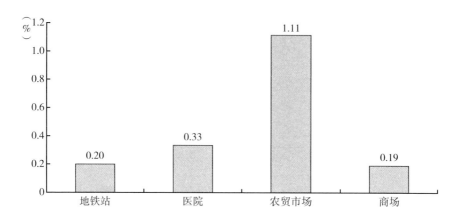

图22 观测指标"在禁烟场所抽烟"不同观测点不文明现象发生率比较

"打喷嚏时没有遮掩"的观测点主要有公交车站、地铁站、医院、社区、农贸市场、公园/广场、街巷、商场和公交线路。不文明现象发生率最高的是公园/广场，为31.82%；最低的是地铁站，为9.94%。不文明现象发生率从高到低依次为公园/广场、街巷、商场、公交车站、医院、公交线路、农贸市场、社区和地铁站（见图23）。

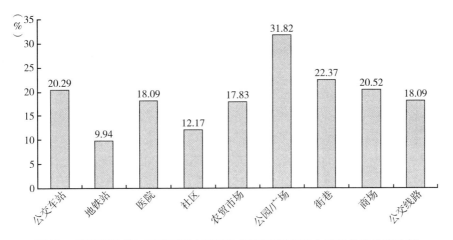

图23　观测指标"打喷嚏时没有遮掩"不同观测点不文明现象发生率比较

"遛宠物时不清理其排泄物"的观测点主要有社区、公园/广场和街巷。其中，社区的不文明现象发生率最高，为11.03%；其次是街巷，为7.65%；最低的是公园/广场，为7.20%（见图24）。

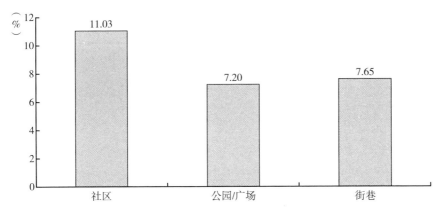

图24　观测指标"遛宠物时不清理其排泄物"不同观测点不文明现象发生率比较

2.公共秩序方面

"排队时没有在规定区域等候"的观测点主要有公交车站、地铁站和医院。其中，不文明现象发生率最高的是医院，为5.01%；其次是地铁站，为4.29%；最低的是公交车站，为2.23%（见图25）。

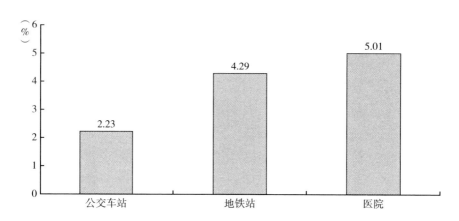

图25 观测指标"排队时没有在规定区域等候"不同观测点不文明现象发生率比较

"机动车在斑马线前不礼让行人"的观测点主要有交叉路口和街巷。其中，街巷的不文明现象发生率较高，为1.27%；交叉路口的不文明现象发生率较低，为0.66%（见图26）。

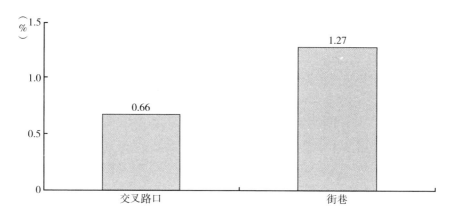

图26 观测指标"机动车在斑马线前不礼让行人"不同观测点不文明现象发生率比较

"机动车不在地面标示的规定区域内停车"的观测点主要有社区和街巷。其中，社区的不文明现象发生率较高，为7.04%；街巷的不文明现象发生率较低，为5.08%（见图27）。

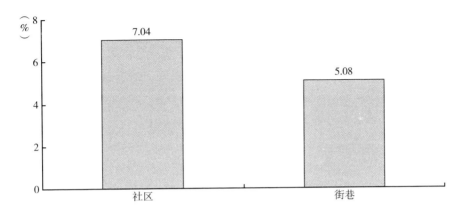

图27　观测指标"机动车不在地面标示的规定区域内停车"
不同观测点不文明现象发生率比较

"非机动车闯红灯、走机动车道"和"非机动车越线停车"的观测点主要有交叉路口和街巷。其中，交叉路口的不文明现象发生率分别为3.89%和7.60%，街巷的不文明现象发生率分别为5.71%和12.50%（见图28）。

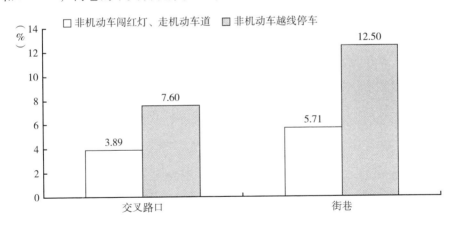

图28　观测指标"非机动车闯红灯、走机动车道"和"非机动车越线停车"
不同观测点不文明现象发生率比较

"行人乱穿马路、闯红灯、翻栏杆"的观测点主要有公交车站、交叉路口和街巷。其中，街巷的不文明现象发生率最高，为14.29%；公交车站的不文明现象发生率最低，为4.60%（见图29）。

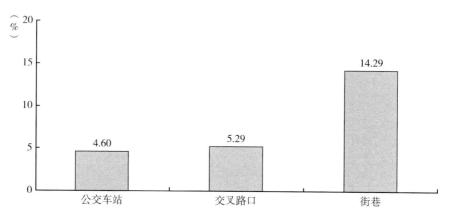

图29 观测指标"行人乱穿马路、闯红灯、翻栏杆"不同
观测点不文明现象发生率比较

　　"上下台阶时不主动靠右侧"的观测点主要有地铁站、医院、农贸市场、公园/广场和商场。其中,不文明现象发生率最高的是农贸市场,为11.05%;其次是地铁站(9.68%)、医院(7.50%)、商场(6.00%);最低的是公园/广场,为2.03%(见图30)。

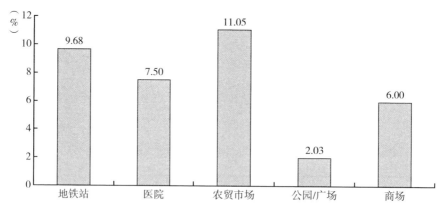

图30 观测指标"上下台阶时不主动靠右侧"不同
观测点不文明现象发生率比较

　　"乘坐直行电梯时没有做到先出后进"的观测点主要有地铁站、医院和商场。其中,不文明现象发生率最高的是地铁站,为6.54%;其次是医院,为5.24%;最低的是商场,为4.47%(见图31)。

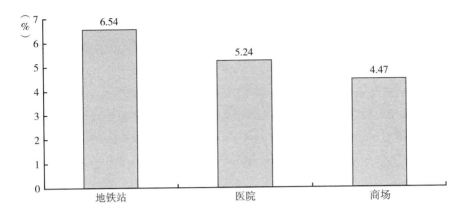

图31　观测指标"乘坐直行电梯时没有做到先出后进"不同观测点不文明现象发生率比较

"遛宠物时没有拴好绳子"的观测点主要有社区、公园/广场和街巷。其中，不文明现象发生率最高的是社区，为17.55%；其次是街巷，为17.30%；最低的是公园/广场，为14.17%（见图32）。

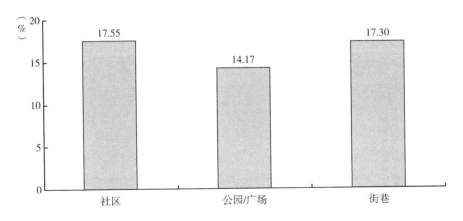

图32　观测指标"遛宠物时没有拴好绳子"不同观测点不文明现象发生率比较

3. 公共交往方面

"相互之间大声交谈不顾及他人"的观测点主要有公交车站、地铁站、医院、农贸市场、公园/广场、商场和公交线路。其中，不文明现象发生率最高的是公交线路，为5.88%；最低的是地铁站，为3.12%。不文明现象发生率从高到低依次为公交线路、医院、公园/广场、公交车站、商场、农贸市场和地铁站（见图33）。

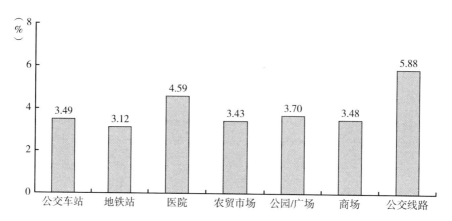

**图33 观测指标"相互之间大声交谈不顾及他人"不同
观测点不文明现象发生率比较**

"向陌生人问讯时没有礼貌回应"的观测点主要有公交车站、地铁站、交叉路口、社区、公园/广场、街巷和商场。其中，不文明现象发生率最高的是地铁站，为4.75%；最低的是社区，为2.69%。不文明现象发生率从高到低依次为地铁站、公交车站、街巷、公园/广场、交叉路口、商场和社区（见图34）。

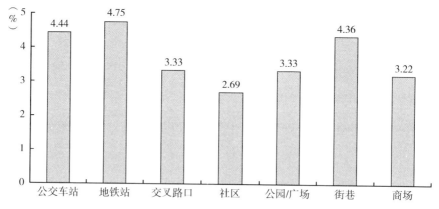

**图34 观测指标"向陌生人问讯时没有礼貌回应"不同
观测点不文明现象发生率比较**

（三）2014～2017年指标对比分析

以2017年四个方面24个指数指标为基础，对比2014～2017年的观测指标，相同或相近的指标有18个，其中属于公共卫生和公共秩序方面的各有6个，属于公共交往和公共观赏方面的各有3个（见表2）。

表2　2014～2017年杭州市民公共文明指数调查（现场观测）各项指标不文明现象发生率比较

单位：%

2017年观测指标		2014年	2015年		2016年		2017年		说明
		发生率	发生率	变化趋势	发生率	变化趋势	发生率	变化趋势	
公共卫生	扔垃圾时没有扔进垃圾箱	18.69	9.42	↓	8.13	↓	4.52	↓	三连降
	投放垃圾时没有进行分类	36.47	20.68	↓	18.66	↓	9.31	↓	三连降
	随地吐痰、便溺	0.68	0.31	↓	0.79	↑	0.93	↑	
	在禁烟场所抽烟	1.01	0.47	↓	0.51	↑	0.41	↓	
	打喷嚏时没有遮掩	27.89	29.80	↑	19.84	↓	16.50	↓	
	遛宠物时不清理其排泄物	26.07	18.89	↓	16.94	↓	9.67	↓	三连降
	公交车站有乱贴小广告和乱涂写现象	—	8.10	—	8.17	↑	6.16	↓	
	社区楼道等有乱贴小广告和乱涂写现象	—	14.42	—	17.97	↑	20.39	↑	
	小计	2.54	0.88	↓	1.44	↑	1.34	↓	
公共秩序	乘坐公交时没有做到有序排队上下车	4.48	3.59	↓	2.60	↓	1.56	↓	三连降
	乘坐地铁时没有做到有序排队上下车	—	3.59	—	2.07	↓	2.35	↑	
	排队时没有在规定区域等候	—	3.59	—	5.10	↑	3.72	↓	
	机动车在斑马线前不礼让行人	2.05	1.50	↓	1.20	↓	0.76	↓	三连降
	机动车不在地面标示的规定区域内停车	2.67	5.62	↑	7.96	↑	6.49	↓	

续表

2017 年观测指标		2014 年	2015 年		2016 年		2017 年		说明
		发生率	发生率	变化趋势	发生率	变化趋势	发生率	变化趋势	
公共秩序	非机动车闯红灯、走机动车道	7.54	9.39	↑	8.56	↓	4.04	↓	
	非机动车越线停车	—	—	—	8.56	—	7.80	↓	
	共享单车无序停放	—	—	—	—	—	10.41	—	
	行人乱穿马路、闯红灯、翻栏杆	7.54	8.43	↑	6.90	↓	5.05	↓	
	上下台阶时不主动靠右侧	15.24	12.72	↓	9.68	↓	7.96	↓	三连降
	乘坐直行电梯时没有做到先出后进	—	—	—	4.69	—	5.22	↑	
	遛宠物时没有拴好绳子	—	31.78	—	32.31	↑	16.77	↓	
	小计	3.33	5.02	↑	4.34	↓	4.14	↓	
公共交往	相互之间大声交谈不顾及他人	2.55	2.52	↓	5.14	↑	3.75	↓	
	向陌生人问讯时没有礼貌回应	4.51	3.58	↓	4.21	↑	3.63	↓	
	没有给老、弱、病、残、孕及怀抱婴儿者让座	6.01	5.82	↓	4.45	↓	5.03	↑	
	小计	2.26	2.67	↑	5.04	↑	3.79	↓	
公共观赏	放映前不按时检票入场	5.98	5.08	↓	3.72	↓	2.26	↓	三连降
	观看时交头接耳,大声喧哗,随意走动	7.06	7.31	↑	4.63	↓	4.48	↓	
	观看时使用手机影响他人(包括出现光亮与发出声音)	5.67	6.97	↑	6.23	↓	12.75	↑	
	观看时吃零食影响他人(包括发出声音与散发出气味)	—	16.19	—	13.25	↓	13.66	↑	
	观看结束后不自觉清理并带走垃圾	—	52.22	—	25.83	↓	25.71	↓	二连降

续表

2017 年观测指标		2014 年	2015 年		2016 年		2017 年		说明
		发生率	发生率	变化趋势	发生率	变化趋势	发生率	变化趋势	
公共观赏	早退或无序退场	—	4.80	—	2.77	↓	1.03	↓	二连降
	小计	22.70	8.29	↓	5.11	↓	6.06	↑	
	合计	2.89	3.54	↑	3.47	↓	3.34	↓	

注：
①表中所列指标为 2017 年的观测指标，由于 2014～2017 年的观测指标均有调整，2014～2016年的小计与合计数据包括了未列入此表的其他指标数据。
②2017 年数据中，公共卫生方面的小计未计入"打喷嚏时没有遮掩"和"社区楼道等有乱贴小广告和乱涂写现象"；公共秩序方面的小计未计入"共享单车无序停放"和"遛宠物时没有拴好绳子"；公共观赏方面的小计未计入"观看结束后不自觉清理并带走垃圾"。相应的，合计数据中也未计入上述 5 个指标数据。

对比 2014～2017 年各指标观测数据，2017 年九城区的不文明现象总体发生率为 3.34%，较 2016 年的 3.47% 下降了 0.13 个百分点，这说明通过一年的努力，杭州市民公共文明指数总体继续向好，但提升幅度趋向缓慢。在公共卫生、公共秩序、公共交往、公共观赏四个方面中，公共秩序方面的不文明现象发生率自 2016 年以来连续两年下降，其余三个方面的不文明现象发生率则呈现波动状态。对比 2014～2017 年数据，则四个方面无一出现连续上升或连续下降的状态，均呈现波动状态（见图 35）。

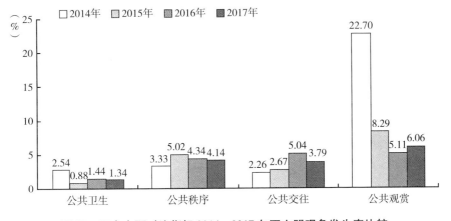

图35　四个方面对比指标 2014～2017 年不文明现象发生率比较

在 18 个相同或相近指标中，有 7 个指标的不文明现象发生率连续三年下降，其余 11 个指标的不文明现象发生率均呈现不同程度的波动，没有一个指标出现连续上升状态。

在公共卫生方面可比较的 6 个指标中，有 3 个指标的不文明现象发生率出现连续下降，3 个呈现波动状态（见图 36）。

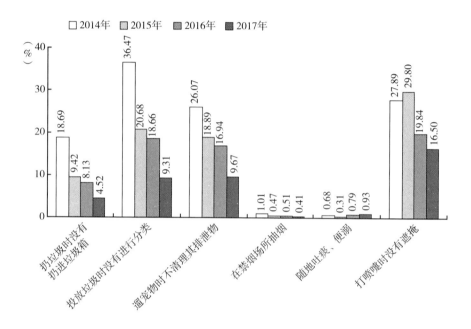

图 36　公共卫生方面对比指标 2014～2017 年不文明现象发生率比较

在公共秩序方面可比较的 6 个指标中，有 3 个指标的不文明现象发生率出现连续下降，3 个呈现波动状态（见图 37）。

在公共交往方面可比较的 3 个指标中，3 个指标的不文明现象发生率均呈现波动状态（见图 38）。

在公共观赏方面可比较的 3 个指标中，有 1 个指标的不文明现象发生率出现连续下降，2 个呈现波动状态（见图 39）。

在上述不文明现象发生率连续三年下降的 7 个指标中，降幅明显的指标集中在公共卫生方面，其中降幅最大的是"投放垃圾时没有进行分类"，

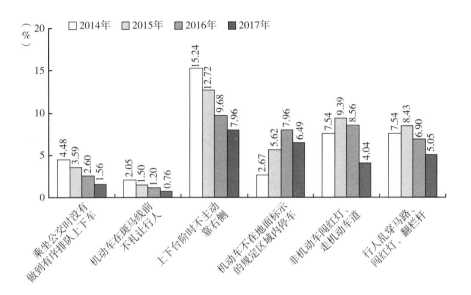

图37 公共秩序方面对比指标2014～2017年不文明现象发生率比较

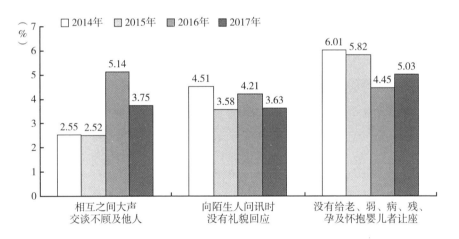

图38 公共交往方面对比指标2014～2017年不文明现象发生率比较

2017年较2014年下降了27.16个百分点；其次为"遛宠物时不清理其排泄物"，2017年较2014年下降了16.40个百分点；再次为"扔垃圾时没有扔进垃圾箱"，2017年较2014年下降了14.17个百分点。这应该得益于杭州市政府对垃圾分类和文明养犬的高度重视与大力宣传。杭州市自2010年3月

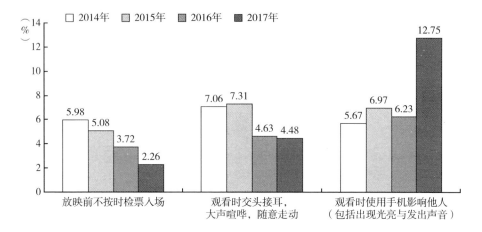

图39　公共观赏方面对比指标 2014～2017 年不文明现象发生率比较

正式启动生活垃圾分类，并于 2015 年 12 月 1 日正式实行首部关于生活垃圾分类和治理的地方性法规《杭州市生活垃圾管理条例》；《杭州市限制养犬规定》的修订被列为 2016 年杭州市政府立法工作计划的调研项目之一，相关工作正在推进中。杭州市民对垃圾分类和文明养犬的要求逐渐接受，垃圾分类和文明养犬的意识不断增强，相关知识进一步丰富，在行动上也有所改进。值得注意的是，这 3 个指标的不文明现象发生率虽然连续三年下降，但依然较高，如 2017 年"投放垃圾时没有进行分类"的不文明现象发生率为9.31%，"扔垃圾时没有扔进垃圾箱"的不文明现象发生率为 4.52%，"遛宠物时不清理其排泄物"的不文明现象发生率为 9.67%，这说明尽管杭州市政府一直努力推行垃圾分类政策，倡导市民文明养犬，市民的接受能力也逐步提升，但在实施过程中的困难也显而易见，离"文明"的要求显然还有不小的差距，实施效果仍有提升的空间。

另外，不文明现象发生率下降比较集中的还有公共秩序方面，有 3 个指标的不文明现象发生率出现连续三年下降的情况，分别是"乘坐公交时没有做到有序排队上下车"，2017 年较 2014 年下降 2.92 个百分点；"机动车在斑马线前不礼让行人"，2017 年较 2014 年下降 1.29 个百分点；"上下台阶时不主动靠右侧"，2017 年较 2014 年下降 7.28 个百分点。尤其是"机动车在斑马线前礼让行人"作为杭州文明的"金名片"，在连续四年的观测中表现越来越好。不仅公交车和出租车能做到百分之百礼让行人，私家车也基本能做到主动减速，礼让行人。这一文明成果得益于杭州地方法规的完善与严格执行。2015 年 10 月，"斑马线上礼让行人"被写入《杭州市文明行为促进条例》，使"文明礼让"从文明倡导升格为地方法规。同时，杭州市政府因势利导，大力宣传"文明礼让"，市民支持率较高，让"文明礼让"的文明现象得到进一步改善。但值得注意的是，"上下台阶时不主动靠右侧"的不文明现象发生率虽然连续三年下降，但依然较高，为 7.96%，原因可能有三个：第一，广大市民上下楼梯靠右行走的意识和习惯还未完全形成；第二，人流量的大小在很大程度上影响了人们的行为，在地铁站、医院、农贸市场、公园/广场和商场 5 个观测点中，不文明现象发生率从高到低依次为农贸市场（11.05%）、地铁站（9.68%）、医院（7.50%）、商场（6.00%）和公园/广场（2.03%），农贸市场、地铁站和医院的不文明现象发生率明显高于其他两个观测点，而在观测中发现这 3 个观测点的人流量也明显高于其他两个观测点；第三，由于地铁出站时间相对于进站时间更为集中，因而上行（出站）的不文明现象发生率也明显高于下行（进站）。

在公共观赏方面，"放映前不按时检票入场"的不文明现象发生率出现连续三年下降的情况，2017 年较 2014 年下降 3.72 个百分点。

在 18 个相同或相近指标中，有 11 个指标的不文明现象发生率呈现不同程度的波动状态。其中，在公共卫生方面有 3 个指标，分别是"随地吐痰、便溺""在禁烟场所抽烟""打喷嚏时没有遮掩"。

在公共秩序方面有 3 个指标，分别是"机动车不在地面标示的规定区域内停车""非机动车闯红灯、走机动车道""行人乱穿马路、闯红灯、翻栏杆"。特别是"机动车不在地面标示的规定区域内停车"成为 18 个可比指标中唯一一个不文明现象发生率连续两年上升后出现下降的指标，虽然 2017 年较 2016 年只下降了 1.47 个百分点，但毕竟出现了向好的趋势。原因可能有三个：一是 2016 年杭州成功举办 G20 峰会后，"我是东道主"的心理促使杭州市民进一步约束自己的不文明行为；二是G20杭州峰会后，杭州城市轨道交通设施建设与道路改造规模缩小，道路资源增加，道路环境好转，路面停车泊位有所增加，缓解了停车难的问题；三是继地铁2号线成功开通后，杭州地铁线网范围再次扩大，大大缓解了地面交通和地面停车的压力。

在公共交往方面有3个指标，分别是"相互之间大声交谈不顾及他人""向陌生人问讯时没有礼貌回应""没有给老、弱、病、残、孕及怀抱婴儿者让座"。

在公共观赏方面有2个指标，分别是"观看时交头接耳，大声喧哗，随意走动""观看时使用手机影响他人（包括出现光亮与发出声音）"。

以上情况表明，市民公共文明素质的提升，并不是一件简单的事情，除了持之以恒地宣传与教育外，还需要一个长期努力与改变的过程。

四　基本判断

（一）杭州市民公共文明指数总体向好，但提升幅度趋于缓慢

2017年杭州市九城区的不文明现象总体发生率为3.34%，较2016年的3.47%下降了0.13个百分点。其中，公共卫生方面的不文明现象发生率为1.34%，较2016年的1.44%下降了0.10个百分点；公共秩序方面的不文明现象发生率为4.14%，较2016年的4.34%下降了0.20个百分点；公共交往方面的不文明现象发生率为3.79%，较2016年的5.04%下降了1.25个百分点；公共观赏方面的不文明现象发生率为6.06%，较2016年的5.11%上升了0.95个百分点。这说明经过一年的引导和努力，杭州市民公共文明指数总体向好，但提升幅度较为缓慢。市民公共文明行为的背后是文明素养的支撑。通过教育、引导及法律的完善与严格执行，能在短期内较快地改善市民的公共文明行为，但不能从根本上杜绝不文明现象的发生，市民文明行为能否改善本质上还是取决于其文明素养的高低。因此，要从根本上提高杭州市民公共文明指数，就需要从提升市民文明素养方面入手。

（二）不文明现象发生率最高和最低的指标与往年基本一致

从四个方面的情况来看，2017年杭州市九城区公共卫生方面的不文明现象发生率最低（1.34%），低于全市不文明现象总体发生率（3.34%），公共观赏方面的不文明现象发生率最高（6.06%），与2014～2016年基本一致。具体到各区，九城区均是公共卫生方面的不文明现象发生率最低，公共观赏方面的不文明现象发生率最高，且比2016年有较大幅度的上升。这说明各区在开展市民文明行为宣传与倡导市民整体文明素养提升方面都取得了较好成效，但在提升市民公共观赏方面的文明行为上还需积极探索更为有效的措施，以弥补这一短板。

具体到各方面的指标，在公共卫生方面，"在禁烟场所抽烟"的不文明现象发生率依然最低，为0.41%；"社区楼道等有乱贴小广告和乱涂写现象"和"打喷嚏时没有遮掩"的不文明现象发生率依然较高，分别达到20.39%和16.50%。这说明很多市民还没有养成良好的生活与卫生习惯，需要进一步宣传和引导。

在公共秩序方面，"机动车在斑马线前不礼让行人"的不文明现象发生率依然最低，为0.76%；不文明现象发生率最高的还是"遛宠物时没有拴好绳子"，为16.77%。另外，不文明现象发生率往年较高的指标如"上下台阶时不主动靠右侧""非机动车越线停车"等指标在2017年的不文明现象发生率也依然较高。

在公共交往方面，"向陌生人问讯时没有礼貌回应"的不文明现象发生率最低（3.63%），与2016年一致；其次是"相互之间大声交谈不顾及他人"，为3.75%；"没有给老、弱、病、残、孕及怀抱婴儿者让座"的不文明现象发生率最高，为5.03%。这说明市民在回应陌生人问讯方面始终做得较好，这与杭州作为一座旅游名城的定位还是比较吻合的。但在公共场所相互交流时如何不影响他人方面还需要进一步引起重视；而"没有给老、弱、病、残、孕及怀抱婴儿者让座"成为公共交往方面不文明现象发生率唯一反弹的指标，这也需要引起重视。

在公共观赏方面，"早退或无序退场"的不文明现象发生率最低，为1.03%；"观看结束后不自觉清理并带走垃圾"的不文明现象发生率最高，为25.71%。这与2014~2016年的数据也基本一致，说明市民在观看电影时基本能保持文明礼仪，但在保持公共卫生方面还不够自觉，需要进一步引导。

（三）不文明现象发生率排在前十位与后十位的指标

从四个方面共29个指标的情况来看，不文明现象发生率排在前十位的指标是：

①观看结束后不自觉清理并带走垃圾（公共观赏，25.71%）

②社区楼道等有乱贴小广告和乱涂写现象（公共卫生，20.39%）

③遛宠物时没有拴好绳子（公共秩序，16.77%）

④打喷嚏时没有遮掩（公共卫生，16.50%）

⑤观看时吃零食响影响他人（包括发生声音与散发出气味）（公共观赏，13.66%）

⑥观看时使用手机影响他人（包括出现光亮与发出声音）（公共观赏，12.75%）

⑦共享单车无序停放（公共秩序，10.41%）

⑧遛宠物时不清理其排泄物（公共卫生，9.67%）

⑨投放垃圾时没有进行分类（公共卫生，9.31%）

⑩上下台阶时不主动靠右侧（公共秩序，7.96%）

在这10个指标中，属于公共卫生方面的有4个，属于公共秩序方面的有3个，属于公共观赏方面的也有3个且不文明现象发生率较高。这说明市民在公共卫生、公共秩序和公共观赏方面的行为还需要进一步改善，尤其是"共享单车无序停放"这一新增指标，不文明现象发生率却排名第七，说明共享单车虽然极大地方便了市民的出行，却也带来了较多社会问题，因此共享单车企业要增强社会责任感，有关部门也需加强监管和引导。

不文明现象发生率排在后十位的指标是：

①在禁烟场所抽烟（公共卫生，0.41%）

②机动车在斑马线前不礼让行人（公共秩序，0.76%）

③随地吐痰、便溺（公共卫生，0.93%）

④早退或无序退场（公共观赏，1.03%）

⑤乘坐公交时没有做到有序排队上下车（公共秩序，1.56%）

⑥放映前不按时检票入场（公共观赏，2.26%）

⑦乘坐地铁时没有做到有序排队上下车（公共秩序，2.35%）

⑧向陌生人问讯时没有礼貌回应（公共交往，3.63%）

⑨排队时没有在规定区域等候（公共秩序，3.72%）

⑩相互之间大声交谈不顾及他人（公共交往，3.75%）

在这10个指标中，属于公共秩序方面的有4个，属于公共交往、公共卫生及公共观赏方面的各有2个。这说明杭州市近年来在加强公共秩序特别是机动车辆管理、文明乘车以及公共卫生中的禁烟与不随地吐痰方面取得了明显成效。

（四）部分观测点的不文明现象发生率明显高于其他观测点

从所选的观测点情况来看，街巷、社区、公园/广场和医院的不文明现象发生率较高；商场的不文明现象发生率较低，农贸市场的不文明现象较上一年有较大改善。

属于公共卫生方面的"扔垃圾时没有扔进垃圾箱""投放垃圾时没有进行分类""随地吐痰、便溺""打喷嚏时没有遮掩""遛宠物时不清理其排泄物"的不文明现象发生率最高或较高的观测点均为街巷，"随地吐痰、便溺"和"在禁烟场所抽烟"的不文明现象发生率最低的观测点均为商场。属于公共秩序方面的"机动车在斑马线前不礼让行人""遛宠物时没有拴好绳子""非机动车闯红灯、走机动车道""非机动车越线停车"4个指标中，街巷的不文明现象发生率也是最高或较高的。除此之外，上述观测指标中，社区和公园/广场的不文明现象发生率也较高。这说明，第一，市民素质是影响文明指数的首要因素。相比商场来说，大部分街巷靠近老旧居民区，人员复杂，人员素质参差不齐，主观上易发生不文明现象。第二，环境影响人们的行为，环境整洁优美往往能让人们的行为更加文明，而在环境较差的地方，人们一般没有约束自己行为的意识，这是街巷和商场不文明现象发生率存在差异的客观原因。本次观测选取的街巷均为"背街小巷"，设施陈旧，道路狭窄，人车密集，环境相对脏、乱、差，而商场则一般环境较好。第三，外在约束对人们行为的影响不可忽视。相对于交叉路口而言，街巷的红绿灯设置较少，几乎没有交警现场值勤，监控力量也较为薄弱，客观上更容易让人们出现失当行为。

属于公共秩序方面的"排队时没有在规定区域等候"的不文明现象发生率最高的是医院，其次是地铁站，最低的是公交车站。另外，"上下台阶时不主动靠右侧""乘坐直行电梯时没有做到先出后进"，以及属于公共交往方面的"相互之间大声交谈不顾及他人"这3个指标，医院的不文明现象发生率也较高。出现这种情况的原因可能在于：人流量大小影响文明程度，相比其他观测点，医院的人流更为密集，环境更加嘈杂，客观上为人们遵守文明礼仪规范增加了困难。

特别需要注意的是，相比2016年，农贸市场的不文明现象有较大改善。2016年，公共卫生方面的"扔垃圾时没有扔进垃圾箱""投放垃圾时没有进行分类""随地吐痰、便溺""打喷嚏时没有遮掩""在禁烟场所抽烟"、公共秩序方面的"上下台阶时不主动靠右侧"以及公共交往方面的"相互之间大声交谈不顾及他人"等指标的不文明现象发生率最高的均为农贸市场。而在2017年的观测中，上述指标中农贸市场的不文明现象发生率较低或大幅下降。出现这一结果的原因大致有以下两点。第一，近年来，杭州不断加强对农贸市场的改造，拆除了露天市场，新建室内市场，环境有了较大改善，过去"脏、乱、差"的情况不复存在。第二，农贸市场管理方实施了很多有效措施，如给每个摊位配置垃圾桶，实现"垃圾不落地"；加强对各摊主的管理，加大对文明行为的宣传力度；等等。这在客观上增强了摊主和顾客的文明意识，降低了不文明行为的发生率。

五　结论

近年来，杭州在创建全国文明城市和提升国际化、现代化水平过程中积累了许多好的经验，并取得了不错的成绩，杭州的机动车在斑马线前礼让行人已经深入人心，成为杭州的一张"金名片"。同样，人们乘坐公交车自觉排队有序上下车也逐渐成为一种习惯，"文明一米线"正日益成为杭州地铁寻常而动人的风景。特别是2016年G20杭州峰会、2017年全国学生运动会等大型活动的成功举办，不仅使杭州有了"新一线"的城市概念，而且极大地提升了城市的国际化、现代化水平和市民的整体文明素养。

在本次市民公共文明指数调查现场观测中，在所观测的公共卫生、公共秩序、公共交往和公共观赏四个方面共24个指数指标860156人次/辆次的总流量中，不文明现象发生量为28729人次/辆次，不文明现象总体发生率为3.34%，较上年同期同观测范围与指标的不文明现象发生率下降了0.13个百分点，这进一步表明杭州市在各方面继续取得了明显成效。

对比2014～2017年的现场观测数据可以发现，人们在遛宠物时拴好绳子并清理其排泄物、打喷嚏时有所遮掩、垃圾分类投放、主动靠右侧上下台阶、非机动车不闯红灯不越线停车、共享单车有序停放等方面还需要继续努力。在以往提出的诸如花大力气做好宣传教育、创新管理方式、改善公共基础设施等建议与对策的基础上，结合现场观测、市民访谈与专家座谈，就垃圾分类、共享单车停放和文化设施建设等提出以下建议。

（一）关于垃圾分类

杭州市自2010年启动垃圾分类试点工作，取得了一定的成果，但还存在诸多问题，垃圾分类成效进展不大。对此，课题组建议如下。一是垃圾分类的宣传要注重分类方式的指导，而不仅仅是分类意义的宣传，可根据不同的季节进行情境教育，便于居民理解和举一反三，宣传广告要生动形象，宣传手册要详细具体，深入家庭内部。二是垃圾分类的教育要从小开始，可实行"1＋6"模式，由一个儿童带动家庭6个大人进行垃圾分类，充分利用儿童对大人的影响力，同时教育还需形式多样，学校要开设垃圾分类课程，市民大讲堂、老年大学可针对不同人群举办分类讲座，分层培养市民养成垃圾分类的好习惯。三是垃圾分类的操作要简单有效，目前的垃圾分类尽管只有四类，对于如何分类看起来似乎也不难，但具体操作起来则极为复杂，甚至会出现越研究越糊涂的现象，所以课题组认为垃圾分类的第一步，尤其是家庭分类，以干、湿两分为好，这样容易操作，可避免错误分类导致的不必要的重复劳动，接下来的分类可交给专业人员，由专业的人做专业的事，不仅可以大大提高垃圾分类的效率，而且可以降低垃圾分类成本。四是垃圾分类的设施要配备齐全，垃圾分类点的布局要合理科学，每个点起码要配备两个垃圾分类桶，有些地方的垃圾桶虽然标着"可回收"与"不可回收"两种不同标识，外表上看似是有区分的，其实内部是相通的，垃圾依然混在一起。五是垃圾分类的收运要分开进行，分类收运的成功与否，直接关系到分类储存和分类投放是否具有意义，也是分类处理前最关键的一步。然而，目前还没有专门的垃圾分类收运车，环卫部门收集时大多是一股脑儿地将所有垃圾打包运走，并没有分类。六是垃圾分类的处理技术有待提升，垃圾分类的最终目的是将垃圾进行分类处理，变废为宝。但是，如果由于技术不到位，本来可以变废为宝的垃圾，终端也只能采取集中填埋或者焚烧等方式处理，那么，之前所有的环节都将失去意义。七是垃圾分类的管理要从源头抓起，建议国家统一规定商品包装袋上要有垃圾分类的标识，指导居民正确进行垃圾分类及投放。

（二）关于共享单车停放

共享单车作为新生事物，契合绿色出行的理念，随骑随停的模式很是便捷，但随之而来的一些问题也遭人诟病：无序投放、乱停乱放、数量庞杂……如何在享受便捷的同时，又实现文明骑行？这其实是一件需要多方合力才能解决的事。一是加快技术开发，利用大数据进行实时监管。2017年11月，由杭州市交通运输局牵头开发的互联网租赁自行车监管平台正式上线，首批7家企业共享单车的实时数据接入平台。对于有多少车、车在哪儿，都一清二楚。监视相对容易，管理还需加强。平台要实时查询车辆的运载状况、停放情况、使用频率等，从而做出合理调度；一旦发现车辆乱停乱放，平台要在10分钟内响应，派出工作人员赴现场处理，如果逾期未处理的，涉事车辆将被统一搬离或者暂扣；数量超过区域所能承载标准的，平台要自动报警，避免盲目扩张；根据车辆的破损状况，系统要迅速做出反应，及时维修或更换；平台对企业的管理要严格，要求企业利用信息技术优势加强对车辆停放的管理，根据车辆数量配备足够的维保人员，做好对车辆技术质量的管理。相关领军企业要参与共享单车标准的制定，构建基于物联网的共享单车应用系统总体架构，并围绕该架构中用户智能终端侧、共享单车侧和企业应用平台侧的功能、性能和信息安全等做出相应的技术要求。从安全和环境角度考虑，对于有些规定企业必须遵守，如车辆必须具备定位功能，且能被精确查找；车身不得有广告；投放的车辆至多使用三年，必须被强制更新；等等。平台要根据企业的执行情况进行适当奖惩，当然所有这些都有待技术的开发和管理水平的提高。二是多部门联合，加强路面整治。按照属地管理原则，由各区政府（管委会）结合当地实际，建立联合工作机制，维护辖区路面秩序。主管部门通过对运力的动态监测了解供需关系，对企业进行投放指导，在基本饱和的情况下，除纳入监管平台的已有车辆之外不再新增，路面抽查一旦发现有未接入平台的车辆，将严肃处理。自2017年11月开始，杭州市交通运输部门联合多部门制定了《杭州市互联网租赁自行车市场整治方案》，对共享单车进行两次集中整治，效果明显。除集中整治外，日常管理尤为重要，城管委已经在编制、实施城市非机动车停放区域设置导则，划定停车泊位。建议将共享单车的路面管理纳入有关部门的考核之中，同时要加强对企业的管理，建议杭州尽快出台共享单车企业管理和服务质量考核办法，全面、科学评价企业管理能力和服务质量。督促企业落实主体责任和运维力量，做好现场管理和通行秩序维护，还市民一个整治有序的文明城市。三是增强大局意识，倡导文明骑行。作为共享经济领域最热的共享单车，成功解决了"最后一公里"的出行难题，满足了数以亿计人口的短途出行要求，其发展之快足以反映市民对它的欢迎程度。如此便捷的交通方式，虽然因为野蛮生长而带来了诸多问题，但粗暴的禁止显然是行不通的。建议政府在加强管控、管理的同时，开展多种形式的文明骑行公益倡导活动，如举办"共享单车文明使用、遵规守法你我同行"等主题宣传活动，规范共享单车有序停放，倡导文明骑行，呼吁大家遵守交通法规。开展以"城市心动力·发现身边之美"为主题的绿色骑行随手拍活动，树立榜样，表彰先进，引导市民文明用车、规范停车，自觉维护城市环境秩序。还可充分发挥志愿者的作用，杭州的志愿者素质较高，有丰富的经验，不仅是文明的传播者，更是文明的践行者。志愿者们走上街头，在人流、车流密集的地铁站、菜市场等轮值，手持"此处不能停放单车""请码放整齐"等文明宣传牌，劝导市民文明停放共享单车；也可骑着共享单车，穿街过巷，以实际行动带动文明骑行，影响身边人加入文明骑行大军中。另外，还要坚决摒弃各种不良行为，争当文明骑行示范者。对那些恶意损坏、故意乱停放共享单车的人，在教育无效的情况下，则要根据信用惩戒制度进行信用惩戒，并记录信用档案。共享单车企业也应建立用户信用体系，对于用户不规范用车或违法违规的行为要在信用体系中予以体现。

（三）关于文化设施建设

杭州自2014年启动"杭州市民公共文明指数调查"，大规模社会调研已经进行了4年，杭州市民公共文明综合评价指数从2014年的83.63上升到2017年的84.65，虽然逐年提升，但上升幅度不大。究其原因，课题组认为，指数反映的是市民的公共文明行为，而这个行为的背后是市民的公共文明素养，归根结底是人的素养决定了人的行为，所以要以提高人的素养为突破口，只有人的素养提高了，文明才会更进一步。提高市民文明素养的方法很多，但文化的影响、高雅艺术的熏陶无疑是非常有效的，很难相信一个一年观看 20 场音乐会的人会做出什么特别不文明的行为。为此，课题组给出以下建议。一是要继续大力发展文化事业，大规模布局文化设施。加大投入力度，增加或扩建图书馆、文化馆、艺术馆、影剧院、纪念馆、博物馆、美术馆、科技馆等公共文化设施，充分发挥文化艺术场所在市民公共文明建设中的重要作用。著名设计师沙里宁曾写道，"让我看看你的城市，我就能说出这个城市居民在文化上追求的是什么"，"城市是一本打开的书，从中可以看到它的目标与抱负"。城市公共设施是随着城市发展而产生的环境产品，具有完善城市功能的作用，是城市景观的有机组成部分，是城市这本书中精彩的片段，对提升城市服务功能具有重要意义。二是要大力完善公共文化服务体系，提升公共服务功能。图书馆、文化馆、艺术馆、影剧院、纪念馆、博物馆、美术馆、科技馆等公共文化设施，要以活动为载体，提升市民的文明素养；文明办要与大剧院、博物馆、图书馆等联合开展诸如"做文明有礼的杭州人——市民高雅艺术殿堂文明行"等系列活动，让广大市民体验高雅艺术，接受观赏文明教育，深入推进观赏文明引导行动，进一步提升市民的文明素养和文化修养；政府部门要实施文明道德示范引领工程，挖掘身边先进典型，让市民学有榜样、赶有目标；开展"我与杭州共成长"等主题教育活动，激发广大市民的主人翁意识和责任意识，以创建文明城市为龙头，扎实开展文明社区、文明行业、文明学校、文明单位、文明服务示范窗口等系列创评活动以及"身边好人·感动杭州"活动。

未来几年，杭州将迎来一系列国际重大赛事活动，如 2018 年世界短池游泳锦标赛、2019 年首届东亚青年运动会、2020 年世界游泳大会以及2022 年亚运会等，杭州市民的公共文明素养将迎来新的检验。政府部门要继续落实好《杭州市文明行为促进条例》，不断完善城市基础设施，持续提升市民文明素养，每一个杭州人也要清晰地意识到自己就是杭州文明水平的"检验卡"，每个人的行为都反映了这座城市的文明水平，每一位市民都是魅力杭州的宣传者、美丽城市的建设者、和谐社会的监督者和良好文明的传递者，日行一善，我为人人，人人为我，共同提升城市和市民的公共文明水平。

2017年杭州市民公共文明指数调查现场观测报告（上城区）

根据《2017 年杭州市民公共文明指数调查实施方案》的总体安排，课题组于 2017 年 12 月 1 日至 3 日对上城区 15 个观测点的市民在工作日和双休日不同时段的文明素养状况展开了实地观测，就观测情况形成如下报告。

一　上城区现场观测总体情况

上城区选取的 15 个现场观测点分别是市一医院公交车站、胜利剧院公交车站、城站地铁站、杭州市第一人民医院、高银街与延安路交叉路口、平海路与浣纱路交叉路口、后市街小区、姚元寺巷社区、断河头农贸市场、吴山文化公园、高银街（与河坊街平行段）、银泰百货西湖店以及地铁 1 号线、区内多条公交线路和胜利剧院。

实地观测分别围绕公共卫生、公共秩序、公共交往和公共观赏四个方面共 29 个指标展开，其中"打喷嚏时没有遮掩""社区楼道等有乱贴小广告和乱涂写现象""共享单车无序停放""遛宠物时没有拴好绳子""观看结束后不自觉清理并带走垃圾"5 个非指数指标在统计不文明现象发生率时没有纳入。

观测显示，上城区在四个时段观测总流量为 107814 人次/辆次，其中不文明现象发生量为 3057 人次/辆次，不文明现象总体发生率为 2.84%。07：00～09：00 时段的不文明现象发生率最高，为 3.95%；16：00～18：00 时段的不文明现象发生率最低，为 2.17%（见图 1）。

上城区在四个方面中，公共卫生方面的不文明现象发生率最低，为 0.86%；公共交往方面的不文明现象发生率最高，为 4.15%（见图 2）。

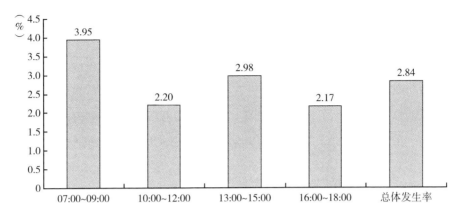

图1　上城区各时段不文明现象发生率比较

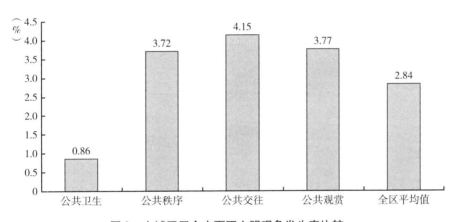

图2　上城区四个方面不文明现象发生率比较

二　四个方面各项指标情况

（一）2017年数据分析

1. 公共卫生方面

在所观测的总流量34283人次中，不文明现象发生量为295人次，不文明现象总体发生率为0.86%。

在本次观测所设置的 8 个指标中, 上城区不文明现象发生率较高的是"打喷嚏时没有遮掩"(29.88%)、"社区楼道等有乱贴小广告和乱涂写现象"(25.00%)、"遛宠物时不清理其排泄物"(5.93%)、"投放垃圾时没有进行分类"(4.42%)、"扔垃圾时没有扔进垃圾箱"(3.25%)和"公交车站有乱贴小广告和乱涂写现象"(2.50%),而不文明现象发生率较低的是"随地吐痰、便溺"(0.83%)和"在禁烟场所抽烟"(0.48%)(见图3)。

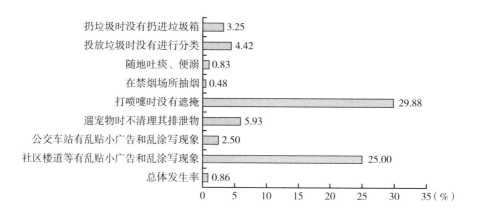

图3 上城区公共卫生方面各项指标不文明现象发生率

分时段来看,07:00~09:00 时段的不文明现象发生率最高,为 1.17%;其次是 13:00~15:00 时段,为 1.02%。其余时段的不文明现象发生率分别为 16:00~18:00 时段 0.76% 和 10:00~12:00 时段 0.68%(见图4)。

2. 公共秩序方面

在所观测的总流量 66821 人次/辆次中,不文明现象发生量为 2486 人次/辆次,不文明现象总体发生率为 3.72%。

在本次观测所设置的 12 个指标中,"遛宠物时没有拴好绳子"(16.95%)、"共享单车无序停放"(16.51%)、"非机动车越线停车"(8.69%)、"上下台阶时不主动靠右侧"(7.31%)、"机动车不在地面标示的规定区域内停车"(7.26%)、"非机动车闯红灯、走机动车道"(4.68%)、"乘坐直行电梯时没有

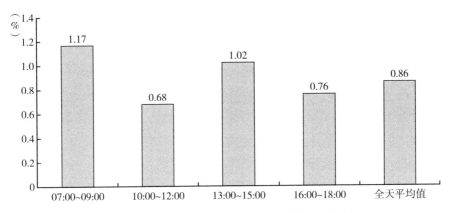

图4　上城区公共卫生方面各时段不文明现象发生率

做到先出后进"（3.81%）、"行人乱穿马路、闯红灯、翻栏杆"（3.42%）这8个指标的不文明现象发生率较高，其次是"排队时没有在规定区域等候"（2.90%）、"乘坐公交时没有做到有序排队上下车"（1.82%）、"乘坐地铁时没有做到有序排队上下车"（0.99%），而"机动车在斑马线前不礼让行人"的不文明现象发生率最低，为0.84%（见图5）。

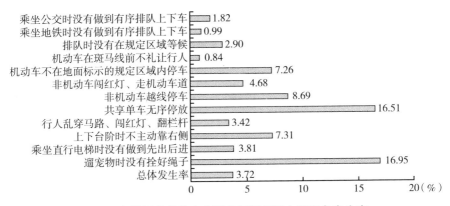

图5　上城区公共秩序方面各项指标不文明现象发生率

分时段来看，07：00～09：00时段的不文明现象发生率最高，为4.81%。其余时段的不文明现象发生率分别为13：00～15：00时段3.69%、10：00～12：00时段3.51%和16：00～18：00时段2.63%（见图6）。

233

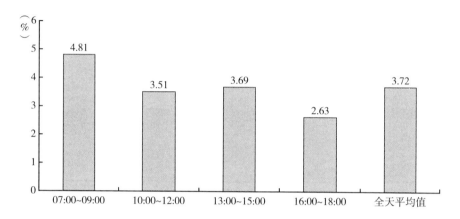

图6 上城区公共秩序方面各时段不文明现象发生率

3. 公共交往方面

在所观测的总流量6073人次中，不文明现象发生量为252人次，不文明现象总体发生率为4.15%。

在本次观测所设置的3个指标中，"向陌生人问讯时没有礼貌回应"的不文明现象发生率最高，为4.23%；"相互之间大声交谈不顾及他人"的不文明现象发生率为4.18%；"没有给老、弱、病、残、孕及怀抱婴儿者让座"的不文明现象发生率最低，为3.66%（见图7）。

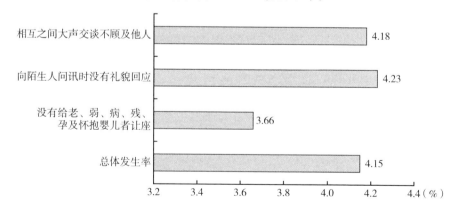

图7 上城区公共交往方面各项指标不文明现象发生率

分时段来看，10：00~12：00 时段的不文明现象发生率最高，为 4.95%，其次是 07：00~09：00 时段 4.68% 和 16：00~18：00 时段 3.84%。13：00~15：00 时段的不文明现象发生率最低，为 3.04%（见图 8）。

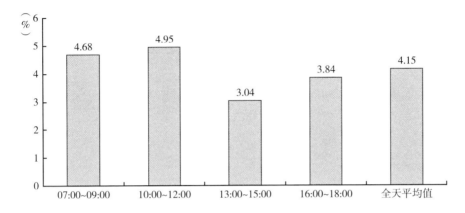

图 8　上城区公共交往方面各时段不文明现象发生率

4. 公共观赏方面

在所观测的总流量 637 人次中，不文明现象发生量为 24 人次，不文明现象总体发生率为 3.77%。

在本次观测所设置的 6 个指标中，"观看结束后不自觉清理并带走垃圾"的不文明现象发生率最高（11.11%），其次是"观看时使用手机影响他人（包括出现光亮与发出声音）"（10.07%）、"观看时交头接耳，大声喧哗，随意走动"（4.32%），这 3 个指标的不文明现象发生率均高于全区公共观赏方面的不文明现象总体发生率。而"观看时吃零食影响他人（包括发出声音与散发出气味）"（3.70%）、"放映前不按时检票入场"（0.72%）和"早退或无序退场"（0）这 3 个指标的不文明现象发生率均低于全区公共观赏方面的不文明现象总体发生率（见图 9）。

分时段来看，07：00~09：00、10：00~12：00 这两个时段的数据空缺，其余时段的不文明现象发生率分别为 16：00~18：00 时段 4.35% 和 13：00~15：00 时段 3.25%（见图 10）。

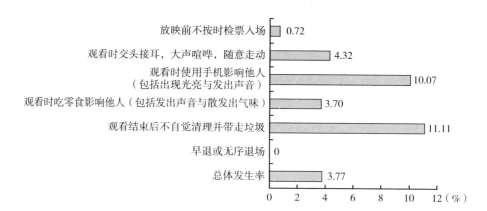

图9 上城区公共观赏方面各项指标不文明现象发生率

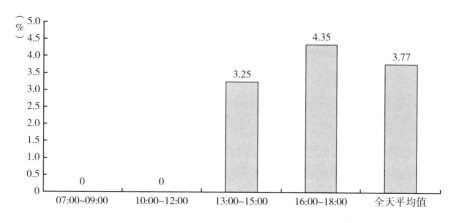

图10 上城区公共观赏方面各时段不文明现象发生率

（二）2014～2017年指标对比分析

2014～2017年上城区的不文明现象发生率分别为2.59%、2.76%、2.74%和2.84%。

以2017年四个方面29个指标为基础，对比2014～2017年18个相同或相近指标（详见主报告），对上城区市民在公共卫生、公共秩序、公共交往和公共观赏四个方面的不文明现象发生率进行对比分析。

在公共卫生方面可比较的 6 个指标中，有 2 个指标的不文明现象发生率连续三年下降，分别为"扔垃圾时没有扔进垃圾箱"和"投放垃圾时没有进行分类"，而"遛宠物时不清理其排泄物""随地吐痰、便溺""在禁烟场所抽烟""打喷嚏时没有遮掩"这 4 个指标 2014～2017 年的不文明现象发生率呈现波动状态（见图 11）。总体来看，上城区在公共卫生方面的不文明现象在持续改进。

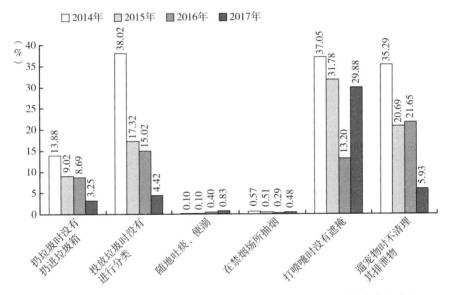

图 11　上城区公共卫生方面对比指标 2014～2017 年不文明现象发生率比较

在公共秩序方面可比较的 6 个指标中，"上下台阶时不主动靠右侧"的不文明现象发生率连续三年下降，而"乘坐公交时没有做到有序排队上下车""机动车在斑马线前不礼让行人""机动车不在地面标示的规定区域内停车""非机动车闯红灯、走机动车道""行人乱穿马路、闯红灯、翻栏杆"这 5 个指标 2014～2017 年的不文明现象发生率呈现波动状态（见图 12）。

在公共交往方面可比较的 3 个指标中，"相互之间大声交谈不顾及他人""向陌生人问讯时没有礼貌回应""没有给老、弱、病、残、孕及怀抱婴儿者让座"这 3 个指标 2014～2017 年的不文明现象发生率均呈现波动状态（见图 13）。

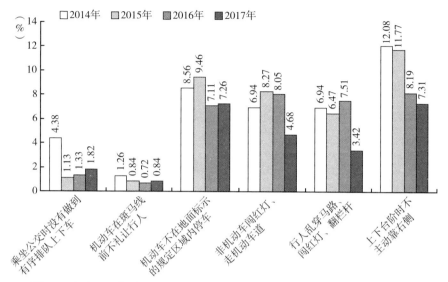

图12 上城区公共秩序方面对比指标 2014～2017 年不文明现象发生率比较

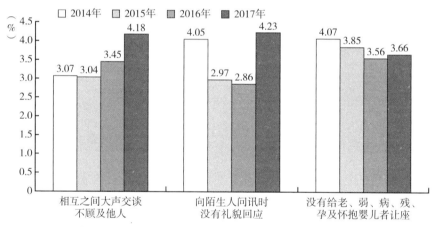

图13 上城区公共交往方面对比指标 2014～2017 年不文明现象发生率比较

在公共观赏方面可比较的 3 个指标中，"放映前不按时检票入场"的不文明现象发生率连续三年下降，而"观看时交头接耳，大声喧哗，随意走动"和"观看时使用手机影响他人（包括出现光亮与发出声音）"这两个指标 2014～2017 年的不文明现象发生率呈现波动状态（见图14）。

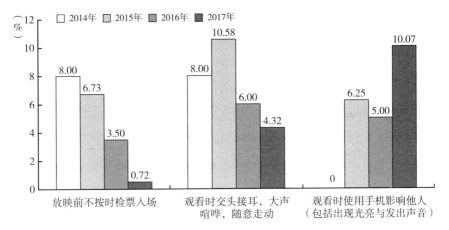

图14　上城区公共观赏方面对比指标2014~2017年不文明现象发生率比较

三　基本判断

（一）根据四个方面的情况

上城区在公共卫生方面的不文明现象发生率最低（0.86%），低于全区不文明现象总体发生率（2.84%）；在公共交往方面的不文明现象发生率最高（4.15%）。

在公共卫生方面，不文明现象发生率最高的是"打喷嚏时没有遮掩"（29.88%），最低的是"在禁烟场所抽烟"（0.48%）。对比2014~2017年的数据，在可比较的6个指标中，有2个指标的不文明现象发生率连续三年下降，分别为"扔垃圾时没有扔进垃圾箱"和"投放垃圾时没有进行分类"，可见上城区居民在公共卫生方面的不文明现象在持续改进。

在公共秩序方面，"机动车在斑马线前不礼让行人"的不文明现象发生率最低，为0.84%；"遛宠物时没有拴好绳子"的不文明现象发生率最高，为16.95%。对比2014~2017年的数据，"上下台阶时不主动靠右侧"的不文明现象发生率连续三年下降，这说明上城区居民在公共秩序方面的文明程度有待提升。

在公共交往方面，"向陌生人问讯时没有礼貌回应"的不文明现象发生率最高，为4.23%；"没有给老、弱、病、残、孕及怀抱婴儿者让座"的不文明现象发生率最低，为3.66%。对比2014～2017年的数据，"相互之间大声交谈不顾及他人""向陌生人问讯时没有礼貌回应""没有给老、弱、病、残、孕及怀抱婴儿者让座"这3个指标的不文明现象发生率呈现波动状态，这说明上城区居民在公共交往方面的不文明现象有待改进。

在公共观赏方面，"观看结束后不自觉清理并带走垃圾"的不文明现象发生率最高，为11.11%；"早退或无序退场"的不文明现象发生率最低，为0。对比2014～2017年的数据，"放映前不按时检票入场"的不文明现象发生率连续三年下降，这说明上城区居民在公共观赏方面的文明程度在持续提升。

（二）根据现场观测时段的情况

上城区居民在公共卫生和公共秩序方面的不文明现象发生率均是07：00～09：00时段最高，分别为1.17%和4.81%；在公共交往方面的不文明现象发生率在10：00～12：00时段最高，为4.95%；在公共观赏方面的不文明现象发生率均在16：00～18：00时段最高，为4.35%。这些可能受早晚高峰、观测时间、观测地点和天气等客观因素的影响。

（三）根据四个方面29个指标的情况

1. 不文明现象发生率排在前十位的指标

①打喷嚏时没有遮掩（公共卫生，29.88%）

②社区楼道等有乱贴小广告和乱涂写现象（公共卫生，25.00%）

③遛宠物时没有拴好绳子（公共秩序，16.95%）

④共享单车无序停放（公共秩序，16.51%）

⑤观看结束后不自觉清理并带走垃圾（公共观赏，11.11%）

⑥观看时使用手机影响他人（包括出现光亮与发出声音）（公共观赏，10.07%）

⑦非机动车越线停车（公共秩序，8.69%）

⑧上下台阶时不主动靠右侧（公共秩序，7.31%）

⑨机动车不在地面标示的规定区域内停车（公共秩序，7.26%）

⑩遛宠物时不清理其排泄物（公共卫生，5.93%）

在这10个指标中，属于公共卫生方面的有3个，属于公共观赏方面的有2个，属于公共秩序方面的有5个。这说明上城区居民在公共卫生、公共观赏和公共秩序方面的一些文明行为和习惯有待进一步改善。

2. 不文明现象发生率排在后十位的指标

①早退或无序退场（公共观赏，0）

②在禁烟场所抽烟（公共卫生，0.48%）

③放映前不按时检票入场（公共观赏，0.72%）

④随地吐痰、便溺（公共卫生，0.83%）

⑤机动车在斑马线前不礼让行人（公共秩序，0.84%）

⑥乘坐地铁时没有做到有序排队上下车（公共秩序，0.99%）

⑦乘坐公交时没有做到有序排队上下车（公共秩序，1.82%）

⑧公交车站有乱贴小广告和乱涂写现象（公共卫生，2.50%）

⑨排队时没有在规定区域等候（公共秩序，2.90%）

⑩扔垃圾时没有扔进垃圾箱（公共卫生，3.25%）

在这10个指标中，属于公共卫生和公共秩序方面的各有4个，属于公共观赏方面的有2个。这说明上城区在公共文明创建，特别是公共卫生和公共秩序方面成效明显。

2017年杭州市民公共文明指数调查现场观测报告（下城区）

根据《2017 年杭州市民公共文明指数调查实施方案》的总体安排，课题组于 2017 年 12 月 1 日至 3 日对下城区 15 个观测点的市民在工作日和双休日不同时段的文明素养状况展开了实地观测，就观测情况形成如下报告。

一　下城区现场观测总体情况

下城区选取的 15 个现场观测点分别是梅登高桥公交车站、小北门公交车站、武林广场地铁站、杭州市红十字会医院、百井坊巷与中山北路交叉路口、体育场路与中河北路交叉路口、三塘兰园社区、王马社区南区、仙林苑农贸市场、朝晖文化公园、戒坛寺巷（延安路口到安吉路幼儿园）、银泰百货西湖文化广场店以及地铁 1 号线、区内多条公交线路和浙江奥斯卡电影大世界。

实地观测分别围绕公共卫生、公共秩序、公共交往和公共观赏四个方面共 29 个指标展开，其中"打喷嚏时没有遮掩""社区楼道等有乱贴小广告和乱涂写现象""共享单车无序停放""遛宠物时没有拴好绳子""观看结束后不自觉清理并带走垃圾"5 个非指数指标在统计不文明现象发生率时没有纳入。

观测显示，下城区在四个时段观测总流量为 132590 人次/辆次，其中不文明现象发生量为 4355 人次/辆次，不文明现象总体发生率为 3.28%。10：00 ~ 12：00 时段的不文明现象发生率最高，为 3.66%；13：00 ~ 15：00 时段的不文明现象发生率最低，为 3.02%（见图 1）。

下城区在四个方面中，公共卫生方面的不文明现象发生率最低，为 1.02%；公共秩序方面的不文明现象发生率最高，为 4.49%（见图 2）。

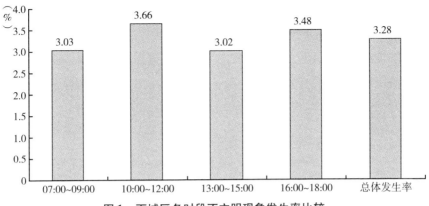

图1　下城区各时段不文明现象发生率比较

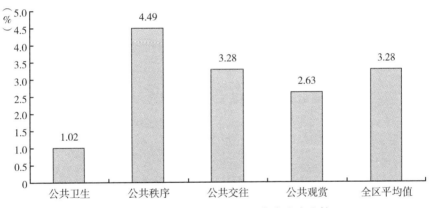

图2　下城区四个方面不文明现象发生率比较

二　四个方面各项指标情况

（一）2017年数据分析

1. 公共卫生方面

在所观测的总流量42565人次中，不文明现象发生量为435人次，不文明现象总体发生率为1.02%。

在本次观测所设置的8个指标中，下城区不文明现象发生率较高的是

243

"打喷嚏时没有遮掩"（20.08%）、"社区楼道等有乱贴小广告和乱涂写现象"（20.00%）、"投放垃圾时没有进行分类"（7.02%）、"公交车站有乱贴小广告和乱涂写现象"（6.25%）、"遛宠物时不清理其排泄物"（5.41%）和"扔垃圾时没有扔进垃圾箱"（5.08%），而不文明现象发生率较低的是"随地吐痰、便溺"（0.91%）和"在禁烟场所抽烟"（0.38%）（见图3）。

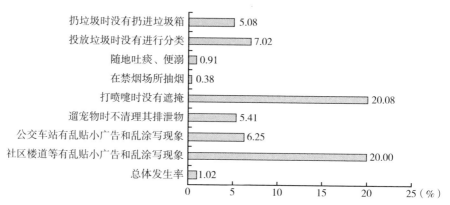

图3 下城区公共卫生方面各项指标不文明现象发生率

分时段来看，10：00～12：00时段的不文明现象发生率最高，为1.41%；其次是07：00～09：00时段，为1.35%。其余时段的不文明现象发生率分别为13：00～15：00时段0.89%和16：00～18：00时段0.67%（见图4）。

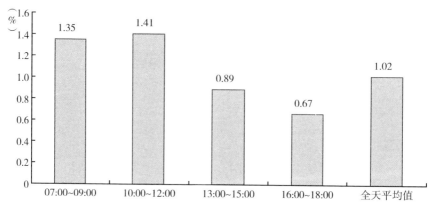

图4 下城区公共卫生方面各时段不文明现象发生率

2. 公共秩序方面

在所观测的总流量80596人次/辆次中，不文明现象发生量为3617人次/辆次，不文明现象总体发生率为4.49%。

在本次观测所设置的12个指标中，"遛宠物时没有拴好绳子"（18.30%）、"共享单车无序停放"（13.55%）、"上下台阶时不主动靠右侧"（8.91%）、"乘坐直行电梯时没有做到先出后进"（5.65%）、"非机动车越线停车"（4.86%）这5个指标的不文明现象发生率较高，其次是"机动车不在地面标示的规定区域内停车"（3.90%）、"排队时没有在规定区域等候"（3.67%）、"非机动车闯红灯、走机动车道"（3.44%）、"行人乱穿马路、闯红灯、翻栏杆"（3.30%）、"乘坐地铁时没有做到有序排队上下车"（2.27%）、"乘坐公交时没有做到有序排队上下车"（1.94%），而"机动车在斑马线前不礼让行人"的不文明现象发生率最低，为0.67%（见图5）。

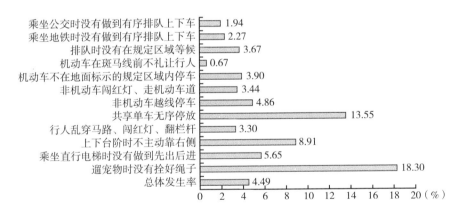

图5　下城区公共秩序方面各项指标不文明现象发生率

分时段来看，16：00~18：00和10：00~12：00这两个时段的不文明现象发生率较高，分别为5.58%和5.24%。其余时段的不文明现象发生率分别为13：00~15：00时段3.92%和07：00~09：00时段3.57%（见图6）。

3. 公共交往方面

在所观测的总流量8516人次中，不文明现象发生量为279人次，不文

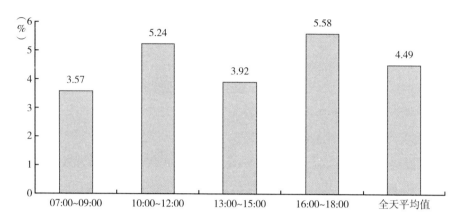

图6 下城区公共秩序方面各时段不文明现象发生率

明现象总体发生率为3.28%。

在本次观测所设置的3个指标中,"没有给老、弱、病、残、孕及怀抱婴儿者让座"的不文明现象发生率最高,为4.33%;"向陌生人问讯时没有礼貌回应"的不文明现象发生率为3.39%;"相互之间大声交谈不顾及他人"的不文明现象发生率最低,为3.23%(见图7)。

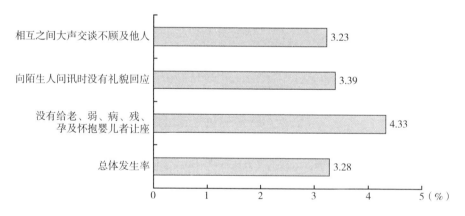

图7 下城区公共交往方面各项指标不文明现象发生率

分时段来看,07:00~09:00时段的不文明现象发生率最高,为3.36%;其次是13:00~15:00和16:00~18:00这两个时段,不文明现象发生率均为3.29%。10：00～12：00时段的不文明现象发生率最低，为3.17%（见图8）。

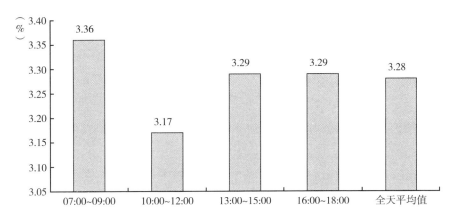

图8 下城区公共交往方面各时段不文明现象发生率

4. 公共观赏方面

在所观测的总流量913人次中，不文明现象发生量为24人次，不文明现象总体发生率为2.63%。

在本次观测所设置的6个指标中，"观看结束后不自觉清理并带走垃圾"的不文明现象发生率最高（21.37%），其次是"观看时使用手机影响他人（包括出现光亮与发出声音）"（5.03%）、"观看时吃零食影响他人（包括发出声音与散发出气味）"（3.42%）和"观看时交头接耳，大声喧哗，随意走动"（3.02%），这4个指标的不文明现象发生率均高于全区公共观赏方面的不文明现象总体发生率。"放映前不按时检票入场"（1.51%）和"早退或无序退场"（0.50%）这两个指标的不文明现象发生率低于全区公共观赏方面的不文明现象总体发生率（见图9）。

分时段来看，07：00～09：00这一时段的数据空缺，其余时段的不文明现象发生率分别为16：00～18：00时段3.31%、13：00～15：00时段3.10%和10：00～12：00时段1.39%（见图10）。

分析报告

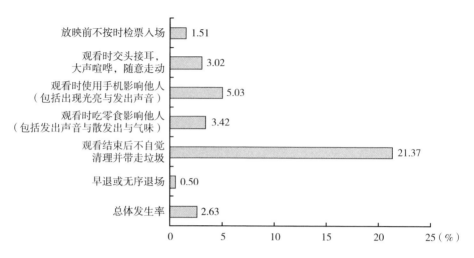

图9 下城区公共观赏方面各项指标不文明现象发生率

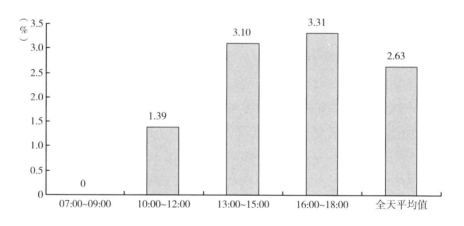

图10 下城区公共观赏方面各时段不文明现象发生率

（二）2014~2017年指标对比分析

2014~2017年下城区的不文明现象发生率分别为2.45%、2.92%、2.81%和3.28%。

以2017年四个方面29个指标为基础，对比2014~2017年18个相同或相近指标（详见主报告），对下城区市民在公共卫生、公共秩序、公共交往和公共观赏四个方面的不文明现象发生率进行对比分析。

在公共卫生方面可比较的 6 个指标中，有 3 个指标的不文明现象发生率连续三年下降，分别为"扔垃圾时没有扔进垃圾箱""打喷嚏时没有遮掩""遛宠物时不清理其排泄物"，而"投放垃圾时没有进行分类""随地吐痰、便溺""在禁烟场所抽烟"这 3 个指标 2014～2017 年的不文明现象发生率呈现波动状态（见图 11）。

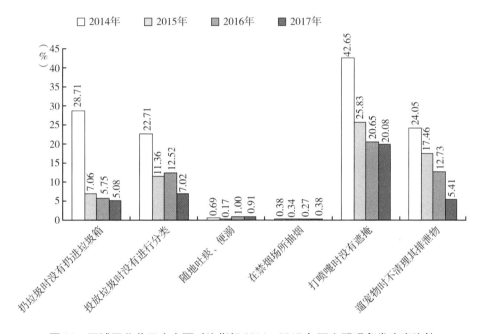

图 11　下城区公共卫生方面对比指标 2014～2017 年不文明现象发生率比较

在公共秩序方面可比较的 6 个指标中，有 3 个指标的不文明现象发生率连续三年下降，分别为"乘坐公交时没有做到有序排队上下车""机动车在斑马线前不礼让行人""上下台阶时不主动靠右侧"，而"机动车不在地面标示的规定区域内停车""非机动车闯红灯、走机动车道""行人乱穿马路、闯红灯、翻栏杆"这 3 个指标 2014～2017 年的不文明现象发生率均呈现波动状态（见图 12）。

在公共交往方面可比较的 3 个指标中，"没有给老、弱、病、残、孕及

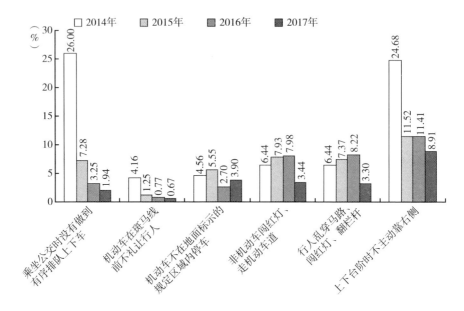

图12 下城区公共秩序方面对比指标 2014～2017 年不文明现象发生率比较

怀抱婴儿者让座"的不文明现象发生率连续三年下降，而"相互之间大声
交谈不顾及他人"和"向陌生人问讯时没有礼貌回应"这两个指标 2014～
2017 年的不文明现象发生率呈现波动状态（见图 13）。

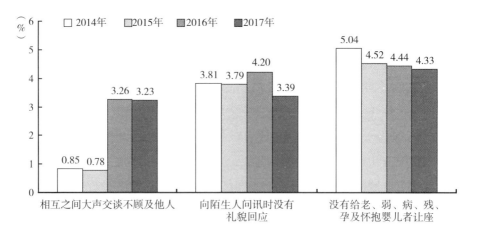

图13 下城区公共交往方面对比指标 2014～2017 年不文明现象发生率比较

在公共观赏方面可比较的3个指标中，"放映前不按时检票入场""观看时交头接耳，大声喧哗，随意走动""观看时使用手机影响他人（包括出现光亮与发出声音）"这3个指标2014～2017年的不文明现象发生率均呈现波动状态（见图14）。

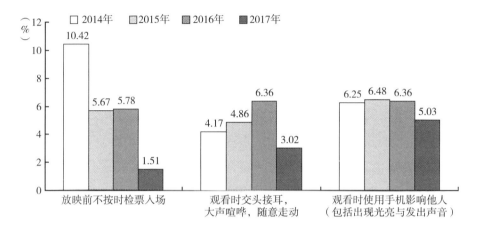

图14　下城区公共观赏方面对比指标2014～2017年不文明现象发生率比较

三　基本判断

（一）根据四个方面的情况

下城区在公共卫生方面的不文明现象发生率最低（1.02%），低于全区不文明现象总体发生率（3.28%）；在公共秩序方面的不文明现象发生率最高（4.49%）。

在公共卫生方面，不文明现象发生率最高的是"打喷嚏时没有遮掩"（20.08%），最低的是"在禁烟场所抽烟"（0.38%）。对比2014～2017年的数据，在可比较的6个指标中，有3个指标的不文明现象发生率连续三年下降，分别为"扔垃圾时没有扔进垃圾箱""打喷嚏时没有遮掩""遛宠物时不清理其排泄物"，可见下城区居民在公共卫生方面的不文明现象在持续改进。

在公共秩序方面,"机动车在斑马线前不礼让行人"的不文明现象发生率最低,为0.67%;"遛宠物时没有拴好绳子"的不文明现象发生率最高,为18.30%。对比2014~2017年的数据,有3个指标的不文明现象发生率连续三年下降,分别为"乘坐公交时没有做到有序排队上下车""机动车在斑马线前不礼让行人""上下台阶时不主动靠右侧",这说明下城区居民在公共秩序方面的文明程度在稳步提升。

在公共交往方面,"没有给老、弱、病、残、孕及怀抱婴儿者让座"的不文明现象发生率最高,为4.33%;"相互之间大声交谈不顾及他人"的不文明现象发生率最低,为3.23%。对比2014~2017年的数据,"没有给老、弱、病、残、孕及怀抱婴儿者让座"的不文明现象发生率连续三年下降,这说明下城区居民在公共交往方面的不文明现象在持续改进。

在公共观赏方面,"观看结束后不自觉清理并带走垃圾"的不文明现象发生率最高,为21.37%;"早退或无序退场"的不文明现象发生率最低,为0.50%。对比2014~2017年的数据,"放映前不按时检票入场""观看时交头接耳,大声喧哗,随意走动""观看时使用手机影响他人(包括出现光亮与发出声音)"这3个指标的不文明现象发生率呈现波动状态,这说明下城区居民在公共观赏方面的文明程度有待进一步提升。

(二)根据现场观测时段的情况

下城区居民在公共卫生方面的不文明现象发生率在10:00~12:00时段最高,为1.41%;在公共秩序方面的不文明现象发生率在16:00~18:00时段最高,为5.58%;在公共交往方面的不文明现象发生率在07:00~09:00时段最高,为3.36%;在公共观赏方面的不文明现象发生率在16:00~18:00时段最高,为3.31%。这些可能受早晚高峰、观测时间、观测地点和天气等客观因素的影响。

（三）根据四个方面29个指标的情况

1. 不文明现象发生率排在前十位的指标

①观看结束后不自觉清理并带走垃圾（公共观赏，21.37%）

②打喷嚏时没有遮掩（公共卫生，20.08%）

③社区楼道等有乱贴小广告和乱涂写现象（公共卫生，20.00%）

④遛宠物时没有拴好绳子（公共秩序，18.30%）

⑤共享单车无序停放（公共秩序，13.55%）

⑥上下台阶时不主动靠右侧（公共秩序，8.91%）

⑦投放垃圾时没有进行分类（公共卫生，7.02%）

⑧公交车站有乱贴小广告和乱涂写现象（公共卫生，6.25%）

⑨乘坐直行电梯时没有做到先出后进（公共秩序，5.65%）

⑩遛宠物时不清理其排泄物（公共卫生，5.41%）

在这10个指标中，属于公共卫生方面的有5个，属于公共秩序方面的有4个，属于公共观赏方面的有1个。这说明下城区居民在公共卫生、公共秩序和公共观赏方面的一些文明行为和习惯有待进一步改善。

2. 不文明现象发生率排在后十位的指标

①在禁烟场所抽烟（公共卫生，0.38%）

②早退或无序退场（公共观赏，0.50%）

③机动车在斑马线前不礼让行人（公共秩序，0.67%）

④随地吐痰、便溺（公共卫生，0.91%）

⑤放映前不按时检票入场（公共观赏，1.51%）

⑥乘坐公交时没有做到有序排队上下车（公共秩序，1.94%）

⑦乘坐地铁时没有做到有序排队上下车（公共秩序，2.27%）

⑧观看时交头接耳，大声喧哗，随意走动（公共观赏，3.02%）

⑨相互之间大声交谈不顾及他人（公共交往，3.23%）

⑩行人乱穿马路、闯红灯、翻栏杆（公共秩序，3.30%）

在这10个指标中，属于公共秩序方面的有4个，属于公共观赏方面的有3个，属于公共卫生方面的有2个，属于公共交往方面的有1个。这说明下城区在公共文明创建，特别是公共秩序方面成效明显。

2017年杭州市民公共文明指数调查现场观测报告（江干区）

根据《2017年杭州市民公共文明指数调查实施方案》的总体安排，课题组于2017年11月23日至25日对江干区15个观测点的市民在工作日和双休日不同时段的文明素养状况展开了实地观测，就观测情况形成如下报告。

一 江干区现场观测总体情况

江干区选取的15个现场观测点分别是景芳五区公交车站、市民中心公交车站、市民中心地铁站、浙江大学医学院附属邵逸夫医院下沙院区、新塘路与景芳路交叉路口、下沙大北路与五号大街交叉路口、景新社区、大都文苑社区、高沙农贸市场、钱江新城城市阳台广场、景昙路（103号至125号之间）、万象城以及区内多条公交线路和SFC上影龙湖天街。

实地观测分别围绕公共卫生、公共秩序、公共交往和公共观赏四个方面共29个指标展开，其中"打喷嚏时没有遮掩""社区楼道等有乱贴小广告和乱涂写现象""共享单车无序停放""遛宠物时没有拴好绳子""观看结束后不自觉清理并带走垃圾"5个非指数指标在统计不文明现象发生率时没有纳入。

观测显示，江干区在四个时段观测总流量为115108人次/辆次，其中不文明现象发生量为2916人次/辆次，不文明现象总体发生率为2.53%。10：00~12：00时段的不文明现象发生率最高，为2.80%；07：00~09：00时段的不文明现象发生率最低，为1.90%（见图1）。

江干区在四个方面中，公共卫生方面的不文明现象发生率最低，为1.28%；公共观赏方面的不文明现象发生率最高，为4.99%（见图2）。

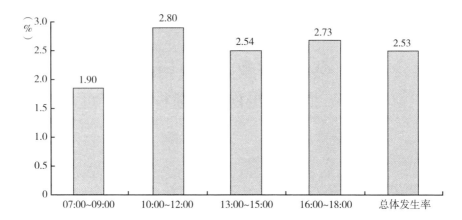

图1　江干区各时段不文明现象发生率比较

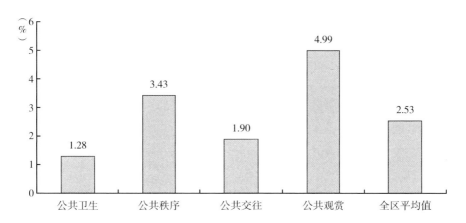

图2　江干区四个方面不文明现象发生率比较

二　四个方面各项指标情况

（一）2017年数据分析

1. 公共卫生方面

在所观测的总流量40488人次中，不文明现象发生量为519人次，不文

明现象总体发生率为1.28%。

在本次观测所设置的8个指标中，江干区不文明现象发生率较高的是"遛宠物时不清理其排泄物"（10.14%）、"社区楼道等有乱贴小广告和乱涂写现象"（9.59%）、"打喷嚏时没有遮掩"（6.90%）、"投放垃圾时没有进行分类"（5.08%）、"扔垃圾时没有扔进垃圾箱"（3.21%）、"公交车站有乱贴小广告和乱涂写现象"（2.48%），而不文明现象发生率较低的是"随地吐痰、便溺"（0.90%）和"在禁烟场所抽烟"（0.16%）（见图3）。

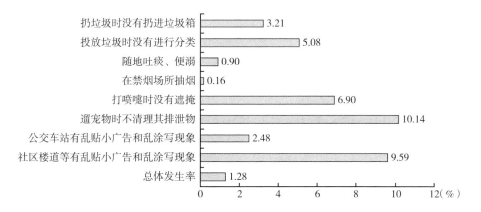

图3　江干区公共卫生方面各项指标不文明现象发生率

分时段来看，07：00～09：00时段的不文明现象发生率最高，为1.91%；其次是10：00～12：00时段，为1.89%。这两个时段的不文明现象发生率均高于全区公共卫生方面的不文明现象总体发生率。其余两个时段的不文明现象发生率分别为16：00～18：00时段1.00%和13：00～15：00时段0.57%（见图4）。

2.公共秩序方面

在所观测的总流量57640人次/辆次中，不文明现象发生量为1976人次/辆次，不文明现象总体发生率为3.43%。

在本次观测所设置的12个指标中，"遛宠物时没有拴好绳子"（19.21%）、"机动车不在地面标示的规定区域内停车"（9.21%）、"非机动车闯红灯、走机动车道"（8.48%）、"非机动车越线停车"（7.89%）、"行人乱

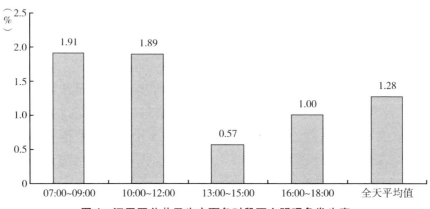

图4 江干区公共卫生方面各时段不文明现象发生率

穿马路、闯红灯、翻栏杆"（4.78%）这5个指标的不文明现象发生率较高，其次是"共享单车无序停放"（3.81%）、"排队时没有在规定区域等候"（2.53%）、"上下台阶时不主动靠右侧"（2.12%）、"乘坐地铁时没有做到有序排队上下车"（1.59%）、"乘坐直行电梯时没有做到先出后进"（1.17%）、"乘坐公交时没有做到有序排队上下车"（0.68%），而"机动车在斑马线前不礼让行人"的不文明现象发生率最低，为0.43%（见图5）。

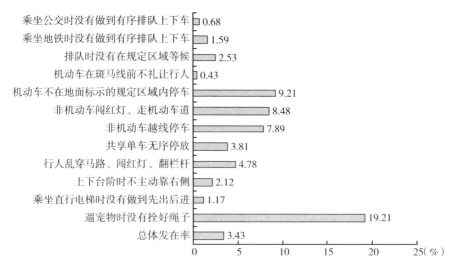

图5 江干区公共秩序方面各项指标不文明现象发生率

分时段来看，16：00～18：00 时段的不文明现象发生率最高，为4.57%；其次是13：00～15：00 时段，为3.59%。其余时段的不文明现象发生率分别为10：00～12：00 时段3.26%和07：00～09：00 时段2.03%（见图6）。

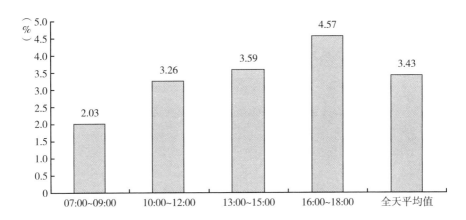

图6　江干区公共秩序方面各时段不文明现象发生率

3. 公共交往方面

在所观测的总流量13816 人次中，不文明现象发生量为263 人次，不文明现象总体发生率为1.90%。

在本次观测所设置的 3 个指标中，"没有给老、弱、病、残、孕及怀抱婴儿者让座"的不文明现象发生率最高，为2.92%；"相互之间大声交谈不顾及他人"的不文明现象发生率为1.91%；"向陌生人问讯时没有礼貌回应"的不文明现象发生率最低，为1.55%（见图7）。

分时段来看，10：00～12：00 和13：00～15：00 时段的不文明现象发生率最高，均为3.04%；其次是07：00～09：00 时段和16：00～18：00 时段，分别为1.25%和0.97%（见图8）。

4. 公共观赏方面

在所观测的总流量3164 人次中，不文明现象发生量为158 人次，不文明现象总体发生率为4.99%。

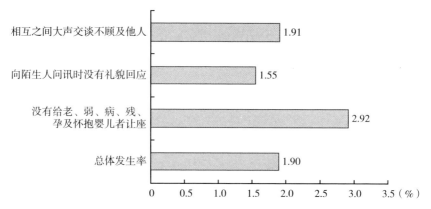

图7 江干区公共交往方面各项指标不文明现象发生率

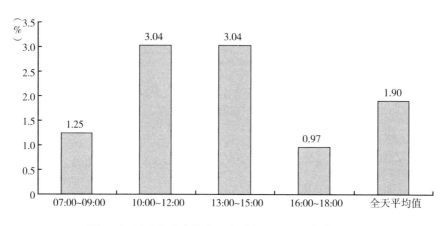

图8 江干区公共交往方面各时段不文明现象发生率

在本次观测所设置的6个指标中,"观看时吃零食影响他人(包括发出声音与散发出气味)"的不文明现象发生率最高(17.33%),其次是"观看时使用手机影响他人(包括出现光亮与发出声音)"(9.64%)和"观看结束后不自觉清理并带走垃圾"(6.00%),这3个指标的不文明现象发生率均高于全区公共观赏方面的不文明现象总体发生率。"观看时交头接耳,大声喧哗,随意走动"(2.65%)、"放映前不按时检票入场"(1.40%)和"早退或无序退场"(1.12%)这3个指标的不文明现象发生率低于全区公共观赏方面的不文明现象总体发生率(见图9)。

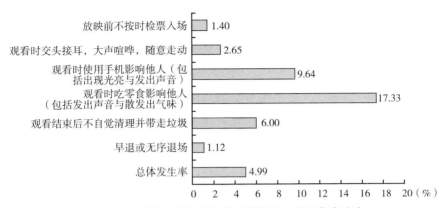

图9　江干区公共观赏方面各项指标不文明现象发生率

分时段来看，07：00～09：00和10：00～12：00这两个时段的数据空缺。13：00～15：00和16：00～18：00时段的不文明现象发生率分别为5.08%和4.92%（见图10）。

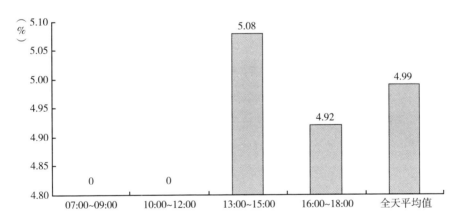

图10　江干区公共观赏方面各时段不文明现象发生率

（二）2014～2017年指标对比分析

2014～2017年江干区的不文明现象发生率分别为1.30%、2.67%、2.60%和2.53%。

以2017年四个方面29个指标为基础，对比2014～2017年18个相同或相近指标（详见主报告），对江干区市民在公共卫生、公共秩序、公共交往和公共观赏四个方面的不文明现象发生率进行对比分析。

在公共卫生方面可比较的 6 个指标中，有 3 个指标的不文明现象发生率连续三年下降，分别为"投放垃圾时没有进行分类""打喷嚏时没有遮掩""遛宠物时不清理其排泄物"，而"扔垃圾时没有扔进垃圾箱""随地吐痰、便溺""在禁烟场所抽烟"这 3 个指标 2014～2017 年的不文明现象发生率呈现波动状态（见图 11）。总体来看，江干区居民在公共卫生方面的不文明现象在持续改进。

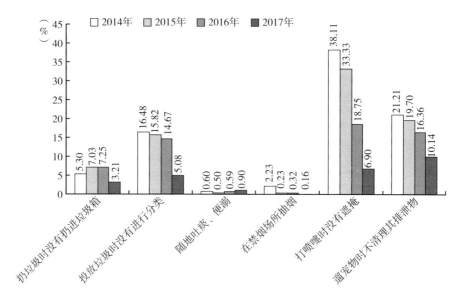

图 11　江干区公共卫生方面对比指标 2014～2017 年不文明现象发生率比较

在公共秩序方面可比较的 6 个指标中，"机动车在斑马线前不礼让行人""行人乱穿马路、闯红灯、翻栏杆""上下台阶时不主动靠右侧"这 3 个指标的不文明现象发生率连续三年下降，"乘坐公交时没有做到有序排队上下车"和"机动车不在地面标示的规定区域内停车"这两个指标的不文明现象发生率连续三年上升，而"非机动车闯红灯、走机动车道"这一指标 2014～2017 年的不文明现象发生率呈现波动状态（见图 12）。

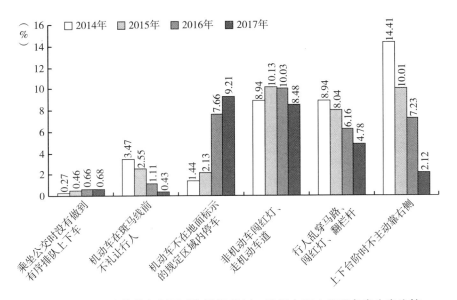

图12 江干区公共秩序方面对比指标2014～2017年不文明现象发生率比较

在公共交往方面可比较的3个指标中，"向陌生人问讯时没有礼貌回应"的不文明现象发生率连续三年下降，而"相互之间大声交谈不顾及他人"和"没有给老、弱、病、残、孕及怀抱婴儿者让座"这两个指标2014～2017年的不文明现象发生率呈现波动状态（见图13）。

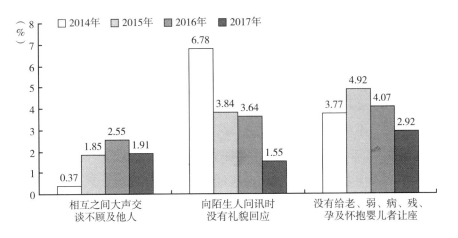

图13 江干区公共交往方面对比指标2014～2017年不文明现象发生率比较

在公共观赏方面可比较的 3 个指标中,"放映前不按时检票入场"的不文明现象发生率连续三年下降,"观看时使用手机影响他人(包括出现光亮与发出声音)"的不文明现象发生率连续三年上升,而"观看时交头接耳,大声喧哗,随意走动"这一指标 2014～2017 年的不文明现象发生率呈现波动状态(见图 14)。

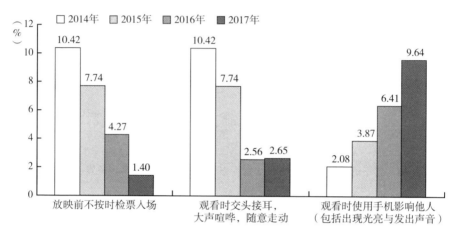

图 14　江干区公共观赏方面对比指标 2014～2017 年不文明现象发生率比较

三　基本判断

(一)根据四个方面的情况

江干区在公共卫生方面的不文明现象发生率最低(1.28%),低于全区不文明现象总体发生率(2.53%);在公共观赏方面的不文明现象发生率最高(4.99%)。

在公共卫生方面,"在禁烟场所抽烟"的不文明现象发生率最低,为0.16%;"遛宠物时不清理其排泄物"和"社区楼道等有乱贴小广告和乱涂写现象"这两个指标的不文明现象发生率较高,分别达到 10.14% 和9.59%。对比 2014～2017 年的数据,有 3 个指标的不文明现象发生率连续三年下降，分别为"投放垃圾时没有进行分类""打喷嚏时没有遮掩""遛宠物时不清理其排泄物"。总体来看，江干区居民在公共卫生方面的不文明现象在持续改进。

在公共秩序方面，"遛宠物时没有拴好绳子"的不文明现象发生率最高，为19.21%；"机动车在斑马线前不礼让行人"的不文明现象发生率最低，为0.43%。对比2014~2017年的数据，"机动车在斑马线前不礼让行人""行人乱穿马路、闯红灯、翻栏杆""上下台阶时不主动靠右侧"这3个指标的不文明现象发生率连续三年下降，这说明江干区居民在公共秩序方面的文明程度在稳步提升。

在公共交往方面，"没有给老、弱、病、残、孕及怀抱婴儿者让座"的不文明现象发生率最高，为2.92%；"相互之间大声交谈不顾及他人"的不文明现象发生率为1.91%；"向陌生人问讯时没有礼貌回应"的不文明现象发生率最低，为1.55%。对比2014~2017年的数据，"向陌生人问讯时没有礼貌回应"的不文明现象发生率连续三年下降，这说明江干区居民在公共交往方面的不文明现象在持续改进。

在公共观赏方面，"观看时吃零食影响他人（包括发出声音与散发出气味）"的不文明现象发生率最高，为17.33%；"早退或无序退场"的不文明现象发生率最低，为1.12%。对比2014~2017年的数据，"放映前不按时检票入场"的不文明现象发生率连续三年下降，这说明江干区居民在观影时的文明习惯在不断改善。

（二）根据现场观测时段的情况

江干区居民在公共卫生方面的不文明现象发生率在07：00~09：00时段最高，为1.91%；在公共秩序方面的不文明现象发生率在16：00~18：00时段最高，为4.57%；在公共交往方面的不文明现象发生率在10：00~12：00和13：00~15：00时段最高，均为3.04%；在公共观赏方面的不文明现象发生率在13：00~15：00时段最高，为5.08%。这些可能受早晚高峰、观测时间、观测地点和天气等客观因素的影响。

（三）根据四个方面29个指标的情况

1. 不文明现象发生率排在前十位的指标

①遛宠物时没有拴好绳子（公共秩序，19.21%）

②观看时吃零食影响他人（包括发出声音与散发出气味）（公共观赏，17.33%）

③遛宠物时不清理其排泄物（公共卫生，10.14%）

④观看时使用手机影响他人（包括出现光亮与发出声音）（公共观赏，9.64%）

⑤社区楼道等有乱贴小广告和乱涂写现象（公共卫生，9.59%）

⑥机动车不在地面标示的规定区域内停车（公共秩序，9.21%）

⑦非机动车闯红灯、走机动车道（公共秩序，8.48%）

⑧非机动车越线停车（公共秩序，7.89%）

⑨打喷嚏时没有遮掩（公共卫生，6.90%）

⑩观看结束后不自觉清理并带走垃圾（公共观赏，6.00%）

在这10个指标中，属于公共秩序方面的有4个，属于公共卫生方面的有3个，属于公共观赏方面的有3个。这说明江干区居民在公共秩序、公共卫生和公共观赏方面的一些文明习惯有待进一步改善。

2. 不文明现象发生率排在后十位的指标

①在禁烟场所抽烟（公共卫生，0.16%）

②机动车在斑马线前不礼让行人（公共秩序，0.43%）

③乘坐公交时没有做到有序排队上下车（公共秩序，0.68%）

④随地吐痰、便溺（公共卫生，0.90%）

⑤早退或无序退场（公共观赏，1.12%）

⑥乘坐直行电梯时没有做到先出后进（公共秩序，1.17%）

⑦放映前不按时检票入场（公共观赏，1.40%）

⑧向陌生人问讯时没有礼貌回应（公共交往，1.55%）

⑨乘坐地铁时没有做到有序排队上下车（公共秩序，1.59%）

⑩相互之间大声交谈不顾及他人（公共交往，1.91%）

在这10个指标中，属于公共秩序方面的有4个，属于公共观赏、公共卫生和公共交往方面的各有2个。这说明江干区在公共文明创建，特别是公共秩序方面付出了努力，改善明显。

2017年杭州市民公共文明指数
调查现场观测报告（拱墅区）

根据《2017年杭州市民公共文明指数调查实施方案》的总体安排，课题组于2017年11月24日至26日对拱墅区15个观测点的市民在工作日和双休日不同时段的文明素养状况展开了实地观测，就观测情况形成如下报告。

一 拱墅区现场观测总体情况

拱墅区选取的15个现场观测点分别是香积寺路上塘路口公交车站、拱宸桥东公交车站、大塘新村公交车站、杭州市第二人民医院、金华路与衢州街交叉路口、湖墅南路与文晖路交叉路口、东一社区大关东一苑、和睦社区和睦新村、和睦农贸市场、运河广场、霞湾巷（胜利河美食街东门—西门）、水晶城购物中心以及下沙至观测点公交线路、区内多条公交线路和众安电影大世界。

实地观测分别围绕公共卫生、公共秩序、公共交往和公共观赏四个方面共29个指标展开，其中"打喷嚏时没有遮掩""社区楼道等有乱贴小广告和乱涂写现象""共享单车无序停放""遛宠物时没有拴好绳子""观看结束后不自觉清理并带走垃圾"5个非指数指标在统计不文明现象发生率时没有纳入。

观测显示，拱墅区在四个时段观测总流量为97241人次/辆次，其中不文明现象发生量为2944人次/辆次，不文明现象总体发生率为3.03%。16：00～18：00时段的不文明现象发生率最高，为3.65%；13：00～15：00时段的不文明现象发生率最低，为2.56%（见图1）。

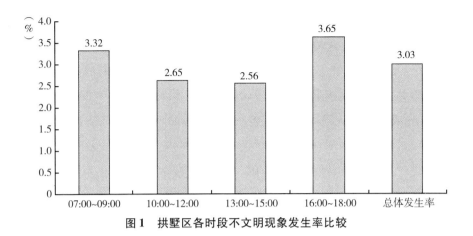

图1　拱墅区各时段不文明现象发生率比较

拱墅区在四个方面中，公共卫生方面的不文明现象发生率最低，为1.92%；公共观赏方面的不文明现象发生率最高，为7.98%（见图2）。

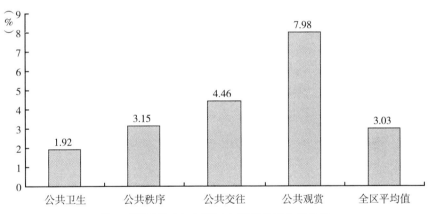

图2　拱墅区四个方面不文明现象发生率比较

二　四个方面各项指标情况

（一）2017年数据分析

1. 公共卫生方面

在所观测的总流量20292人次中，不文明现象发生量为389人次，不文

明现象总体发生率为 1.92%。

在本次观测所设置的 8 个指标中，拱墅区不文明现象发生率较高的是"社区楼道等有乱贴小广告和乱涂写现象"（32.84%）、"打喷嚏时没有遮掩"（19.11%）、"遛宠物时不清理其排泄物"（14.16%）、"投放垃圾时没有进行分类"（11.75%）、"公交车站有乱贴小广告和乱涂写现象"（10.23%）、"扔垃圾时没有扔进垃圾箱"（6.98%），而不文明现象发生率较低的是"随地吐痰、便溺"（1.04%）和"在禁烟场所抽烟"（1.00%）（见图3）。

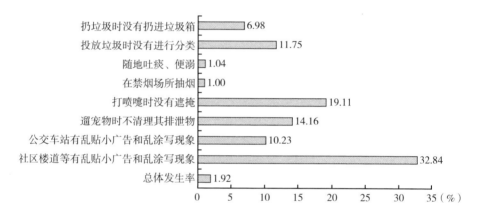

图3　拱墅区公共卫生方面各项指标不文明现象发生率

分时段来看，07：00～09：00 时段的不文明现象发生率最高，为 2.31%；其次是 10：00～12：00 时段，为 2.08%。这两个时段的不文明现象发生率均高于全区公共卫生方面的不文明现象总体发生率。其余两个时段的不文明现象发生率分别为 16：00～18：00 时段 1.69% 和 13：00～15：00 时段 1.67%（见图4）。

2. 公共秩序方面

在所观测的总流量 69858 人次/辆次中，不文明现象发生量为 2201 人次/辆次，不文明现象总体发生率为 3.15%。

在本次观测所设置的 11 个指标中（"乘坐地铁时没有做到有序排队上

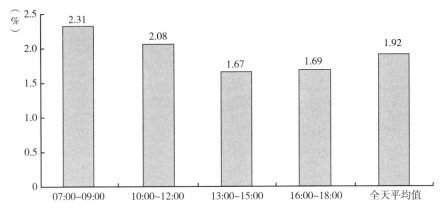

图4 拱墅区公共卫生方面各时段不文明现象发生率

下车"指标未观测)，不文明现象发生率较高的指标依次为"共享单车无序停放"（20.47%）、"遛宠物时没有拴好绳子"（16.81%）、"上下台阶时不主动靠右侧"（7.17%）、"非机动车越线停车"（4.30%）、"机动车不在地面标示的规定区域内停车"（4.27%）、"非机动车闯红灯、走机动车道"（4.09%）、"行人乱穿马路、闯红灯、翻栏杆"（4.01%）、"乘坐直行电梯时没有做到先出后进"（3.50%），其次为"排队时没有在规定区域等候"（2.41%）、"乘坐公交时没有做到有序排队上下车"（1.70%），而"机动车在斑马线前不礼让行人"的不文明现象发生率最低，为0.44%（见图5）。

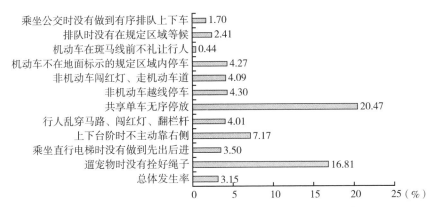

图5 拱墅区公共秩序方面各项指标不文明现象发生率

分时段来看，16：00 ~ 18：00 时段的不文明现象发生率最高，为4.13%。其余时段的不文明现象发生率分别为07：00 ~ 09：00 时段3.49%、10：00 ~ 12：00 时段2.72%和13：00 ~ 15：00 时段2.48%（见图6）。

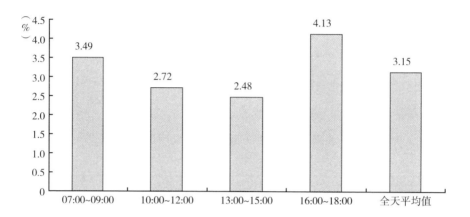

图6　拱墅区公共秩序方面各时段不文明现象发生率

3. 公共交往方面

在所观测的总流量6013人次中，不文明现象发生量为268人次，不文明现象总体发生率为4.46%。

在本次观测所设置的3个指标中，"没有给老、弱、病、残、孕及怀抱婴儿者让座"的不文明现象发生率最高，为7.14%；"向陌生人问讯时没有礼貌回应"的不文明现象发生率为4.50%；"相互之间大声交谈不顾及他人"的不文明现象发生率最低，为4.38%（见图7）。

分时段来看，16：00 ~ 18：00 时段的不文明现象发生率最高，为4.66%；其次是07：00 ~ 09：00 和13：00 ~ 15：00 时段，分别为4.46%和4.45%。10：00 ~ 12：00 时段的不文明现象发生率最低，为4.12%（见图8）。

4. 公共观赏方面

在所观测的总流量1078人次中，不文明现象发生量为86人次，不文明现象总体发生率为7.98%。

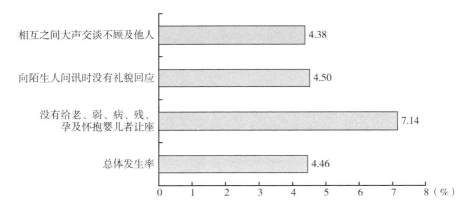

图7 拱墅区公共交往方面各项指标不文明现象发生率

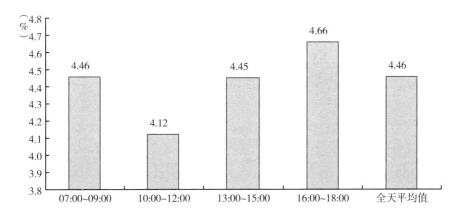

图8 拱墅区公共交往方面各时段不文明现象发生率

在本次观测所设置的6个指标中，"观看结束后不自觉清理并带走垃圾"的不文明现象发生率最高（34.62%），其次是"观看时使用手机影响他人（包括出现光亮与发出声音）"（18.14%）、"观看时吃零食影响他人（包括发出声音与散发出气味）"（13.85%），这3个指标的不文明现象发生率均高于全区公共观赏方面的不文明现象总体发生率。"观看时交头接耳，大声喧哗，随意走动"（5.49%）、"放映前不按时检票入场"（2.95%）和"早退或无序退场"（2.11%）这3个指标的不文明现象发生率低于全区公共观赏方面的不文明现象总体发生率（见图9）。

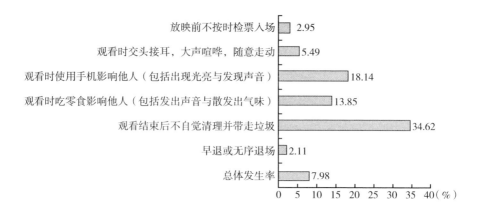

图 9 拱墅区公共观赏方面各项指标不文明现象发生率

分时段来看，07：00 ~ 09：00 和 10：00 ~ 12：00 这两个时段的数据空缺。其余时段的不文明现象发生率分别为 16：00 ~ 18：00 时段 8.16% 和 13：00 ~ 15：00 时段 7.78%（见图 10）。

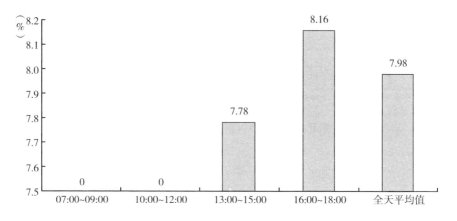

图 10 拱墅区公共观赏方面各时段不文明现象发生率

（二）2014 ~ 2017 年指标对比分析

2014 ~ 2017 年拱墅区的不文明现象发生率分别为 5.83%、3.75%、3.35% 和 3.03%。

274

以 2017 年四个方面 29 个指标为基础，对比 2014～2017 年 18 个相同或相近指标（详见主报告），对拱墅区市民在公共卫生、公共秩序、公共交往和公共观赏四个方面的不文明现象发生率进行对比分析。

在公共卫生方面可比较的 6 个指标中，有 3 个指标的不文明现象发生率连续三年下降，分别为"扔垃圾时没有扔进垃圾箱""投放垃圾时没有进行分类""打喷嚏时没有遮掩"，而"随地吐痰、便溺""在禁烟场所抽烟""遛宠物时不清理其排泄物"这 3 个指标 2014～2017 年的不文明现象发生率呈现波动状态（见图 11）。总体来看，拱墅区居民在公共卫生方面的不文明现象在持续改进，且进度逐渐加快。

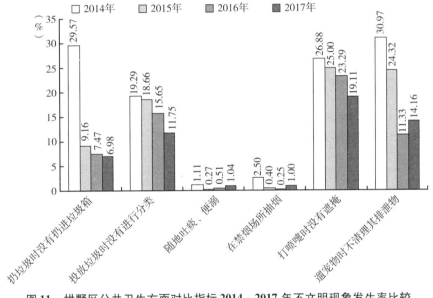

图 11　拱墅区公共卫生方面对比指标 2014～2017 年不文明现象发生率比较

在公共秩序方面可比较的 6 个指标中，"乘坐公交时没有做到有序排队上下车""机动车在斑马线前不礼让行人""非机动车闯红灯、走机动车道""上下台阶时不主动靠右侧"这 4 个指标的不文明现象发生率连续三年下降，而"机动车不在地面标示的规定区域内停车"和"行人乱穿马路、闯红灯、翻栏杆"这两个指标 2014～2017 年的不文明现象发生率呈现波动状态（见图 12）。

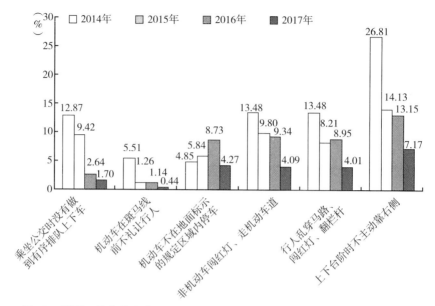

图12 拱墅区公共秩序方面对比指标2014～2017年不文明现象发生率比较

在公共交往方面可比较的3个指标中，"相互之间大声交谈不顾及他人""向陌生人问讯时没有礼貌回应""没有给老、弱、病、残、孕及怀抱婴儿者让座"这3个指标2014～2017年的不文明现象发生率均呈现波动状态（见图13）。

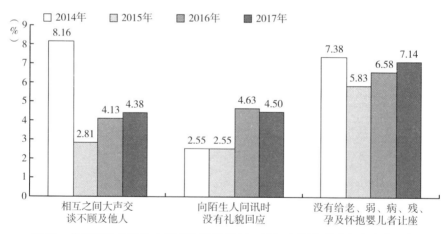

图13 拱墅区公共交往方面对比指标2014～2017年不文明现象发生率比较

在公共观赏方面可比较的 3 个指标中，"观看时使用手机影响他人（包括出现光亮与发出声音）"的不文明现象发生率连续三年上升，而"放映前不按时检票入场"和"观看时交头接耳，大声喧哗，随意走动"这两个指标 2014 ~ 2017 年的不文明现象发生率均呈现波动状态（见图 14）。

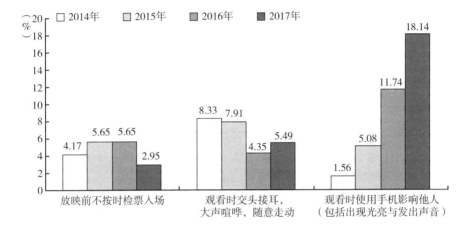

图 14　拱墅区公共观赏方面对比指标 2014 ~ 2017 年不文明现象发生率比较

三　基本判断

（一）根据四个方面的情况

拱墅区在公共卫生方面的不文明现象发生率最低（1.92%），低于全区不文明现象总体发生率（3.03%）；在公共观赏方面的不文明现象发生率最高（7.98%）。

在公共卫生方面，"在禁烟场所抽烟"的不文明现象发生率最低，为1.00%；"社区楼道等有乱贴小广告和乱涂写现象"的不文明现象发生率最高，达到32.84%。对比 2014 ~ 2017 年的数据，有 3 个指标的不文明现象发生率连续三年下降，分别为"扔垃圾时没有扔进垃圾箱""投放垃圾时没有进行分类""打喷嚏时没有遮掩"。总体来看,拱墅区居民在公共卫生方面的不文明现象在持续改进,且进度逐渐加快。

在公共秩序方面,"共享单车无序停放"的不文明现象发生率最高,为20.47%;"机动车在斑马线前不礼让行人"的不文明现象发生率最低,为0.44%。对比2014~2017年的数据,"乘坐公交时没有做到有序排队上下车""机动车在斑马线前不礼让行人""非机动车闯红灯、走机动车道""上下台阶时不主动靠右侧"这4个指标的不文明现象发生率连续三年下降,这说明拱墅区居民在公共秩序方面的文明程度提升显著。

在公共交往方面,"没有给老、弱、病、残、孕及怀抱婴儿者让座"的不文明现象发生率最高,为7.14%;"向陌生人问讯时没有礼貌回应"的不文明现象发生率为4.50%;"相互之间大声交谈不顾及他人"的不文明现象发生率最低,为4.38%。对比2014~2017年的数据,这3个指标的不文明现象发生率均呈现波动状态,这说明拱墅区居民在公共交往方面的不文明现象有待改进。

在公共观赏方面,"观看结束后不自觉清理并带走垃圾"的不文明现象发生率最高,为34.62%;"早退或无序退场"的不文明现象发生率最低,为2.11%。对比2014~2017年的数据,"观看时使用手机影响他人(包括出现光亮与发出声音)"的不文明现象发生率连续三年上升,而"放映前不按时检票入场"和"观看时交头接耳,大声喧哗,随意走动"这两个指标的不文明现象发生率均呈现波动状态,这说明拱墅区居民在公共观赏方面的文明程度有待提升。

(二)根据现场观测时段的情况

拱墅区居民在公共卫生方面的不文明现象发生率在07:00~09:00时段最高,为2.31%;在公共秩序、公共交往和公共观赏方面的不文明现象发生率均在16:00~18:00时段最高,分别为4.13%、4.66%和8.16%。这些可能受早晚高峰、观测时间、观测地点和天气等客观因素的影响。

（三）根据四个方面29个指标的情况

1. 不文明现象发生率排在前十位的指标

①观看结束后不自觉清理并带走垃圾（公共观赏，34.62%）

②社区楼道等有乱贴小广告和乱涂写现象（公共卫生，32.84%）

③共享单车无序停放（公共秩序，20.47%）

④打喷嚏时没有遮掩（公共卫生，19.11%）

⑤观看时使用手机影响他人（包括出现光亮与发出声音）（公共观赏，18.14%）

⑥遛宠物时没有拴好绳子（公共秩序，16.81%）

⑦遛宠物时不清理其排泄物（公共卫生，14.16%）

⑧观看时吃零食影响他人（包括发出声音与散发出气味）（公共观赏，13.85%）

⑨投放垃圾时没有进行分类（公共卫生，11.75%）

⑩公交车站有乱贴小广告和乱涂写现象（公共卫生，10.23%）

在这10个指标中，属于公共卫生方面的有5个，属于公共观赏方面的有3个，属于公共秩序方面的有2个。这说明拱墅区居民在公共卫生、公共观赏和公共秩序方面的一些文明习惯有待进一步改善。

2. 不文明现象发生率排在后十位的指标

①机动车在斑马线前不礼让行人（公共秩序，0.44%）

②在禁烟场所抽烟（公共卫生，1.00%）

③随地吐痰、便溺（公共卫生，1.04%）

④乘坐公交时没有做到有序排队上下车（公共秩序，1.70%）

⑤早退或无序退场（公共观赏，2.11%）

⑥排队时没有在规定区域等候（公共秩序，2.41%）

⑦放映前不按时检票入场（公共观赏，2.95%）

⑧乘坐直行电梯时没有做到先出后进（公共秩序，3.50%）

⑨行人乱穿马路、闯红灯、翻栏杆（公共秩序，4.01%）

⑩非机动车闯红灯、走机动车道（公共秩序，4.09%）

在这10个指标中，属于公共秩序方面的有6个，属于公共观赏和公共卫生方面的各有2个。这说明拱墅区在公共文明创建，特别是公共秩序方面取得了明显成效。

2017年杭州市民公共文明指数调查现场观测报告（西湖区）

　　根据《2017年杭州市民公共文明指数调查实施方案》的总体安排，课题组于2017年11月23日至25日对西湖区15个观测点的市民在工作日和双休日不同时段的文明素养状况展开了实地观测，就观测情况形成如下报告。

一　西湖区现场观测总体情况

　　西湖区选取的15个现场观测点分别是八字桥公交车站、浙江大学玉泉校区公交车站、古翠路地铁站、杭州市中医院、文三路与马腾路交叉路口、杭大路与曙光路交叉路口、翠苑四区、友谊社区、骆家庄农贸市场、黄龙洞、外东山弄（浙大路至曙光路）、印象城购物中心以及地铁1号线、地铁2号线、区内多条公交线路和翠苑电影大世界。

　　实地观测分别围绕公共卫生、公共秩序、公共交往和公共观赏四个方面共29个指标展开，其中"打喷嚏时没有遮掩""社区楼道等有乱贴小广告和乱涂写现象""共享单车无序停放""遛宠物时没有拴好绳子""观看结束后不自觉清理并带走垃圾"5个非指数指标在统计不文明现象发生率时没有纳入。

　　观测显示，西湖区在四个时段观测总流量为118839人次/辆次，其中不文明现象发生量为3557人次/辆次，不文明现象总体发生率为2.99%。16：00～18：00时段的不文明现象发生率最高，为3.18%；10：00～12：00时段的不文明现象发生率最低，为2.82%（见图1）。

　　西湖区在四个方面中，公共卫生方面的不文明现象发生率最低，为0.76%；公共观赏方面的不文明现象发生率最高，为8.15%（见图2）。

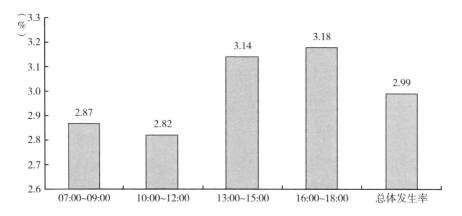

图1 西湖区各时段不文明现象发生率比较

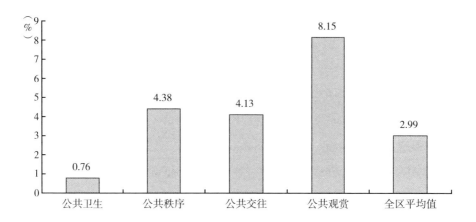

图2 西湖区四个方面不文明现象发生率比较

二 四个方面各项指标情况

（一）2017年数据分析

1. 公共卫生方面

在所观测的总流量45864人次中，不文明现象发生量为349人次，不文明现象总体发生率为0.76%。

在本次观测所设置的 8 个指标中，西湖区不文明现象发生率较高的是"打喷嚏时没有遮掩"（19.45%）、"投放垃圾时没有进行分类"（11.62%）、"社区楼道等有乱贴小广告和乱涂写现象"（10.00%）、"遛宠物时不清理其排泄物"（8.60%）、"扔垃圾时没有扔进垃圾箱"（4.25%）、"公交车站有乱贴小广告和乱涂写现象"（2.94%），而不文明现象发生率较低的是"随地吐痰、便溺"（0.60%）和"在禁烟场所抽烟"（0.07%）（见图3）。

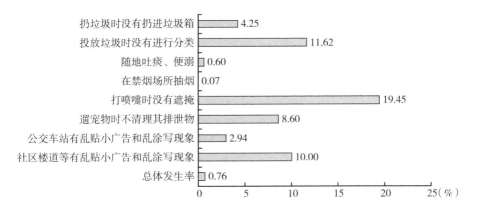

图3 西湖区公共卫生方面各项指标不文明现象发生率

分时段来看，16：00 ~ 18：00 时段的不文明现象发生率最高，为1.17%；其次是07：00 ~ 09：00 时段，为1.05%。这两个时段的不文明现象发生率均高于全区公共卫生方面的不文明现象总体发生率。其余两个时段的不文明现象发生率分别为13：00 ~ 15：00 时段0.52%和10：00 ~ 12：00 时段0.40%（见图4）。

2. 公共秩序方面

在所观测的总流量67095人次/辆次中，不文明现象发生量为2939人次/辆次，不文明现象总体发生率为4.38%。

在本次观测所设置的12个指标中，不文明现象发生率较高的指标依次为"共享单车无序停放"（12.42%）、"上下台阶时不主动靠右侧"（10.26%）、"非机动车越线停车"（8.64%）、"遛宠物时没有拴好绳子"（7.65%）、"非机动车闯红灯、走机动车道"（7.48%）、"乘坐直行电梯时

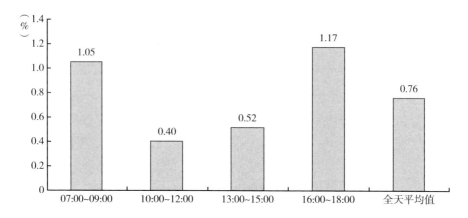

图4 西湖区公共卫生方面各时段不文明现象发生率

没有做到先出后进"（6.91%）、"行人乱穿马路、闯红灯、翻栏杆"
（6.19%）、"机动车不在地面标示的规定区域内停车"（5.43%）、"排队时
没有在规定区域等候"（5.31%）、"乘坐地铁时没有做到有序排队上下车"
（5.20%），而不文明现象发生率较低的指标为"乘坐公交时没有做到有序
排队上下车"（0.96%）和"机动车在斑马线前不礼让行人"（0.72%）
（见图5）。

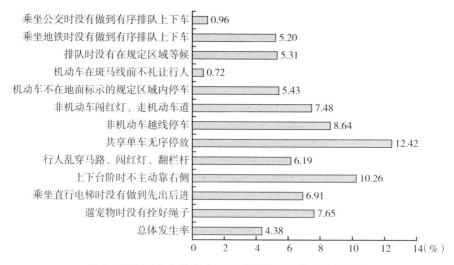

图5 西湖区公共秩序方面各项指标不文明现象发生率

分时段来看，16：00～18：00 时段的不文明现象发生率最高，为4.49%，高于全区公共秩序方面的不文明现象总体发生率。其余时段的不文明现象发生率分别为 10：00～12：00 时段 4.37%、13：00～15：00 时段4.35%和07：00～09：00 时段 4.34%（见图6）。

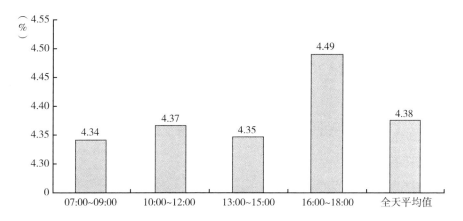

图6　西湖区公共秩序方面各时段不文明现象发生率

3. 公共交往方面

在所观测的总流量 5230 人次中，不文明现象发生量为 216 人次，不文明现象总体发生率为 4.13%。

在本次观测所设置的 3 个指标中，"没有给老、弱、病、残、孕及怀抱婴儿者让座"的不文明现象发生率最高，为 4.38%；"相互之间大声交谈不顾及他人"的不文明现象发生率为 4.29%；"向陌生人问讯时没有礼貌回应"的不文明现象发生率最低，为 2.41%（见图7）。

分时段来看，16：00～18：00 时段的不文明现象发生率最高，为4.30%；其次是07：00～09：00 和 10：00～12：00 时段，分别为 4.22% 和4.17%。这三个时段的不文明现象发生率均高于全区公共交往方面的不文明现象总体发生率。13：00～15：00 时段的不文明现象发生率最低，为3.81%（见图8）。

4. 公共观赏方面

在所观测的总流量 650 人次中，不文明现象发生量为 53 人次，不文明

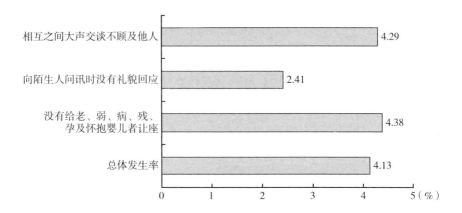

图7　西湖区公共交往方面各项指标不文明现象发生率

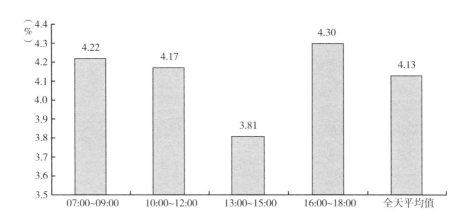

图8　西湖区公共交往方面各时段不文明现象发生率

现象总体发生率为8.15%。

在本次观测所设置的6个指标中，"观看结束后不自觉清理并带走垃圾"的不文明现象发生率最高（48.65%），其次是"观看时使用手机影响他人（包括出现光亮与发出声音）"（16.67%）、"观看时吃零食影响他人（包括发出声音与散发出气味）"（16.22%）、"观看时交头接耳，大声喧哗，随意走动"（8.33%），这4个指标的不文明现象发生率均高于全区公共观

赏方面的不文明现象总体发生率。"放映前不按时检票入场"（3.47%）和
"早退或无序退场"（0）这两个指标的不文明现象发生率均低于全区公共观
赏方面的不文明现象总体发生率（见图9）。

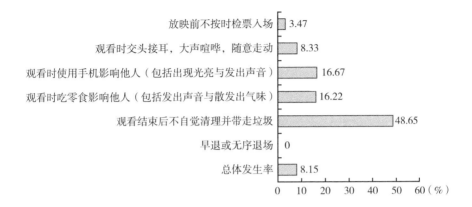

图9　西湖区公共观赏方面各项指标不文明现象发生率

分时段来看，07：00 ~ 09：00 和 16：00 ~ 18：00 这两个时段的数据空
缺。其余时段的不文明现象发生率分别为 10：00 ~ 12：00 时段 11.07% 和
13：00 ~ 15：00 时段 5.95%（见图10）。

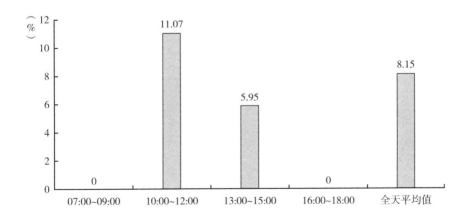

图10　西湖区公共观赏方面各时段不文明现象发生率

（二）2014～2017年指标对比分析

2014～2017年西湖区的不文明现象发生率分别为1.79%、3.24%、3.12%和2.99%。

以2017年四个方面29个指标为基础，对比2014～2017年18个相同或相近指标（详见主报告），对西湖区市民在公共卫生、公共秩序、公共交往和公共观赏四个方面的不文明现象发生率进行对比分析。

在公共卫生方面可比较的6个指标中，"投放垃圾时没有进行分类"的不文明现象发生率连续三年下降，而"扔垃圾时没有扔进垃圾箱""随地吐痰、便溺""在禁烟场所抽烟""打喷嚏时没有遮掩""遛宠物时不清理其排泄物"这5个指标2014～2017年的不文明现象发生率呈现波动状态（见图11）。总体来看，西湖区居民在公共卫生方面的不文明现象在逐步改进。

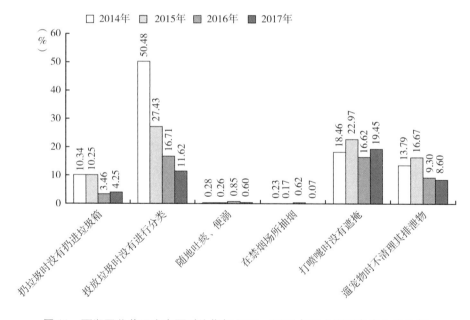

图11 西湖区公共卫生方面对比指标2014～2017年不文明现象发生率比较

在公共秩序方面可比较的6个指标中，"乘坐公交时没有做到有序排队上下车"的不文明现象发生率连续三年下降，而"机动车在斑马线前不礼让行人""机动车不在地面标示的规定区域内停车""非机动车闯红灯、走机动车道""行人乱穿马路、闯红灯、翻栏杆""上下台阶时不主动靠右侧"这5个指标2014～2017年的不文明现象发生率呈现波动状态（见图12）。

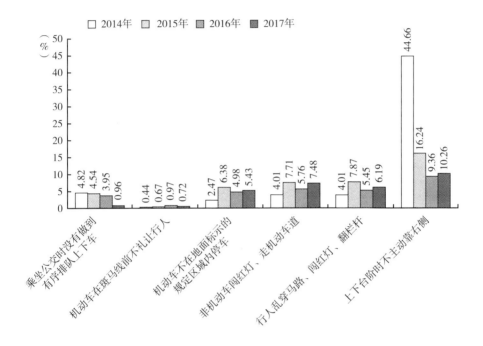

图12 西湖区公共秩序方面对比指标2014～2017年不文明现象发生率比较

在公共交往方面可比较的3个指标中，"相互之间大声交谈不顾及他人""向陌生人问讯时没有礼貌回应""没有给老、弱、病、残、孕及怀抱婴儿者让座"这3个指标2014～2017年的不文明现象发生率均呈现波动状态（见图13）。

在公共观赏方面可比较的3个指标中，"放映前不按时检票入场""观看时交头接耳，大声喧哗，随意走动""观看时使用手机影响他人（包括出现光亮与发出声音）"这3个指标2014～2017年的不文明现象发生率均呈现波动状态（见图14）。

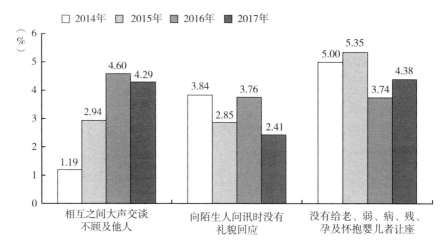

图13　西湖区公共交往方面对比指标 2014~2017 年不文明现象发生率比较

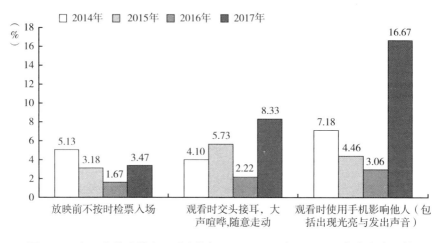

图14　西湖区公共观赏方面对比指标 2014~2017 年不文明现象发生率比较

三　基本判断

（一）根据四个方面的情况

西湖区在公共卫生方面的不文明现象发生率最低（0.76%），低于全区不文明现象总体发生率（2.99%）；在公共观赏方面的不文明现象发生率最高（8.15%）。

在公共卫生方面，"在禁烟场所抽烟"的不文明现象发生率最低，为0.07%；"打喷嚏时没有遮掩"的不文明现象发生率最高，达到19.45%。对比2014~2017年的数据，"投放垃圾时没有进行分类"的不文明现象发生率连续三年下降。总体来看，西湖区居民在公共卫生方面的不文明现象在逐步改进。

在公共秩序方面，"机动车在斑马线前不礼让行人"的不文明现象发生率最低，为0.72%；"共享单车无序停放"的不文明现象发生率最高，为12.42%。对比2014~2017年的数据，"乘坐公交时没有做到有序排队上下车"的不文明现象发生率连续三年下降，这说明西湖区居民在公共秩序方面的文明程度稳步提升。

在公共交往方面，"没有给老、弱、病、残、孕及怀抱婴儿者让座"的不文明现象发生率最高，为4.38%；"相互之间大声交谈不顾及他人"的不文明现象发生率为4.29%；"向陌生人问讯时没有礼貌回应"的不文明现象发生率最低，为2.41%。对比2014~2017年的数据，这3个指标的不文明现象发生率均呈现波动状态，这说明西湖区居民在公共交往方面的不文明现象有待改进。

在公共观赏方面，"观看结束后不自觉清理并带走垃圾"的不文明现象发生率最高，为48.65%；"早退或无序退场"的不文明现象发生率最低，为0。对比2014~2017年的数据，"观看时使用手机影响他人（包括出现光亮与发出声音）""观看时交头接耳，大声喧哗，随意走动""早退或无序退场"这3个指标的不文明现象发生率均呈现波动状态，这说明西湖区居民在公共观赏方面的文明程度有待提升。

（二）根据现场观测时段的情况

西湖区居民在公共卫生、公共秩序和公共交往方面的不文明现象发生率均在16：00~18：00时段最高，分别为1.17%、4.49%和4.30%；在公共观赏方面的不文明现象发生率则在 10：00～12：00 时段最高，为 11.07%。这些可能受晚高峰、观测时间、观测地点和天气等客观因素的影响。

（三）根据四个方面29个指标的情况

1. 不文明现象发生率排在前十位的指标

①观看结束后不自觉清理并带走垃圾（公共观赏，48.65%）

②打喷嚏时没有遮掩（公共卫生，19.45%）

③观看时使用手机影响他人（包括出现光亮与发出声音）（公共观赏，16.67%）

④观看时吃零食影响他人（包括发出声音与散发出气味）（公共观赏，16.22%）

⑤共享单车无序停放（公共秩序，12.42%）

⑥投放垃圾时没有进行分类（公共卫生，11.62%）

⑦上下台阶时不主动靠右侧（公共秩序，10.26%）

⑧社区楼道等有乱贴小广告和乱涂写现象（公共卫生，10.00%）

⑨非机动车越线停车（公共秩序，8.64%）

⑩遛宠物时没有拴好绳子（公共秩序，8.60%）

在这 10 个指标中，属于公共秩序方面的有 4 个，属于公共卫生和公共观赏方面的各有 3 个。这说明西湖区居民在公共秩序、公共卫生和公共观赏方面的一些文明习惯有待进一步改善。

2. 不文明现象发生率排在后十位的指标

①早退或无序退场（公共观赏，0）

②在禁烟场所抽烟（公共卫生，0.07%）

③随地吐痰、便溺（公共卫生，0.60%）

④机动车在斑马线前不礼让行人（公共秩序，0.72%）

⑤乘坐公交时没有做到有序排队上下车（公共秩序，0.96%）

⑥向陌生人问讯时没有礼貌回应（公共交往，2.41%）

⑦公交车站有乱贴小广告和乱涂写现象（公共卫生，2.94%）

⑧放映前不按时检票入场（公共观赏，3.47%）

⑨扔垃圾时没有扔进垃圾箱（公共卫生，4.25%）

⑩相互之间大声交谈不顾及他人（公共交往，4.29%）

在这10个指标中，属于公共卫生方面的有4个，属于公共秩序、公共交往和公共观赏方面的各有2个。这说明西湖区在公共文明创建，特别是公共卫生方面付出了努力，有明显改善。

2017年杭州市民公共文明指数调查现场观测报告（滨江区）

根据《2017年杭州市民公共文明指数调查实施方案》的总体安排，课题组于2017年12月1日至3日对滨江区15个观测点的市民在工作日和双休日不同时段的文明素养状况展开了实地观测，就观测情况形成如下报告。

一 滨江区现场观测总体情况

滨江区选取的15个现场观测点分别是滨文公交中心站、网商路滨康路口公交车站、江陵路地铁站、浙二医院滨江院区（滨江医院）、滨文路与火炬大道交叉路口、江晖路与春晓路交叉路口、中兴花园社区、滨康小区、杭州六和农贸市场、滨江公园、聚园路（江晖路至江淑路段）、华润万家滨文路店以及地铁1号线、区内多条公交线路和中影国际影城。

实地观测分别围绕公共卫生、公共秩序、公共交往和公共观赏四个方面共29个指标展开，其中"打喷嚏时没有遮掩""社区楼道等有乱贴小广告和乱涂写现象""共享单车无序停放""遛宠物时没有拴好绳子""观看结束后不自觉清理并带走垃圾"5个非指数指标在统计不文明现象发生率时没有纳入。

观测显示，滨江区在四个时段观测总流量为69645人次/辆次，其中不文明现象发生量为2636人次/辆次，不文明现象总体发生率为3.78%。13：00~15：00时段的不文明现象发生率最高，为3.98%；10：00~12：00时段的不文明现象发生率最低，为3.47%（见图1）。

滨江区在四个方面中，公共卫生方面的不文明现象发生率最低，为2.06%；公共观赏方面的不文明现象发生率最高，为8.92%（见图2）。

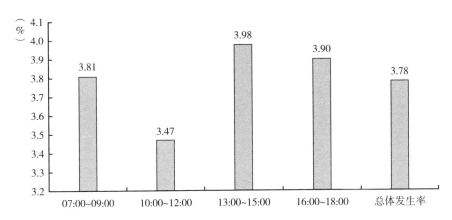

图 1　滨江区各时段不文明现象发生率比较

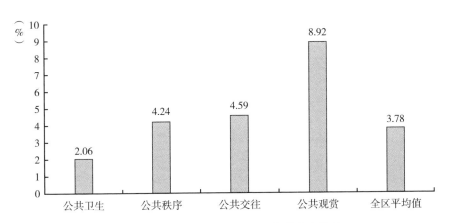

图 2　滨江区四个方面不文明现象发生率比较

二　四个方面各项指标情况

（一）2017年数据分析

1. 公共卫生方面

在所观测的总流量17242人次中，不文明现象发生量为355人次，不文明现象总体发生率为2.06%。

在本次观测所设置的 8 个指标中，滨江区不文明现象发生率较高的是"社区楼道等有乱贴小广告和乱涂写现象"（31.82%）、"打喷嚏时没有遮掩"（18.50%）、"投放垃圾时没有进行分类"（10.68%）、"遛宠物时不清理其排泄物"（10.38%）、"公交车站有乱贴小广告和乱涂写现象"（8.89%）和"扔垃圾时没有扔进垃圾箱"（3.77%），而不文明现象发生率较低的是"随地吐痰、便溺"（1.57%）和"在禁烟场所抽烟"（0.87%）（见图3）。

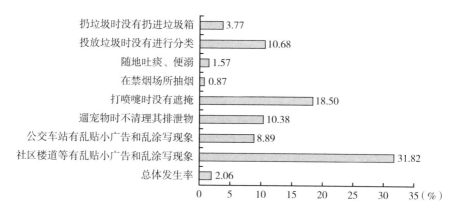

图3 滨江区公共卫生方面各项指标不文明现象发生率

分时段来看，07：00～09：00 时段的不文明现象发生率最高，为2.46%；其次是 13：00～15：00 时段，为 2.11%。其余两个时段的不文明现象发生率分别为 16：00～18：00 时段 1.93% 和 10：00～12：00 时段1.82%（见图4）。

2. 公共秩序方面

在所观测的总流量 47424 人次/辆次中，不文明现象发生量为 2012 人次/辆次，不文明现象总体发生率为 4.24%。

在本次观测所设置的 12 个指标中，"遛宠物时没有拴好绳子"（16.96%）、"共享单车无序停放"（14.37%）、"上下台阶时不主动靠右侧"（7.99%）、"行人乱穿马路、闯红灯、翻栏杆"（7.92%）、"非机动车越线停车"（6.13%）、"机动车不在地面标示的规定区域内停车"（6.07%）、"乘坐直行电梯时没有做到先出后进"（5.91%）这 7 个指标的不文明现象发生率

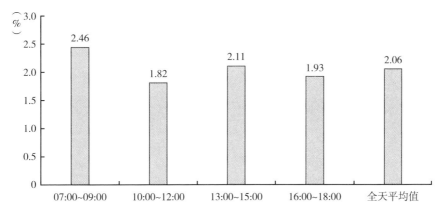

图4　滨江区公共卫生方面各时段不文明现象发生率

较高，其次是"排队时没有在规定区域等候"（4.18%）、"非机动车闯红灯、走机动车道"（3.93%）、"乘坐地铁时没有做到有序排队上下车"（1.77%）、"乘坐公交时没有做到有序排队上下车"（1.73%），而"机动车在斑马线前不礼让行人"的不文明现象发生率最低，为0.85%（见图5）。

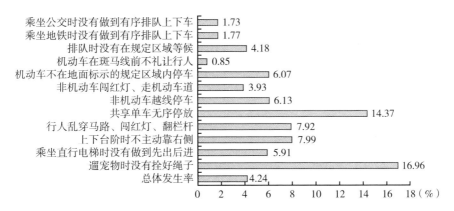

图5　滨江区公共秩序方面各项指标不文明现象发生率

分时段来看，13：00～15：00时段的不文明现象发生率最高，为4.74%。其余时段的不文明现象发生率分别为16：00～18：00时段4.28%、07：00～09：00时段4.13%和10：00～12：00时段3.96%（见图6）。

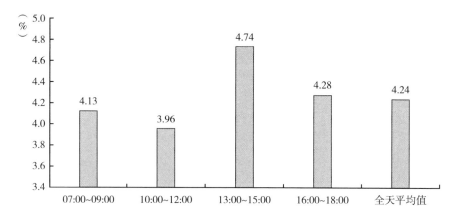

图6　滨江区公共秩序方面各时段不文明现象发生率

3. 公共交往方面

在所观测的总流量4048人次中，不文明现象发生量为186人次，不文明现象总体发生率为4.59%。

在本次观测所设置的3个指标中，"没有给老、弱、病、残、孕及怀抱婴儿者让座"的不文明现象发生率最高，为4.71%；"相互之间大声交谈不顾及他人"的不文明现象发生率为4.64%；"向陌生人问讯时没有礼貌回应"的不文明现象发生率最低，为4.00%（见图7）。

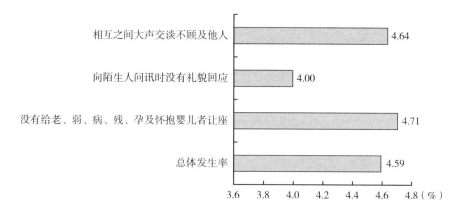

图7　滨江区公共交往方面各项指标不文明现象发生率

分时段来看，07：00～09：00时段的不文明现象发生率最高，为5.06%；其次是10：00～12：00和16：00～18：00时段，分别为4.87%和4.41%。13：00～15：00时段的不文明现象发生率最低，为4.20%（见图8）。

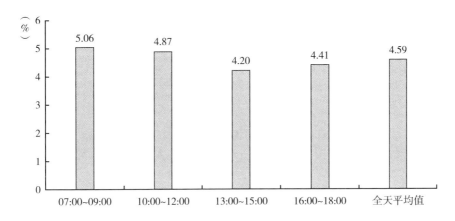

图8 滨江区公共交往方面各时段不文明现象发生率

4. 公共观赏方面

在所观测的总流量931人次中，不文明现象发生量为83人次，不文明现象总体发生率为8.92%。

在本次观测所设置的6个指标中，"观看结束后不自觉清理并带走垃圾"的不文明现象发生率最高（40.78%），其次是"观看时吃零食影响他人（包括发出声音与散发出气味）"（22.33%）、"观看时使用手机影响他人（包括出现光亮与发出声音）"（18.84%），这3个指标的不文明现象发生率均高于全区公共观赏方面的不文明现象总体发生率。"观看时交头接耳，大声喧哗，随意走动"（5.80%）、"放映前不按时检票入场"（3.86%）和"早退或无序退场"（0.48%）这3个指标的不文明现象发生率低于全区公共观赏方面的不文明现象总体发生率（见图9）。

分时段来看，07：00～09：00这一时段的数据空缺。其余时段的不文明现象发生率分别为13：00～15：00时段9.92%、10：00～12：00时段9.03%和16：00～18：00时段8.23%（见图10）。

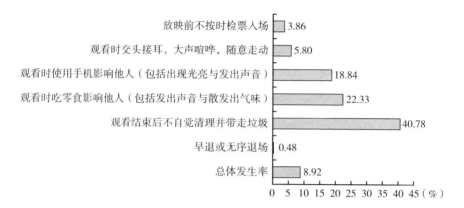

图9 滨江区公共观赏方面各项指标不文明现象发生率

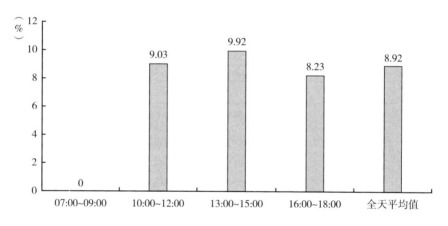

图10 滨江区公共观赏方面各时段不文明现象发生率

（二）2014～2017年指标对比分析

2014～2017年滨江区的不文明现象发生率分别为3.22%、3.48%、3.13%和3.78%。

以2017年四个方面29个指标为基础，对比2014～2017年18个相同或相近指标（详见主报告），对滨江区市民在公共卫生、公共秩序、公共交往和公共观赏四个方面的不文明现象发生率进行对比分析。

在公共卫生方面可比较的6个指标中，有3个指标的不文明现象发生率连续三年下降，分别为"扔垃圾时没有扔进垃圾箱""投放垃圾时没有进行分类""遛宠物时不清理其排泄物"，而"随地吐痰、便溺""在禁烟场所抽烟""打喷嚏时没有遮掩"这 3 个指标 2014～2017 年的不文明现象发生率呈现波动状态（见图11）。总体来看，滨江区居民在公共卫生方面的不文明现象在持续改进。

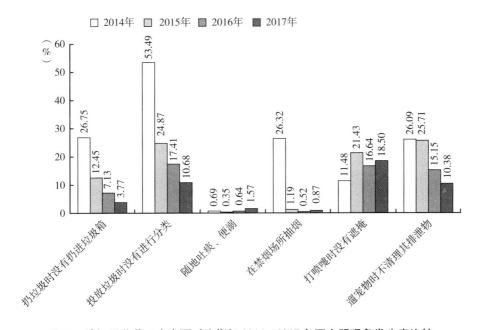

图11　滨江区公共卫生方面对比指标 2014～2017 年不文明现象发生率比较

在公共秩序方面可比较的 6 个指标中，"乘坐公交时没有做到有序排队上下车"的不文明现象发生率连续三年下降，而"机动车在斑马线前不礼让行人""机动车不在地面标示的规定区域内停车""非机动车闯红灯、走机动车道""行人乱穿马路、闯红灯、翻栏杆""上下台阶时不主动靠右侧"这 5 个指标 2014～2017 年的不文明现象发生率呈现波动状态（见图12）。

在公共交往方面可比较的 3 个指标中，"没有给老、弱、病、残、孕及怀抱婴儿者让座"的不文明现象发生率连续三年下降，而"相互之间大

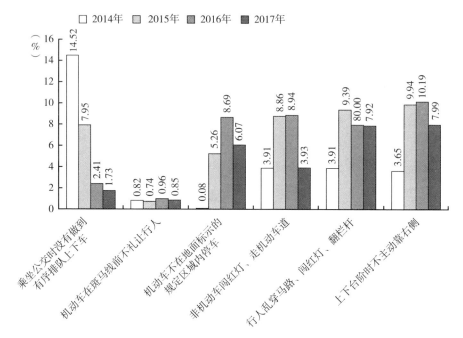

图12 滨江区公共秩序方面对比指标 2014~2017 年不文明现象发生率比较

声交谈不顾及他人"和"向陌生人问讯时没有礼貌回应"这两个指标 2014~2017 年的不文明现象发生率呈现波动状态（见图 13）。

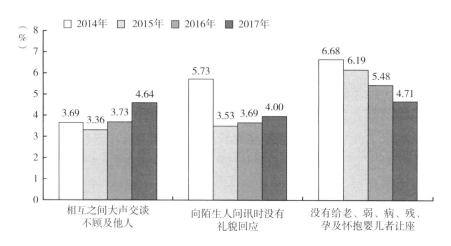

图13 滨江区公共交往方面对比指标 2014~2017 年不文明现象发生率比较

在公共观赏方面可比较的 3 个指标中，"放映前不按时检票入场""观看时交头接耳，大声喧哗，随意走动""观看时使用手机影响他人（包括出现光亮与发出声音）"这 3 个指标 2014～2017 年的不文明现象发生率呈现波动状态（见图 14）。

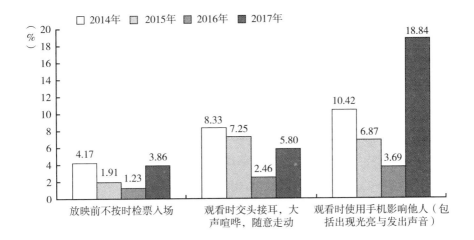

图 14　滨江区公共观赏方面对比指标 2014～2017 年不文明现象发生率比较

三　基本判断

（一）根据四个方面的情况

滨江区在公共卫生方面的不文明现象发生率最低（2.06%），低于全区不文明现象总体发生率（3.78%）；在公共观赏方面的不文明现象发生率最高（8.92%）。

在公共卫生方面，不文明现象发生率最高的是"社区楼道等有乱贴小广告和乱涂写现象"（31.82%），最低的是"在禁烟场所抽烟"（0.87%）。对比2014～2017 年的数据，在可比较的 6 个指标中，有 3 个指标的不文明现象发生率连续三年下降，分别为"扔垃圾时没有扔进垃圾箱""投放垃圾时没有进行分类""遛宠物时不清理其排泄物",可见滨江区居民在公共卫生方面的不文明现象在持续改进。

在公共秩序方面,"机动车在斑马线前不礼让行人"的不文明现象发生率最低,为0.85%;"遛宠物时没有拴好绳子"的不文明现象发生率最高,为16.96。对比2014~2017年的数据,"乘坐公交时没有做到有序排队上下车"的不文明现象发生率连续三年下降,这说明滨江区居民在公共秩序方面的文明程度在稳步提升。

在公共交往方面,"没有给老、弱、病、残、孕及怀抱婴儿者让座"的不文明现象发生率最高,为4.71%;"向陌生人问讯时没有礼貌回应"的不文明现象发生率最低,为4.00%。对比2014~2017年的数据,"没有给老、弱、病、残、孕及怀抱婴儿者让座"的不文明现象发生率连续三年下降,这说明滨江区居民在公共交往方面的不文明现象在持续改进。

在公共观赏方面,"观看结束后不自觉清理并带走垃圾"的不文明现象发生率最高,为40.78%;"早退或无序退场"的不文明现象发生率最低,为0.48%。对比2014~2017年的数据,"放映前不按时检票入场""观看时交头接耳,大声喧哗,随意走动""观看时使用手机影响他人(包括出现光亮与发出声音)"这3个指标的不文明现象发生率呈现波动状态,这说明滨江区居民在公共观赏方面的文明程度有待提升。

(二)根据现场观测时段的情况

滨江区居民在公共卫生方面的不文明现象发生率在07:00~09:00时段最高,为2.46%;在公共秩序方面的不文明现象发生率在13:00~15:00时段最高,为4.74%;在公共交往方面的不文明现象发生率在07:00~09:00时段最高,为5.06%;在公共观赏方面的不文明现象发生率在13:00~15:00时段最高,为9.92%。这些可能受早高峰、观测时间、观测地点和天气等客观因素的影响。

（三）根据四个方面29个指标的情况

1. 不文明现象发生率排在前十位的指标

①观看结束后不自觉清理并带走垃圾（公共观赏，40.78%）

②社区楼道等有乱贴小广告和乱涂写现象（公共卫生，31.82%）

③观看时吃零食影响他人（包括发出声音与散发出气味）（公共观赏，22.23%）

④观看时使用手机影响他人（包括出现光亮与发出声音）（公共观赏，18.84%）

⑤打喷嚏时没有遮掩（公共卫生，18.50%）

⑥遛宠物时没有拴好绳子（公共秩序，16.96%）

⑦共享单车无序停放（公共秩序，14.37%）

⑧投放垃圾时没有进行分类（公共卫生，10.68%）

⑨遛宠物时不清理其排泄物（公共卫生，10.38%）

⑩公交车站有乱贴小广告和乱涂写现象（公共卫生，8.89%）

在这10个指标中，属于公共卫生方面的有5个，属于公共观赏方面的有3个，属于公共秩序方面的有2个。这说明滨江区居民在公共卫生、公共观赏和公共秩序方面的一些文明习惯有待进一步改善。

2. 不文明现象发生率排在后十位的指标

①早退或无序退场（公共观赏，0.48%）

②机动车在斑马线前不礼让行人（公共秩序，0.85%）

③在禁烟场所抽烟（公共卫生，0.87%）

④随地吐痰、便溺（公共卫生，1.57%）

⑤乘坐公交时没有做到有序排队上下车（公共秩序，1.73%）

⑥乘坐地铁时没有做到有序排队上下车（公共秩序，1.77%）

⑦扔垃圾时没有扔进垃圾箱（公共卫生，3.77%）

⑧放映前不按时检票入场（公共观赏，3.86%）

⑨非机动车闯红灯、走机动车道（公共秩序，3.93%）

⑩向陌生人问讯时没有礼貌回应（公共交往，4.00%）

在这10个指标中，属于公共秩序方面的有4个，属于公共卫生方面的有3个，属于公共观赏方面的有2个，属于公共交往方面的有1个。这说明滨江区在公共文明创建，特别是公共秩序方面成效明显。

2017年杭州市民公共文明指数
调查现场观测报告（萧山区）

根据《2017年杭州市民公共文明指数调查实施方案》的总体安排，课题组于2017年11月23日至25日对萧山区15个观测点的市民在工作日和双休日不同时段的文明素养状况展开了实地观测，就观测情况形成如下报告。

一　萧山区现场观测总体情况

萧山区选取的15个现场观测点分别是市心北路建设三路公交车站、时代广场公交车站、建设一路地铁站、萧山区第一人民医院、建设四路与市心北路交叉路口、体育路与市心南路交叉路口、西佳境天城成合苑、崇化小区、宁安农贸市场、北山公园、西河路（城河街—人民路）、银隆百货以及下沙至萧山公交线路、区内多条公交线路和萧山剧院。

实地观测分别围绕公共卫生、公共秩序、公共交往和公共观赏四个方面共29个指标展开，其中"打喷嚏时没有遮掩""社区楼道等有乱贴小广告和乱涂写现象""共享单车无序停放""遛宠物时没有拴好绳子""观看结束后不自觉清理并带走垃圾"5个非指数指标在统计不文明现象发生率时没有纳入。

观测显示，萧山区在四个时段观测总流量为57842人次/辆次，其中不文明现象发生量为2405人次/辆次，不文明现象总体发生率为4.16%。07：00～09：00时段的不文明现象发生率最高，为5.09%；16：00～18：00时段的不文明现象发生率最低，为3.49%（见图1）。

萧山区在四个方面中，公共卫生方面的不文明现象发生率最低，为2.29%；公共观赏方面的不文明现象发生率最高，为6.20%（见图2）。

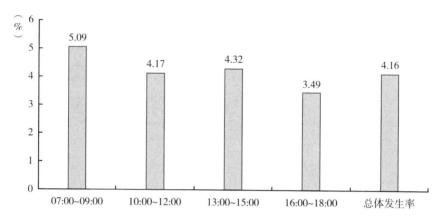

图1 萧山区各时段不文明现象发生率比较

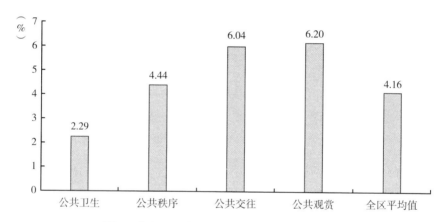

图2 萧山区四个方面不文明现象发生率比较

二 四个方面各项指标情况

（一）2017年数据分析

1. 公共卫生方面

在所观测的总流量11049人次中，不文明现象发生量为253人次，不文明现象总体发生率为2.29%。

在本次观测所设置的 8 个指标中，萧山区不文明现象发生率较高的是"社区楼道等有乱贴小广告和乱涂写现象"（19.75%）、"打喷嚏时没有遮掩"（13.87%）、"投放垃圾时没有进行分类"（13.66%）、"遛宠物时不清理其排泄物"（10.38%）、"公交车站有乱贴小广告和乱涂写现象"（8.28%）和"扔垃圾时没有扔进垃圾箱"（4.96%），而不文明现象发生率较低的是"随地吐痰、便溺"（1.48%）和"在禁烟场所抽烟"（0.60%）（见图3）。

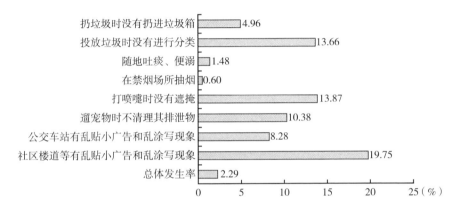

图3 萧山区公共卫生方面各项指标不文明现象发生率

分时段来看，07：00～09：00 时段的不文明现象发生率最高，为3.55%；其次是 13：00～15：00 时段，为 2.24%。其余两个时段的不文明现象发生率分别为 10：00～12：00 时段 1.94% 和 16：00～18：00 时段1.86%（见图4）。

2. 公共秩序方面

在所观测的总流量 42159 人次/辆次中，不文明现象发生量为 1871 人次/辆次，不文明现象总体发生率为 4.44%。

在本次观测所设置的 12 个指标中，"共享单车无序停放"（18.59%）、"遛宠物时没有拴好绳子"（13.04%）、"上下台阶时不主动靠右侧"（12.37%）、"机动车不在地面标示的规定区域内停车"（8.85%）、"非机动车越线停车"（8.09%）、"行人乱穿马路、闯红灯、翻栏杆"（6.07%）这 6 个指标的不文明现象发生率较高，其次是"乘坐直行电梯时没有做到先出后进"

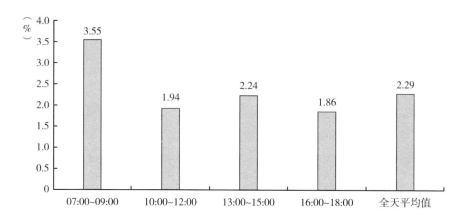

图4　萧山区公共卫生方面各时段不文明现象发生率

（3.70%）、"非机动车闯红灯、走机动车道"（3.66%）、"排队时没有在规定区域等候"（2.85%）、"乘坐公交时没有做到有序排队上下车"（2.24%）、"乘坐地铁时没有做到有序排队上下车"（1.49%），而"机动车在斑马线前不礼让行人"的不文明现象发生率最低，为0.63%（见图5）。

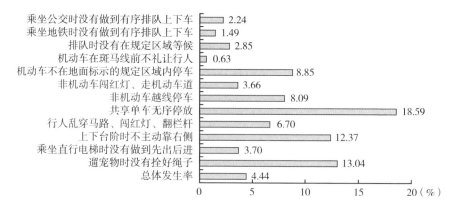

图5　萧山区公共秩序方面各项指标不文明现象发生率

　　分时段来看，07：00～09：00时段的不文明现象发生率最高，为5.33%。其余时段的不文明现象发生率分别为13：00～15：00时段4.74%、10：00～12：00时段4.55%和16：00～18：00时段3.64%（见图6）。

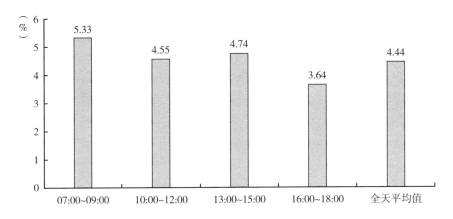

图6 萧山区公共秩序方面各时段不文明现象发生率

3. 公共交往方面

在所观测的总流量 4005 人次中，不文明现象发生量为 242 人次，不文明现象总体发生率为 6.04% 。

在本次观测所设置的 3 个指标中，"没有给老、弱、病、残、孕及怀抱婴儿者让座"的不文明现象发生率最高，为 8.23% ；"相互之间大声交谈不顾及他人"的不文明现象发生率为 6.34% ；"向陌生人问讯时没有礼貌回应"的不文明现象发生率最低，为 2.82% （见图7）。

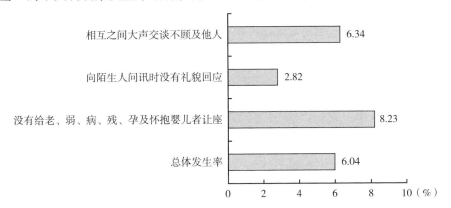

图7 萧山区公共交往方面各项指标不文明现象发生率

分时段来看，07：00~09：00时段的不文明现象发生率最高，为7.47%；其次是10：00~12：00和16：00~18：00时段，分别为6.62%和5.56%。13：00~15：00时段的不文明现象发生率最低，为5.30%（见图8）。

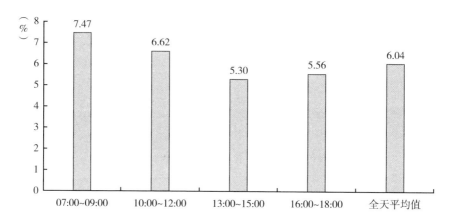

图8 萧山区公共交往方面各时段不文明现象发生率

4. 公共观赏方面

在所观测的总流量629人次中，不文明现象发生量为39人次，不文明现象总体发生率为6.20%。

在本次观测所设置的6个指标中，"观看结束后不自觉清理并带走垃圾"的不文明现象发生率最高（37.68%），其次是"观看时使用手机影响他人（包括出现光亮与发出声音）"（15.71%）、"观看时吃零食影响他人（包括发出声音与散发出气味）"（11.59%），这3个指标的不文明现象发生率均高于全区公共观赏方面的不文明现象总体发生率。"观看时交头接耳，大声喧哗，随意走动"（4.29%）、"放映前不按时检票入场"（2.14%）和"早退或无序退场"（0）这3个指标的不文明现象发生率低于全区公共观赏方面的不文明现象总体发生率（见图9）。

分时段来看，07：00~09：00和16：00~18：00时段的数据空缺。其余时段的不文明现象发生率分别为10：00~12：00时段7.14%和13：00~15：00时段5.44%（见图10）。

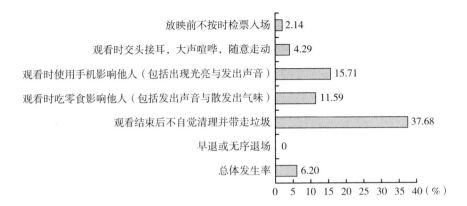

图9 萧山区公共观赏方面各项指标不文明现象发生率

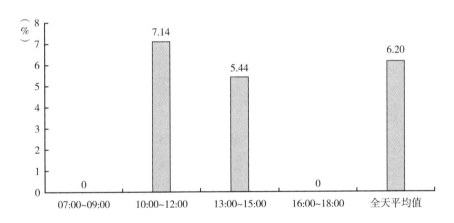

图10 萧山区公共观赏方面各时段不文明现象发生率

（二）2014～2017年指标对比分析

2014～2017年萧山区的不文明现象发生率分别为7.16%、3.97%、3.75%和4.16%。

以2017年四个方面29个指标为基础，对比2014～2017年18个相同或相近指标（详见主报告），对萧山区市民在公共卫生、公共秩序、公共交往和公共观赏四个方面的不文明现象发生率进行对比分析。

在公共卫生方面可比较的6个指标中，"打喷嚏时没有遮掩"的不文明现象发生率连续三年下降，而"扔垃圾时没有扔进垃圾箱""投放垃圾时没有进行分类""随地吐痰、便溺""在禁烟场所抽烟""遛宠物时不清理其排泄物"这5个指标2014～2017年的不文明现象发生率呈现波动状态（见图11）。

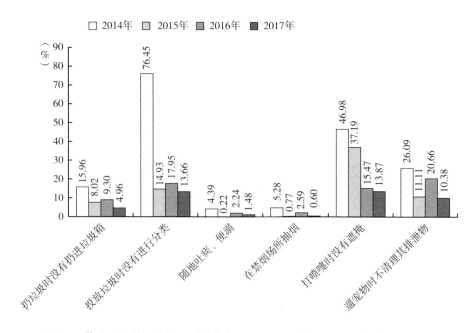

图 11　萧山区公共卫生方面对比指标 2014～2017 年不文明现象发生率比较

在公共秩序方面可比较的6个指标中，"乘坐公交时没有做到有序排队上下车""机动车在斑马线前不礼让行人""非机动车闯红灯、走机动车道"这3个指标的不文明现象发生率连续三年下降，而"机动车不在地面标示的规定区域内停车""行人乱穿马路、闯红灯、翻栏杆""上下台阶时不主动靠右侧"这3个指标2014～2017年的不文明现象发生率呈现波动状态（见图12）。

在公共交往方面可比较的3个指标中，"向陌生人问讯时没有礼貌回应"的不文明现象发生率连续三年下降，而"相互之间大声交谈不顾及他人"和"没有给老、弱、病、残、孕及怀抱婴儿者让座"这两个指标2014～2017年的不文明现象发生率呈现波动状态（见图13）。

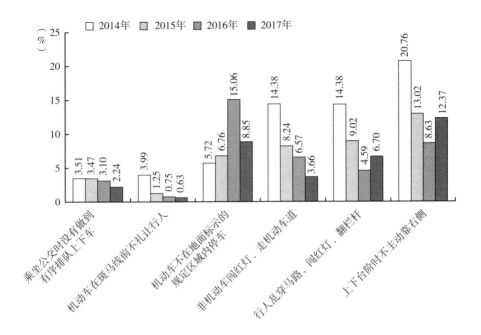

图12 萧山区公共秩序方面对比指标 2014～2017 年不文明现象发生率比较

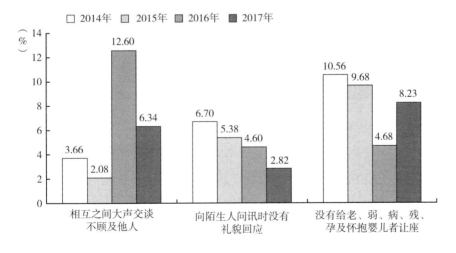

图13 萧山区公共交往方面对比指标 2014～2017 年不文明现象发生率比较

在公共观赏方面可比较的 3 个指标中，"放映前不按时检票入场"的不文明现象发生率连续三年下降，而"观看时交头接耳，大声喧哗，随意走动"和"观看时使用手机影响他人（包括出现光亮与发出声音）"这两个指标 2014～2017 年的不文明现象发生率呈现波动状态（见图 14）。

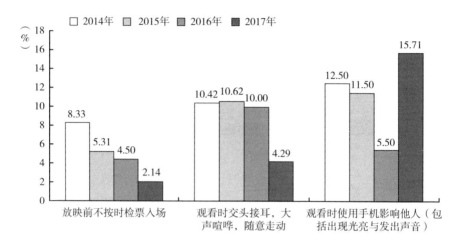

图 14　萧山区公共观赏方面对比指标 2014～2017 年不文明现象发生率比较

三　基本判断

（一）根据四个方面的情况

萧山区在公共卫生方面的不文明现象发生率最低，为 2.29%；在公共观赏方面的不文明现象发生率最高，为 6.20%。

在公共卫生方面，不文明现象发生率最高的是"社区楼道等有乱贴小广告和乱涂写现象"（19.75%），最低的是"在禁烟场所抽烟"（0.60%）。对比 2014～2017 年的数据，在可比较的 6 个指标中，"打喷嚏时没有遮掩"的不文明现象发生率连续三年下降，这说明萧山区居民在公共卫生方面的不文明现象在持续改进。

在公共秩序方面，"机动车在斑马线前不礼让行人"的不文明现象发生率最低，为 0.63%；"共享单车无序停放"的不文明现象发生率最高，为

18.59%。对比2014~2017年的数据，"乘坐公交时没有做到有序排队上下车""机动车在斑马线前不礼让行人""非机动车闯红灯、走机动车道"这3个指标的不文明现象发生率连续三年下降，这说明萧山区居民在公共秩序方面的文明程度在稳步提升。

在公共交往方面，"没有给老、弱、病、残、孕及怀抱婴儿者让座"的不文明现象发生率最高，为8.23%；"向陌生人问讯时没有礼貌回应"的不文明现象发生率最低，为2.82%。对比2014~2017年的数据，"向陌生人问讯时没有礼貌回应"的不文明现象发生率连续三年下降，这说明萧山区居民在公共交往方面的不文明现象在持续改进。

在公共观赏方面，"观看结束后不自觉清理并带走垃圾"的不文明现象发生率最高，为37.68%；"早退或无序退场"的不文明现象发生率最低，为0。对比2014~2017年的数据，"放映前不按时检票入场"的不文明现象发生率连续三年下降，这说明萧山区居民在公共观赏方面的不文明现象在持续改进。

（二）根据现场观测时段的情况

萧山区居民在公共卫生、公共秩序和公共交往方面的不文明现象发生率在07：00~09：00时段最高，分别为3.55%、5.33%和7.47%；在公共观赏方面的不文明现象发生率在10：00~12：00时段最高，为7.14%。这些可能受早高峰、观测时间、观测地点和天气等客观因素的影响。

（三）根据四个方面29个指标的情况

1. 不文明现象发生率排在前十位的指标

①观看结束后不自觉清理并带走垃圾（公共观赏，37.68%）

②社区楼道等有乱贴小广告和乱涂写现象（公共卫生，19.75%）

③共享单车无序停放（公共秩序，18.59%）

④观看时使用手机影响他人（包括出现光亮与发出声音）（公共观赏，

317

15.71%）

⑤打喷嚏时没有遮掩（公共卫生，13.87%）

⑥投放垃圾时没有进行分类（公共卫生，13.66%）

⑦遛宠物时没有拴好绳子（公共秩序，13.04%）

⑧上下台阶时不主动靠右侧（公共秩序，12.37%）

⑨观看时吃零食影响他人（包括发出声音与散发出气味）（公共观赏，11.59%）

⑩遛宠物时不清理其排泄物（公共卫生，10.38%）

在这10个指标中，属于公共卫生方面的有4个，属于公共秩序方面的有3个，属于公共观赏方面的有3个。这说明萧山区居民在公共卫生、公共秩序和公共观赏方面的一些文明习惯有待进一步改善。

2. 不文明现象发生率排在后十位的指标

①早退或无序退场（公共观赏，0）

②在禁烟场所抽烟（公共卫生，0.60%）

③机动车在斑马线前不礼让行人（公共秩序，0.63%）

④随地吐痰、便溺（公共卫生，1.48%）

⑤乘坐地铁时没有做到有序排队上下车（公共秩序，1.49%）

⑥放映前不按时检票入场（公共观赏，2.14%）

⑦乘坐公交时没有做到有序排队上下车（公共秩序，2.24%）

⑧向陌生人问讯时没有礼貌回应（公共交往，2.82%）

⑨排队时没有在规定区域等候（公共秩序，2.85%）

⑩非机动车闯红灯、走机动车道（公共秩序，3.66%）

在这10个指标中，属于公共秩序方面的有5个，属于公共卫生和公共观赏方面的各有2个，属于公共交往方面的有1个。这说明萧山区在公共文明创建，特别是公共秩序方面取得了较明显的进步。

2017年杭州市民公共文明指数调查现场观测报告（余杭区）

根据《2017年杭州市民公共文明指数调查实施方案》的总体安排，课题组于2017年12月2日至4日对余杭区15个观测点的市民在工作日和双休日不同时段的文明素养状况展开了实地观测，就观测情况形成如下报告。

一 余杭区现场观测总体情况

余杭区选取的15个现场观测点分别是临平南站公交车站、余杭第一人民医院北门公交车站、临平地铁站、余杭区第一人民医院、迎宾路与南苑街交叉路口、振兴西路与雨荷路交叉路口、东海花园、邱山小区、邱山农贸市场、临平人民广场、东大街（南大街至藕花洲大街东段）、万宝城商场以及地铁1号线、区内多条公交线路和杭州中影铂金影院。

实地观测分别围绕公共卫生、公共秩序、公共交往和公共观赏四个方面共29个指标展开，其中"打喷嚏时没有遮掩""社区楼道等有乱贴小广告和乱涂写现象""共享单车无序停放""遛宠物时没有拴好绳子""观看结束后不自觉清理并带走垃圾"5个非指数指标在统计不文明现象发生率时没有纳入。

观测显示，余杭区在四个时段观测总流量为107742人次/辆次，其中不文明现象发生量为4040人次/辆次，不文明现象总体发生率为3.75%。10：00～12：00时段的不文明现象发生率最高，为4.50%；13：00～15：00时段的不文明现象发生率最低，为2.92%（见图1）。

余杭区在四个方面中，公共卫生方面的不文明现象发生率最低，为1.58%；公共观赏方面的不文明现象发生率最高，为5.61%（见图2）。

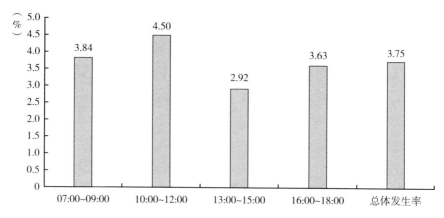

图1　余杭区各时段不文明现象发生率比较

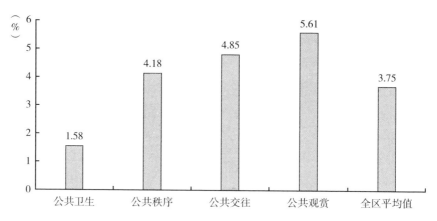

图2　余杭区四个方面不文明现象发生率比较

二　四个方面各项指标情况

（一）2017年数据分析

1. 公共卫生方面

在所观测的总流量18929人次中，不文明现象发生量为299人次，不文明现象总体发生率为1.58%。

在本次观测所设置的 8 个指标中，余杭区不文明现象发生率较高的是"打喷嚏时没有遮掩"（18.80%）、"遛宠物时不清理其排泄物"（18.03%）、"投放垃圾时没有进行分类"（15.63%）、"社区楼道等有乱贴小广告和乱涂写现象"（15.56%）、"公交车站有乱贴小广告和乱涂写现象"（5.66%）、"扔垃圾时没有扔进垃圾箱"（5.31%），而不文明现象发生率较低的是"随地吐痰、便溺"（0.54%）和"在禁烟场所抽烟"（0.29%）（见图3）。

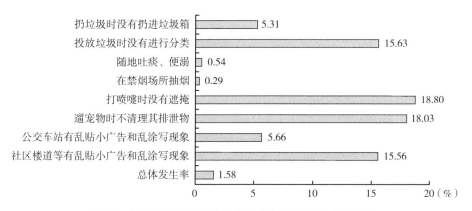

图3 余杭区公共卫生方面各项指标不文明现象发生率

分时段来看，07：00 ~ 09：00 时段的不文明现象发生率最高，为1.78%；其次是10：00 ~ 12：00 时段，为1.66%。这两个时段的不文明现象发生率均高于全区公共卫生方面的不文明现象总体发生率。其余两个时段的不文明现象发生率分别为13：00 ~ 15：00 时段1.52% 和16：00 ~ 18：00时段1.25%（见图4）。

2. 公共秩序方面

在所观测的总流量84785 人次/辆次中，不文明现象发生量为3541 人次/辆次，不文明现象总体发生率为4.18%。

在本次观测所设置的 12 个指标中，不文明现象发生率较高的是"遛宠物时没有拴好绳子"（24.07%）、"上下台阶时不主动靠右侧"（10.70%）、"共享单车无序停放"（9.09%）、"非机动车越线停车"（8.71%）、"机动车不在地面标示的规定区域内停车"（7.91%）、"乘坐直行电梯时没有做到

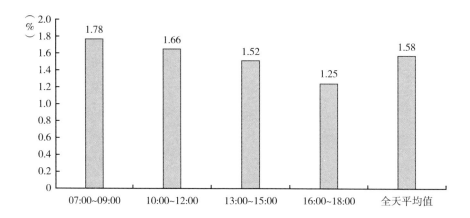

图4　余杭区公共卫生方面各时段不文明现象发生率

先出后进"（6.75%）、"行人乱穿马路、闯红灯、翻栏杆"（6.15%）、"排队时没有在规定区域等候"（4.98%），其次是"乘坐公交时没有做到有序排队上下车"（2.96%）、"乘坐地铁时没有做到有序排队上下车"（2.47%）、"非机动车闯红灯、走机动车道"（1.45%），而"机动车在斑马线前不礼让行人"的不文明现象发生率最低，为0.35%（见图5）。

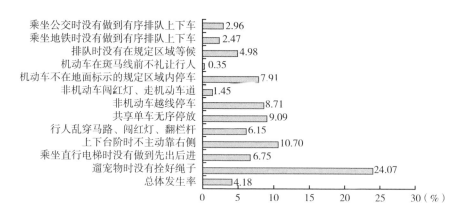

图5　余杭区公共秩序方面各项指标不文明现象发生率

分时段来看，10：00 ~ 12：00 时段的不文明现象发生率最高，为5.35%，高于全区公共秩序方面的不文明现象总体发生率。其余时段的不文明现象发生率分别为07：00~09：00时段4.18%、16：00~18：00时段3.99%和13：00~15：00时段3.20%（见图6）。

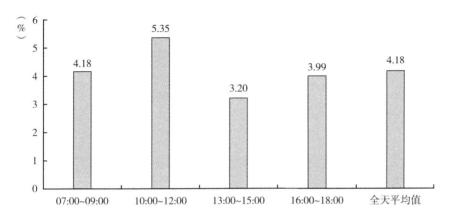

图6　余杭区公共秩序方面各时段不文明现象发生率

3. 公共交往方面

在所观测的总流量3404人次中，不文明现象发生量为165人次，不文明现象总体发生率为4.85%。

在本次观测所设置的3个指标中，"没有给老、弱、病、残、孕及怀抱婴儿者让座"的不文明现象发生率最高，为12.12%；"向陌生人问讯时没有礼貌回应"的不文明现象发生率为5.27%；"相互之间大声交谈不顾及他人"的不文明现象发生率最低，为4.70%（见图7）。

分时段来看，10：00~12：00时段的不文明现象发生率最高，为5.81%；其次是07：00~09：00和13：00~15：00时段，分别为5.04%和4.87%。这三个时段的不文明现象发生率均高于全区公共交往方面的不文明现象总体发生率。16：00~18：00时段的不文明现象发生率最低，为3.80%（见图8）。

4. 公共观赏方面

在所观测的总流量624人次中，不文明现象发生量为35人次，不文明现象总体发生率为5.61%。

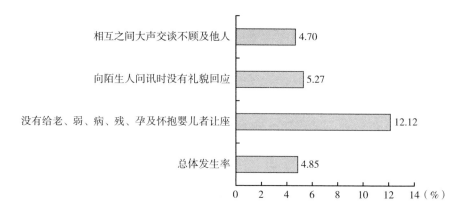

图7　余杭区公共交往方面各项指标不文明现象发生率

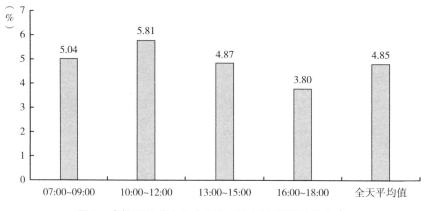

图8　余杭区公共交往方面各时段不文明现象发生率

在本次观测所设置的 6 个指标中，"观看结束后不自觉清理并带走垃圾"的不文明现象发生率最高（42.65%），其次是"观看时使用手机影响他人（包括出现光亮与发出声音）"（12.95%）、"观看时吃零食影响他人（包括发出声音与散发出气味）"（11.76%），这 3 个指标的不文明现象发生率均高于全区公共观赏方面的不文明现象总体发生率。"观看时交头接耳，大声喧哗，随意走动"（4.32%）、"放映前不按时检票入场"（2.16%）和"早退或无序退场"（0）这 3 个指标的不文明现象发生率均低于全区公共观赏方面的不文明现象总体发生率（见图9）。

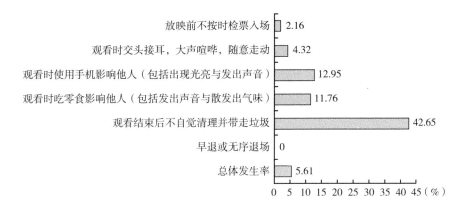

图9　余杭区公共观赏方面各项指标不文明现象发生率

分时段来看，07：00～09：00、13：00～15：00 这两个时段的数据空缺。其余时段的不文明现象发生率分别为 10：00～12：00 时段 6.19% 和 16：00～18：00 时段 4.91%（见图10）。

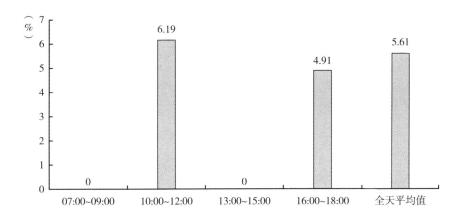

图10　余杭区公共观赏方面各时段不文明现象发生率

（二）2014～2017年指标对比分析

2014～2017 年余杭区的不文明现象发生率分别为 1.88%、3.31%、3.23% 和 3.75%。

以2017年四个方面29个指标为基础,对比2014~2017年18个相同或相近指标(详见主报告),对余杭区市民在公共卫生、公共秩序、公共交往和公共观赏四个方面的不文明现象发生率进行对比分析。

在公共卫生方面可比较的6个指标中,有4个指标的不文明现象发生率连续三年下降,分别为"扔垃圾时没有扔进垃圾箱""投放垃圾时没有进行分类""打喷嚏时没有遮掩""遛宠物时不清理其排泄物",而"随地吐痰、便溺"和"在禁烟场所抽烟"这两个指标2014~2017年的不文明现象发生率呈现波动状态(见图11)。总体来看,余杭区居民在公共卫生方面的不文明现象在持续改进,且进度逐渐加快。

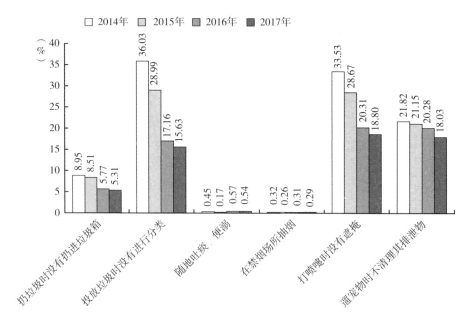

图11 余杭区公共卫生方面对比指标2014~2017年不文明现象发生率比较

在公共秩序方面可比较的6个指标中,"机动车在斑马线前不礼让行人"的不文明现象发生率连续三年下降,"乘坐公交时没有做到有序排队上下车"的不文明现象发生率连续三年上升,而"机动车不在地面标示的规定区域内停车""非机动车闯红灯、走机动车道""行人乱穿马路、闯红灯、翻栏杆""上下台阶时不主动靠右侧"这 4 个指标 2014 ~ 2017 年的不文明现象发生率呈现波动状态（见图 12）。

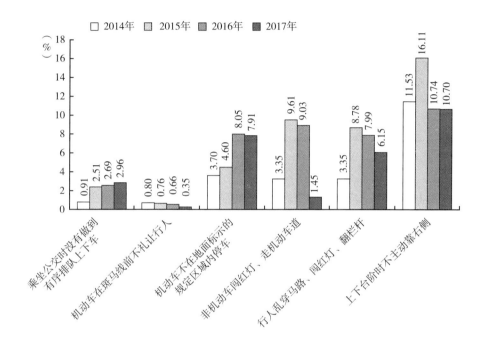

图 12　余杭区公共秩序方面对比指标 2014 ~ 2017 年不文明现象发生率比较

在公共交往方面可比较的 3 个指标中，"相互之间大声交谈不顾及他人"的不文明现象发生率连续三年上升，而"向陌生人问讯时没有礼貌回应"和"没有给老、弱、病、残、孕及怀抱婴儿者让座"这两个指标 2014 ~ 2017 年的不文明现象发生率呈现波动状态（见图 13）。

在公共观赏方面可比较的 3 个指标中，"放映前不按时检票入场"的不文明现象发生率连续三年下降，而"观看时交头接耳，大声喧哗，随意走动"和"观看时使用手机影响他人（包括出现光亮与发出声音）"这两个指标 2014 ~ 2017 年的不文明现象发生率呈现波动状态（见图 14）。

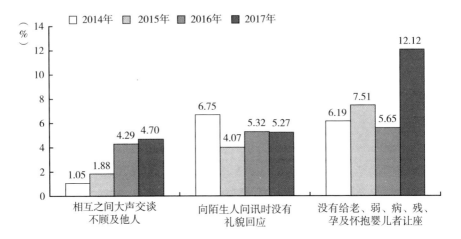

图13　余杭区公共交往方面对比指标 2014～2017 年不文明现象发生率比较

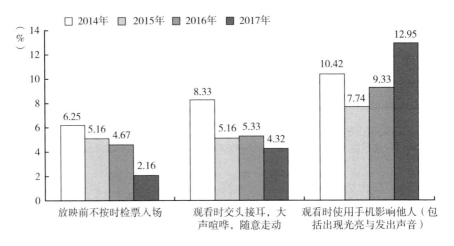

图14　余杭区公共观赏方面对比指标 2014～2017 年不文明现象发生率比较

三　基本判断

（一）根据四个方面的情况

余杭区在公共卫生方面的不文明现象发生率最低（1.58%），低于全区不文明现象总体发生率（3.75%）；在公共观赏方面的不文明现象发生率最高（5.61%）。

在公共卫生方面，"在禁烟场所抽烟"的不文明现象发生率最低，为0.29%；"打喷嚏时没有遮掩"的不文明现象发生率最高，达到18.80%。对比2014~2017年的数据，"扔垃圾时没有扔进垃圾箱""投放垃圾时没有进行分类""打喷嚏时没有遮掩""遛宠物时不清理其排泄物"这4个指标的不文明现象发生率连续三年下降，这说明余杭区居民在公共卫生方面的不文明行为改善明显。

在公共秩序方面，"机动车在斑马线前不礼让行人"的不文明现象发生率最低，为0.35%；"遛宠物时没有拴好绳子"的不文明现象发生率最高，为24.07%。对比2014~2017年的数据，"机动车在斑马线前不礼让行人"的不文明现象发生率连续三年下降，这说明余杭区居民在公共秩序方面的文明程度稳步提升。

在公共交往方面，"没有给老、弱、病、残、孕及怀抱婴儿者让座"的不文明现象发生率最高，为12.12%；"向陌生人问讯时没有礼貌回应"的不文明现象发生率为5.27%；"相互之间大声交谈不顾及他人"的不文明现象发生率最低，为4.70%。对比2014~2017年的数据，"相互之间大声交谈不顾及他人"的不文明现象发生率连续三年上升，这说明余杭区居民在公共交往方面的不文明现象有待进一步改进。

在公共观赏方面，"观看结束后不自觉清理并带走垃圾"的不文明现象发生率最高，为42.65%；"早退或无序退场"的不文明现象发生率最低，为0。对比2014~2017年的数据，"放映前不按时检票入场"的不文明现象发生率连续三年下降，这说明余杭区居民在观影时的文明习惯在不断改善。

（二）根据现场观测时段的情况

余杭区居民在公共卫生方面的不文明现象发生率在07：00~09：00时段最高，为1.78%；在公共秩序、公共交往和公共观赏方面的不文明现象发生率均在 10：00 ~ 12：00 时段最高，分别为 5.35%、5.81% 和 6.19%。这些可能受早高峰、观测时间、观测地点和天气等客观因素的影响。

（三）根据四个方面29个指标的情况

1. 不文明现象发生率排在前十位的指标

①观看结束后不自觉清理并带走垃圾（公共观赏，42.65%）

②遛宠物时没有拴好绳子（公共秩序，24.07%）

③打喷嚏时没有遮掩（公共卫生，18.80%）

④遛宠物时不清理其排泄物（公共卫生，18.03%）

⑤投放垃圾时没有进行分类（公共卫生，15.63%）

⑥社区楼道等有乱贴小广告和乱涂写现象（公共卫生，15.56%）

⑦观看时使用手机影响他人（包括出现光亮与发出声音）（公共观赏，12.95%）

⑧没有给老、弱、病、残、孕及怀抱婴儿者让座（公共交往，12.12%）

⑨观看时吃零食影响他人（包括发出声音与散发出气味）（公共观赏，11.76%）

⑩上下台阶时不主动靠右侧（公共秩序，10.70%）

在这 10 个指标中，属于公共卫生方面的有 4 个，属于公共观赏方面的有 3 个，属于公共秩序方面的有 2 个，属于公共交往方面的有 1 个。这说明余杭区居民在四个方面的一些文明习惯有待进一步改进。

2. 不文明现象发生率排在后十位的指标

①早退或无序退场（公共观赏，0）

②在禁烟场所抽烟（公共卫生，0.29%）

③机动车在斑马线前不礼让行人（公共秩序，0.35%）

④随地吐痰、便溺（公共卫生，0.54%）

⑤非机动车闯红灯、走机动车道（公共秩序，1.45%）

⑥放映前不按时检票入场（公共观赏，2.16%）

⑦乘坐地铁时没有做到有序排队上下车（公共秩序，2.47%）

⑧乘坐公交时没有做到有序排队上下车（公共秩序，2.96%）

⑨观看时交头接耳，大声喧哗，随意走动（公共观赏，4.32%）

⑩相互之间大声交谈不顾及他人（公共交往，4.70%）

在这10个指标中，属于公共秩序方面的有4个，属于公共观赏方面的有3个，属于公共卫生方面的有2个，属于公共交往方面的有1个。这说明余杭区在公共文明创建，特别是公共秩序方面付出了努力，改善显著。

2017年杭州市民公共文明指数
调查现场观测报告（富阳区）

根据《2017 年杭州市民公共文明指数调查实施方案》的总体安排，课题组于 2017 年 11 月 25 日至 27 日对富阳区 15 个观测点的市民在工作日和双休日不同时段的文明素养状况展开了实地观测，就观测情况形成如下报告。

一 富阳区现场观测总体情况

富阳区选取的 15 个现场观测点分别是横凉亭公交车站、商业城公交车站、二贸市场公交车站、富阳区第一人民医院、金浦路与金平路交叉路口、孙权路与振兴路交叉路口、春晖社区、秋月社区、城东农贸市场、恩波公园、北门路街巷（龙浦路至桂花路）、东方茂购物中心以及下沙到观测点公交线路、区内多条公交线路和新世界国际影城。

实地观测分别围绕公共卫生、公共秩序、公共交往和公共观赏四个方面共 29 个指标展开，其中"打喷嚏时没有遮掩""社区楼道等有乱贴小广告和乱涂写现象""共享单车无序停放""遛宠物时没有拴好绳子""观看结束后不自觉清理并带走垃圾" 5 个非指数指标在统计不文明现象发生率时没有纳入。

观测显示，富阳区在四个时段观测总流量为 53335 人次/辆次，其中不文明现象发生量为 2819 人次/辆次，不文明现象总体发生率为 5.29%。07：00~09：00 时段的不文明现象发生率最高，为 6.31%；13：00~15：00 时段的不文明现象发生率最低，为 4.24%（见图 1）。

富阳区在四个方面中，公共卫生方面的不文明现象发生率最低，为 2.65%；公共观赏方面的不文明现象发生率最高，为 10.29%（见图 2）。

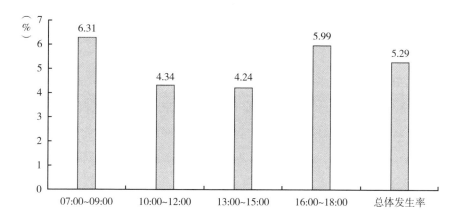

图1　富阳区各时段不文明现象发生率比较

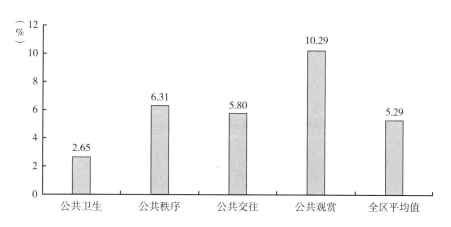

图2　富阳区四个方面不文明现象发生率比较

二　四个方面各项指标情况

（一）2017年数据分析

1. 公共卫生方面

在所观测的总流量15073人次中，不文明现象发生量为400人次，不文

明现象总体发生率为2.65%。

在本次观测所设置的8个指标中，富阳区不文明现象发生率较高的是"打喷嚏时没有遮掩"（22.44%）、"社区楼道等有乱贴小广告和乱涂写现象"（17.02%）、"投放垃圾时没有进行分类"（16.07%）、"遛宠物时不清理其排泄物"（14.93%）、"公交车站有乱贴小广告和乱涂写现象"（7.94%）和"扔垃圾时没有扔进垃圾箱"（7.14%），而不文明现象发生率较低的是"随地吐痰、便溺"（1.59%）和"在禁烟场所抽烟"（0.91%）（见图3）。

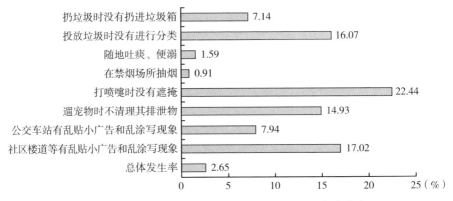

图3 富阳区公共卫生方面各项指标不文明现象发生率

分时段来看，07：00～09：00时段的不文明现象发生率最高，为3.14%；其次是13：00～15：00和16：00～18：00时段，分别为3.05%和2.99%。10：00～12：00时段的不文明现象发生率最低，为1.93%（见图4）。

2.公共秩序方面

在所观测的总流量34605人次/辆次中，不文明现象发生量为2185人次/辆次，不文明现象总体发生率为6.31%。

在本次观测所设置的11个指标中（"乘坐地铁时没有做到有序排队上下车"指标未观测），"遛宠物时没有拴好绳子"（29.58%）、"共享单车无序停放"（20.10%）、"非机动车越线停车"（12.17%）、"行人乱穿马路、闯红灯、

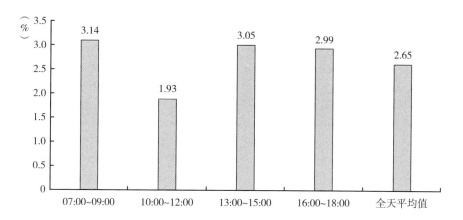

图4　富阳区公共卫生方面各时段不文明现象发生率

翻栏杆"（10.40％）、"上下台阶时不主动靠右侧"（8.92％）、"机动车不在地面标示的规定区域内停车"（7.65％）、"乘坐直行电梯时没有做到先出后进"（7.09％）、"非机动车闯红灯、走机动车道"（6.81％）的不文明现象发生率较高，其次是"乘坐公交时没有做到有序排队上下车"（5.13％）、"排队时没有在规定区域等候"（5.08％），而"机动车在斑马线前不礼让行人"的不文明现象发生率最低，为2.29％（见图5）。

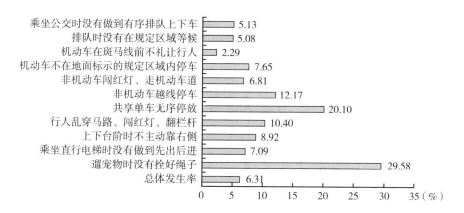

图5　富阳区公共秩序方面各项指标不文明现象发生率

分时段来看，07：00~09：00时段的不文明现象发生率最高，为7.54%；其次是10：00~12：00和16：00~18：00时段，均为6.33%。13：00~15：00时段的不文明现象发生率最低，为4.72%（见图6）。

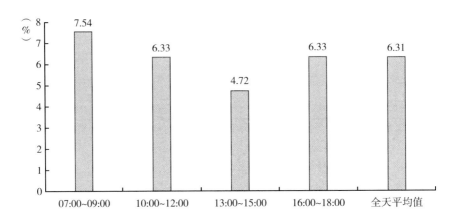

图6　富阳区公共秩序方面各时段不文明现象发生率

3. 公共交往方面

在所观测的总流量3171人次中，不文明现象发生量为184人次，不文明现象总体发生率为5.80%。

在本次观测所设置的3个指标中，"没有给老、弱、病、残、孕及怀抱婴儿者让座"的不文明现象发生率最高，为6.49%；"相互之间大声交谈不顾及他人"的不文明现象发生率为5.93%；"向陌生人问讯时没有礼貌回应"的不文明现象发生率最低，为4.71%（见图7）。

分时段来看，16：00~18：00时段的不文明现象发生率最高，为7.18%；其次是10：00~12：00和07：00~09：00时段，分别为5.76%和5.60%。13：00~15：00时段的不文明现象发生率最低，为5.48%（见图8）。

4. 公共观赏方面

在所观测的总流量486人次中，不文明现象发生量为50人次，不文明现象总体发生率为10.29%。

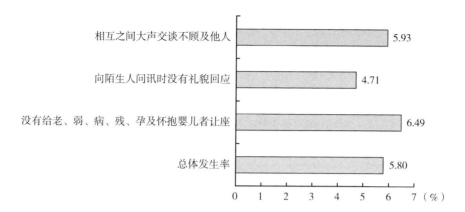

图7 富阳区公共交往方面各项指标不文明现象发生率

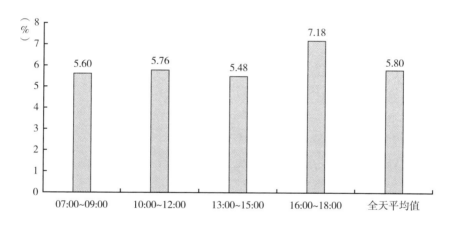

图8 富阳区公共交往方面各时段不文明现象发生率

在本次观测所设置的 6 个指标中，"观看结束后不自觉清理并带走垃圾"的不文明现象发生率最高（52.17%），其次是"观看时使用手机影响他人（包括出现光亮与发出声音）"（18.18%）和"观看时吃零食影响他人（包括发出声音与散发出气味）"（15.22%），这 3 个指标的不文明现象发生率均高于全区公共观赏方面的不文明现象总体发生率。"观看时交头接耳，大声喧哗，随意走动"（10.00%）、"放映前不按时检票入场"（5.45%）和"早退或无序退场"（5.45%）这 3 个指标的不文明现象发生率均低于全区公共观赏方面的不文明现象总体发生率（见图9）。

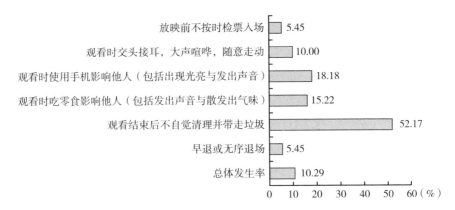

图9 富阳区公共观赏方面各项指标不文明现象发生率

分时段来看，07：00～09：00 和 13：00～15：00 这两个时段的数据空缺。其余时段的不文明现象发生率分别为 16：00～18：00 时段 11.91% 和 10：00～12：00 时段 8.13%（见图10）。

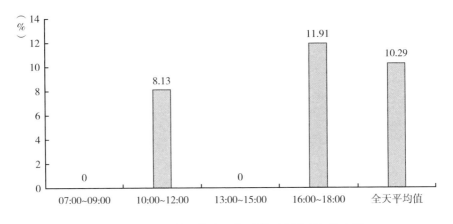

图10 富阳区公共观赏方面各时段不文明现象发生率

（二）2015～2017年指标对比分析（富阳区2014年未撤市设区，故未列入观测）

2015～2017 年富阳区的不文明现象发生率分别为 8.33%、7.28% 和 5.29%。

以 2017 年四个方面 29 个指标为基础，对比 2015～2017 年 25 个相同或相近指标（详见主报告），对富阳区市民在公共卫生、公共秩序、公共交往和公共观赏四个方面的不文明现象发生率进行对比分析。

在公共卫生方面可比较的 8 个指标中，有 3 个指标的不文明现象发生率连续两年下降，分别为"扔垃圾时没有扔进垃圾箱""投放垃圾时没有进行分类""打喷嚏时没有遮掩"，而"随地吐痰、便溺""在禁烟场所抽烟""遛宠物时不清理其排泄物""公交车站有乱贴小广告和乱涂写现象""社区楼道等有乱贴小广告和乱涂写现象"这 5 个指标 2015～2017 年的不文明现象发生率呈现波动状态（见图 11）。总体来看，富阳区居民在公共卫生方面的不文明现象在持续改进，且进度逐渐加快。

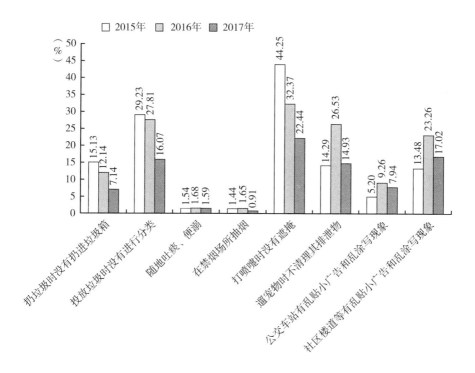

图 11　富阳区公共卫生方面对比指标 2015～2017 年不文明现象发生率比较

在公共秩序方面可比较的 8 个指标中，"上下台阶时不主动靠右侧"的不文明现象发生率连续两年下降，"机动车不在地面标示的规定区域内停车"的不文明现象发生率连续两年上升，而"乘坐公交时没有做到有序排队上下车""排队时没有在规定区域等候""机动车在斑马线前不礼让行人""非机动车闯红灯、走机动车道""行人乱穿马路、闯红灯、翻栏杆""遛宠物时没有拴好绳子"这6个指标2015～2017年的不文明现象发生率呈现波动状态（见图12）。

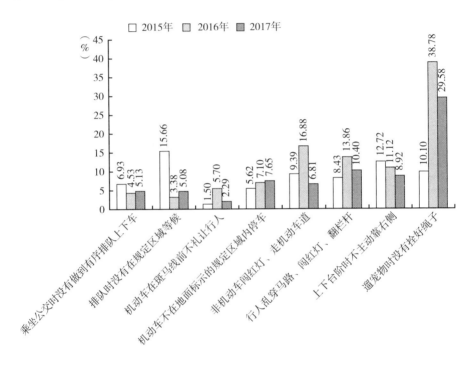

图12　富阳区公共秩序方面对比指标2015～2017年不文明现象发生率比较

在公共交往方面可比较的3个指标中，"相互之间大声交谈不顾及他人""向陌生人问讯时没有礼貌回应""没有给老、弱、病、残、孕及怀抱婴儿者让座"这3个指标2015～2017年的不文明现象发生率呈现波动状态（见图13）。

在公共观赏方面可比较的6个指标中，"观看时吃零食影响他人（包括发出声音与散发出气味）"的不文明现象发生率连续两年下降，而"放映前不按时检票入场""观看时交头接耳，大声喧哗，随意走动""观看时使用

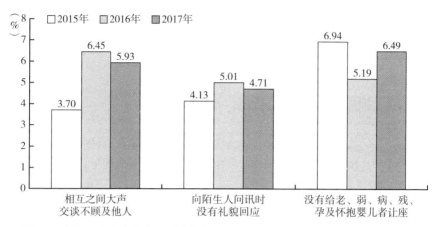

图13 富阳区公共交往方面对比指标2015～2017年不文明现象发生率比较

手机影响他人（包括出现光亮与发出声音）""观看结束后不自觉清理并带走垃圾""早退或无序退场"这5个指标2015～2017年的不文明现象发生率呈现波动状态（见图14）。

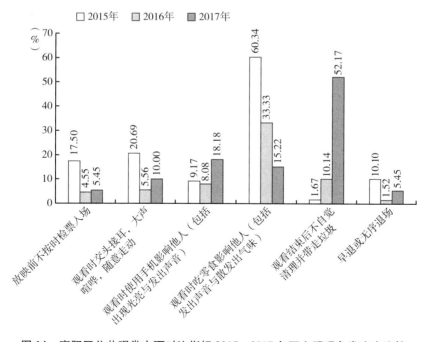

图14 富阳区公共观赏方面对比指标2015～2017年不文明现象发生率比较

三 基本判断

（一）根据四个方面的情况

富阳区在公共卫生方面的不文明现象发生率最低（2.65%），低于全区不文明现象总体发生率（5.29%）；在公共观赏方面的不文明现象发生率最高（10.29%）。

在公共卫生方面，"在禁烟场所抽烟"的不文明现象发生率最低，为0.91%；"打喷嚏时没有遮掩"的不文明现象发生率最高，达到22.44%。对比2015～2017年的数据，有3个指标的不文明现象发生率连续两年下降，分别为"扔垃圾时没有扔进垃圾箱""投放垃圾时没有进行分类""打喷嚏时没有遮掩"，这表明富阳区居民在公共卫生方面的不文明行为改善明显。

在公共秩序方面，"机动车在斑马线前不礼让行人"的不文明现象发生率最低，为2.29%；"遛宠物时没有拴好绳子"的不文明现象发生率最高，为29.58%。对比2015～2017年的数据，"上下台阶时不主动靠右侧"的不文明现象发生率连续两年下降，"机动车不在地面标示的规定区域内停车"的不文明现象发生率连续两年上升，这说明富阳区居民在公共秩序方面的文明程度有待稳步提升。

在公共交往方面，"没有给老、弱、病、残、孕及怀抱婴儿者让座"的不文明现象发生率最高，为6.49%；"相互之间大声交谈不顾及他人"的不文明现象发生率为5.93%；"向陌生人问讯时没有礼貌回应"的不文明现象发生率最低，为4.71%。对比2015～2017年的数据，这3个指标的不文明现象发生率均呈现波动状态，这说明富阳区居民在公共交往方面的不文明现象有待进一步改进。

在公共观赏方面，"观看结束后不自觉清理并带走垃圾"的不文明现象发生率最高（52.17%），"放映前不按时检票入场"和"早退或无序退场"的不文明现象发生率最低（均为5.45%）。对比2015～2017年的数据，"观看时吃零食影响他人（包括发出声音与散发出气味）"的不文明现象发生率连续两年下降，其余5个指标的不文明现象发生率均呈现波动状态，这说明富阳区居民在公共观赏方面的不文明现象有待进一步改进。

（二）根据现场观测时段的情况

富阳区居民在公共卫生和公共秩序方面的不文明现象发生率在07：00～09：00时段最高，分别为3.14%和7.54%；在公共交往和公共观赏方面的不文明现象发生率在16：00～18：00时段最高，分别为7.18%和11.91%。这些可能受早晚高峰、观测时间、观测地点和天气等客观因素的影响。

（三）根据四个方面29个指标的情况

1. 不文明现象发生率排在前十位的指标

①观看结束后不自觉清理并带走垃圾（公共观赏，52.17%）

②遛宠物时没有拴好绳子（公共秩序，29.58%）

③打喷嚏时没有遮掩（公共卫生，22.44%）

④共享单车无序停放（公共秩序，20.10%）

⑤观看时使用手机影响他人（包括出现光亮与发出声音）（公共观赏，18.18%）

⑥社区楼道等有乱贴小广告和乱涂写现象（公共卫生，17.02%）

⑦投放垃圾时没有进行分类（公共卫生，16.07%）

⑧观看时吃零食影响他人（包括发出声音与散发出气味）（公共观赏，15.22%）

⑨遛宠物时不清理其排泄物（公共卫生，14.93%）

⑩非机动车越线停车（公共秩序，12.17%）

在这10个指标中，属于公共卫生方面的有4个，属于公共秩序方面的有3个，属于公共观赏方面的有3个。这说明富阳区居民在公共卫生、公共秩序和公共观赏方面的一些文明习惯有待进一步改善。

2. 不文明现象发生率排在后十位的指标

①在禁烟场所抽烟（公共卫生，0.91%）

②随地吐痰、便溺（公共卫生，1.59%）

③机动车在斑马线前不礼让行人（公共秩序，2.29%）

④向陌生人问讯时没有礼貌回应（公共交往，4.71%）

⑤排队时没有在规定区域等候（公共秩序，5.08%）

⑥乘坐公交时没有做到有序排队上下车（公共秩序，5.13%）

⑦早退或无序退场（公共观赏，5.45%）；放映前不按时检票入场（公共观赏，5.45%）

⑧相互之间大声交谈不顾及他人（公共交往，5.93%）

⑨没有给老、弱、病、残、孕及怀抱婴儿者让座（公共交往，6.49%）

⑩非机动车闯红灯、走机动车道（公共秩序，6.81%）

在这 11 个指标中，属于公共秩序方面的有 4 个，属于公共交往方面的有 3 个，属于公共卫生和公共观赏方面的各有 2 个。这说明富阳区在公共文明创建，特别是公共秩序和公共交往方面均有所提升。

附 录

附录1　2017年杭州市民公共文明
指数调查问卷

表　　　号：hzwmzs1 表

制定机关：杭州市社会科学界联合会

　　　　　杭州市社会科学院

批准机关：杭州市统计局

批准文号：杭统〔2017〕号

2017 年杭州市民公共文明指数调查问卷

制表单位：杭州市社会科学界联合会

　　　　　杭州市社会科学院

日　　　期：2017 年 11 月

您好！

我是 2017 年杭州市民公共文明指数调查组的访问员，为提升杭州市民文明素质和城市文明程度，进一步促进杭州城市国际化发展，受杭州市精神文明建设委员会办公室的委托，我们正在进行杭州市民公共文明指数调查，非常感谢您的支持和配合！您的个人信息会得到严格保护！

注：填选时，请直接在相应的选项上打"√"。

受访者基本信息

1. 区域：①上城区　②下城区　③江干区　④拱墅区　⑤西湖区
　　　　⑥滨江区　⑦萧山区　⑧余杭区　⑨富阳区

2. 性别：①男　②女

3. 年龄：①16～24 岁　②25～34 岁　③35～44 岁　④45～54 岁
　　　　⑤55～64 岁　⑥65 岁及以上

4. 学历：①小学及以下　②初中　③高中/中专　④大专　⑤本科
　　　　⑥研究生及以上

5. 政治面貌：①群众　②共青团员　③中共党员　④民主党派

6. 在杭居住年限：①5 年及以下　②6～10 年　③11～20 年
　　　　　　　　④21 年及以上

7. 职业：①机关行政人员　②事业单位人员　③企业管理人员
　　　　④企业普通职工　⑤个体经营者　　⑥自由职业者
　　　　⑦学生　　　　　⑧务农人员　　　⑨待业人员
　　　　⑩离退休人员　　⑪其他

8. 户籍类型：①杭州城镇　②杭州农村　③外地城镇　④外地农村

A 卷 客评部分

A1. 您所见他人在 公共卫生 方面的行为表现是怎样的？

问题	很普遍（好）	比较普遍（较好）	一般（一般）	偶尔有（较差）	从来没有（差）
Q1. 把垃圾扔进垃圾箱	5	4	3	2	1
Q2. 垃圾分类投放	5	4	3	2	1
Q3. 不随地吐痰、便溺	5	4	3	2	1
Q4. 不在设有禁烟标志的公共场所抽烟	5	4	3	2	1
Q5. 打喷嚏时，有所遮掩	5	4	3	2	1
Q6. 遛宠物时，主动清理其排泄物	5	4	3	2	1
Q7. 不乱张贴小广告、不乱涂写	5	4	3	2	1

A2. 您所见他人在 公共秩序 方面的行为表现是怎样的？

问题	很普遍（好）	比较普遍（较好）	一般（一般）	偶尔有（较差）	从来没有（差）
Q8. 乘坐公交时有序排队上下车	5	4	3	2	1
Q9. 乘坐地铁时有序排队上下车	5	4	3	2	1
Q10. 遵守"一米线"外等候的规定	5	4	3	2	1
Q11. 不在公共场所大声喧哗	5	4	3	2	1
Q12. 行人不乱穿马路、乱闯红灯、乱翻栏杆	5	4	3	2	1
Q13. 驾车在斑马线前礼让行人	5	4	3	2	1
Q14. 共享单车不乱停、乱放	5	4	3	2	1
Q15. 在地面标示的规定区域内停车	5	4	3	2	1
Q16. 非机动车不闯红灯、不走机动车道	5	4	3	2	1
Q17. 上下台阶时主动靠右行走	5	4	3	2	1
Q18. 遛宠物时，注意把宠物拴好	5	4	3	2	1
Q19. 乘坐电梯时先出后进	5	4	3	2	1

A3. 您所见他人在 公共交往 方面的行为表现是怎样的？

问题	很普遍 （好）	比较普遍 （较好）	一般 （一般）	偶尔有 （较差）	从来没有 （差）
Q20. 与人交流时面带微笑,态度和蔼	5	4	3	2	1
Q21. 交谈时不大声喧哗	5	4	3	2	1
Q22. 陌生人问路时,耐心、详细解答	5	4	3	2	1
Q23. 主动给予外地游客方便或帮助	5	4	3	2	1
Q24. 能给老、弱、病、残、孕及怀抱婴儿者让座	5	4	3	2	1

A4. 您所见他人在 公共观赏 方面的行为表现是怎样的？

问题	很普遍 （好）	比较普遍 （较好）	一般 （一般）	偶尔有 （较差）	从来没有 （差）
Q25. 按时入场、退场	5	4	3	2	1
Q26. 在入口处,主动配合做好安检工作	5	4	3	2	1
Q27. 手机关机或调为静音、振动	5	4	3	2	1
Q28. 在影剧院内,安静观赏,不交头接耳、不随意走动	5	4	3	2	1
Q29. 观赏时,适时给予掌声鼓励	5	4	3	2	1
Q30. 不谩骂、起哄或围攻裁判员、运动员或其他工作人员	5	4	3	2	1
Q31. 不在观众席向演出或比赛场地投掷杂物	5	4	3	2	1

A5. 您所见他人在 公益服务 方面的行为表现是怎样的？

问题	很普遍 （好）	比较普遍 （较好）	一般 （一般）	偶尔有 （较差）	从来没有 （差）
Q32. 参加献血、捐助等公益活动	5	4	3	2	1
Q33. 只要条件允许,愿意作为志愿者提供服务	5	4	3	2	1
Q34. 积极参加公益知识讲座,向他人宣传公益知识	5	4	3	2	1
Q35. 鼓励身边的人参与公益服务	5	4	3	2	1
Q36. 自发做些公益服务	5	4	3	2	1
Q37. 积极参与各类赛事活动的志愿服务	5	4	3	2	1

A6. 您所见他人在 网络文明 方面的行为表现是怎样的?

问题	很普遍 (好)	比较普遍 (较好)	一般 (一般)	偶尔有 (较差)	从来没有 (差)
Q38. 文明用语,不谩骂、攻击他人	5	4	3	2	1
Q39. 不浏览/传播色情、暴力、封建迷信等不良信息	5	4	3	2	1
Q40. 不听信/散布谣言,不传播虚假(欺诈)信息	5	4	3	2	1
Q41. 能合理安排上网时间,不沉迷网络	5	4	3	2	1
Q42. 不窥探、传播他人隐私					

A7. 您所见他人在 国际礼仪文明 方面的行为表现是怎样的?

问题	很普遍 (好)	比较普遍 (较好)	一般 (一般)	偶尔有 (较差)	从来没有 (差)
Q43. 在外籍人士面前,能自觉维护国家及杭州的形象与声誉	5	4	3	2	1
Q44. 能热情友善对待外籍人士,并愿为其提供力所能及的帮助与服务	5	4	3	2	1
Q45. 不随意询问有关他人隐私问题(如年龄、家庭、收入等)	5	4	3	2	1
Q46. 能积极主动学习外语,并在与外籍人士交流时使用外语	5	4	3	2	1
Q47. 积极学习了解并遵循国际通行的礼仪规范	5	4	3	2	1
Q48. 参加正式涉外活动时,能着正装出席	5	4	3	2	1
Q49. 尊重外籍人士的习俗禁忌	5	4	3	2	1

B 卷　主评部分

B1. 请问您对自己在 公共卫生 方面的行为表现如何评价?

问题	已成习惯	比较注意	无所谓	很少注意	不注意
Q50. 把垃圾扔进垃圾箱	5	4	3	2	1
Q51. 垃圾分类投放	5	4	3	2	1
Q52. 不随地吐痰、便溺	5	4	3	2	1
Q53. 不在设有禁烟标志的公共场所抽烟	5	4	3	2	1
Q54. 打喷嚏时,有所遮掩	5	4	3	2	1
Q55. 遛宠物时,主动清理其排泄物	5	4	3	2	1
Q56. 不乱张贴小广告、不乱涂写	5	4	3	2	1

B2. 请问您对自己在 公共秩序 方面的行为表现如何评价?

问题	已成习惯	比较注意	无所谓	很少注意	不注意
Q57. 乘坐公交时有序排队上下车	5	4	3	2	1
Q58. 乘坐地铁时有序排队上下车	5	4	3	2	1
Q59. 遵守"一米线"外等候的规定	5	4	3	2	1
Q60. 不在公共场所大声喧哗	5	4	3	2	1
Q61. 行人不乱穿马路、乱闯红灯、乱翻栏杆	5	4	3	2	1
Q62. 驾车在斑马线前礼让行人	5	4	3	2	1
Q63. 共享单车不乱停、乱放	5	4	3	2	1
Q64. 在地面标示的规定区域内停车	5	4	3	2	1
Q65. 非机动车不闯红灯、不走机动车道	5	4	3	2	1
Q66. 上下台阶时主动靠右行走	5	4	3	2	1
Q67. 遛宠物时,注意把宠物拴好	5	4	3	2	1
Q68. 乘坐电梯时先出后进	5	4	3	2	1

B3. 请问您对自己在 公共交往 方面的行为表现如何评价?

问题	已成习惯	比较注意	无所谓	很少注意	不注意
Q69. 与人交流时面带微笑,态度和蔼	5	4	3	2	1
Q70. 交谈时不大声喧哗	5	4	3	2	1
Q71. 陌生人问路时,耐心、详细解答	5	4	3	2	1
Q72. 主动给予外地游客方便或帮助	5	4	3	2	1
Q73. 能给老、弱、病、残、孕及怀抱婴儿者让座	5	4	3	2	1

B4. 请问您对自己在 公共观赏 方面的行为表现如何评价?

问题	已成习惯	比较注意	无所谓	很少注意	不注意
Q74. 按时入场、退场	5	4	3	2	1
Q75. 在入口处,主动配合做好安检工作	5	4	3	2	1
Q76. 手机关机或调为静音、振动	5	4	3	2	1
Q77. 在影剧院内,安静观赏,不交头接耳、不随意走动	5	4	3	2	1
Q78. 观赏时,适时给予掌声鼓励	5	4	3	2	1
Q79. 不谩骂、起哄或围攻裁判员、运动员或其他工作人员	5	4	3	2	1
Q80. 不在观众席向演出或比赛场地投掷杂物	5	4	3	2	1

B5. 请问您对自己在 公益服务 方面的行为表现如何评价?

问题	已成习惯	比较注意	无所谓	很少注意	不注意
Q81. 参加献血、捐助等公益活动	5	4	3	2	1
Q82. 只要条件允许,愿意作为志愿者提供服务	5	4	3	2	1
Q83. 积极参加公益知识讲座,向他人宣传公益知识	5	4	3	2	1
Q84. 鼓励身边的人参与公益服务	5	4	3	2	1
Q85. 自发做些公益服务	5	4	3	2	1
Q86. 积极参与各类赛事活动的志愿服务	5	4	3	2	1

B6. 请问您对自己在 网络文明 方面的行为表现如何评价?

问题	已成习惯	比较注意	无所谓	很少注意	不注意
Q87. 文明用语,不谩骂、攻击他人	5	4	3	2	1
Q88. 不浏览/传播色情、暴力、封建迷信等不良信息	5	4	3	2	1
Q89. 不听信/散布谣言,不传播虚假(欺诈)信息	5	4	3	2	1
Q90. 能合理安排上网时间,不沉迷网络	5	4	3	2	1
Q91. 不窥探、传播他人隐私					

351

B7. 请问您对自己在 国际礼仪文明 方面的行为表现如何评价?

问题	已成习惯	比较注意	无所谓	很少注意	不注意
Q92. 在外籍人士面前,能自觉维护国家及杭州的形象与声誉	5	4	3	2	1
Q93. 能热情友善对待外籍人士,并愿为其提供力所能及的帮助与服务	5	4	3	2	1
Q94. 不随意询问有关他人隐私问题(如年龄、家庭、收入等)	5	4	3	2	1
Q95. 能积极主动学习外语,并在与外籍人士交流时使用外语	5	4	3	2	1
Q96. 积极学习了解并遵循国际通行的礼仪规范	5	4	3	2	1
Q97. 参加正式涉外活动时,能着正装出席	5	4	3	2	1
Q98. 尊重外籍人士的习俗禁忌	5	4	3	2	1

C 卷　认知部分

Q1. 您认为近年来杭州市民公共文明素养的提升情况如何?(单选)
　　①有很大提升,符合城市国际化要求
　　②有较大提升,但离建设世界名城的要求还有较大差距
　　③有一定提升　　④提升不大　　⑤不清楚

Q2. 您认为影响和促进杭州市民公共文明素养提升的主要因素有哪些?(多选)
　　①城市基础设施的改善
　　②《杭州市文明行为促进条例》的颁布与实施
　　③执法力度的加大　　④城市治理水平的提升
　　⑤城市品牌形象的提升　　⑥公共文明专项治理行动的开展
　　⑦城市志愿服务的提升　　⑧杭州国际知名度的提升
　　⑨其他_____

Q3. 您知道《杭州市文明行为促进条例》吗?(单选)
　　①非常清楚　　②知道一些　　③不是很清楚　　④不知道

Q4. 关于《杭州市文明行为促进条例》的实施对提升杭州市民公共文明素养的作用，您是怎么评价的？（单选）

①作用非常大　　　　②有较大作用　　　　③有一定作用

④作用体现不明显　　⑤以后会发挥较大作用

Q5. 您认为《杭州市文明行为促进条例》的颁布与实施对市民公共文明行为哪些方面的提升是最明显的？（多选）

①公共卫生文明　　　②公共秩序文明　　　③公共交往文明

④公共观赏文明　　　⑤公益服务文明　　　⑥网络文明

⑦国际礼仪文明

Q6. 您对《杭州市文明行为促进条例》中规定的文明行为基本规范最在意的内容是哪些？（多选）

①公民应当做到爱国守法、明礼诚信、团结友善、勤俭自强、敬业奉献

②公民应当自觉遵守公共秩序，爱护公共设施，维护公共环境卫生

③公民交通出行应当遵守道路交通安全管理法律法规

④公民旅游观光时应当尊重当地风俗习惯，保护生态环境，保持环境卫生，不损坏花草树木，爱护文物古迹，爱护公共设施，不随意刻画，与他人友善相处

⑤公民应当节约粮食、水、电力、燃油、天然气等资源，合理利用免费提供的公共资源

⑥公民应当遵守有关规定文明上网，不编造、散布虚假信息，不传播低级媚俗信息，不购买明知是侵犯他人知识产权的商品

⑦公民应当遵守职业道德，勤勉敬业，恪尽职守，遵守工作制度和操作规范，尊重服务对象，提高服务水平

⑧居民应当自觉遵守业主公约和其他相关规定，爱护和合理使用公用设施设备，保护绿化，有序停放车辆

⑨促进文明家庭建设，培育良好家风，倡导邻里和睦

Q7. 如果发现身边人有发生《杭州市文明行为促进条例》所禁止的不

文明行为时，您会主动进行劝阻吗？（单选）

①坚决劝阻　　　②有时会劝阻　　　③不关我的事，不予劝阻

Q8. 当您对他人的不文明行为进行劝阻时，所遇到的对方的态度通常是怎样的？（多选）

①积极配合予以纠正　　　　　　　　②不予搭理

③不予改正，且采取谩骂等不文明行为　　④从未进行过劝阻

Q9. 如果要进一步推动《杭州市文明行为促进条例》作用的发挥，您认为应该做好哪些工作？（多选）

①增强杭州市民的遵法、守法意识　　②提高处罚金额

③加大执法力度　　　　　　　　　　④加强宣传，提高群众知晓度

⑤加强志愿者引导工作　　　　　　　⑥提高市民参与度

⑦增强文明行为促进工作规划、计划的科学性和可操作性

⑧提高各组织、团体参与度

⑨加强鼓励和表彰工作，发挥导向和激励作用

⑩让国家工作人员、教育工作者、人大代表和政协委员等起表率作用

⑪其他_____

Q10. 对进一步提升杭州市民的公共文明素养，您有什么好的建议或点子：_____

_____

受访者签名：_____　　　　联系电话：_____
　　　　　　　　　　　　　　　　电子邮箱：_____@_____

受访者家庭详细地址：_____区、县（市）_____街道（乡、镇）_____

访问员签名：_____　访问员编号：_____　　　访问日期：____月____日

＝＝＝＝＝＝＝＝＝调查结束，感谢您的支持！＝＝＝＝＝＝＝＝＝

附录2 2017年杭州市民公共文明指数调查（现场观测）记录汇总表

指标		07:00~09:00		10:00~12:00		13:00~15:00		16:00~18:00		各时段汇总		
		现象 流量	发生率	现象 流量	发生率	现象 流量	发生率	现象 流量	发生率	现象	流量	发生率
公共卫生	扔垃圾时没有扔进垃圾箱											
	投放垃圾时没有进行分类											
	随地吐痰、便溺											
	在禁烟场所抽烟											
	打喷嚏时没有遮掩											
	遛笼物时不清理其排泄物											
	公交车站有乱贴小广告和乱涂写现象											
	社区楼道等有乱贴小广告和乱涂写现象											
公共秩序	乘坐公交时没有做到有序排队上下车											
	乘坐地铁时没有做到有序排队上下车											
	排队时没有在规定区域等候											
	机动车在斑马线前不礼让行人											
	机动车不在地面标示的规定区域内停车											
	非机动车闯红灯、走机动车道											

续表

指标		07:00~09:00			10:00~12:00			13:00~15:00			16:00~18:00			各时段汇总		
		现象	流量	发生率	现象	流量	发生率	现象	流量	发生率	现象	流量	发生率	现象	流量	发生率
公共秩序	非机动车越线停车															
	共享单车无序停放															
	行人乱穿马路、闯红灯、翻栏杆															
	上下台阶时不主动靠右侧															
	乘坐直行电梯时没有做到先出后进															
	遛宠物时没有拴好绳子															
	相互之间大声交谈不顾及他人															
公共交往	向陌生人问讯时没有礼貌回应															
	没有给老、弱、病、残、孕及怀抱婴儿者让座															
	放映前不按时检票入场															
	观看时交头接耳、大声喧哗、随意走动															
	观看时使用手机影响他人（包括出现光亮与发出声音）															
公共观赏	观看时吃零食影响他人（包括发出声音与散发出气味）															
	观看结束后不自觉清理并带走垃圾															
	早退或离场无序退场															

附录3　2017年杭州市民公共文明指数调查（现场观测）各区选点情况

2017 年杭州市民公共文明指数调查（现场观测）选点一览
（上城区）

序号	类型	具体位置	负责教师	备注
1	公交车站 1	市一医院公交车站		
2	公交车站 2	胜利剧院公交车站		
3	地铁站	城站地铁站		
4	医院	杭州市第一人民医院		
5	交叉路口 1	高银街与延安路交叉路口		
6	交叉路口 2	平海路与浣纱路交叉路口		
7	社区 1	（清波街道）后市街小区		
8	社区 2	（小营街道）姚元寺巷社区		
9	农贸市场	断河头农贸市场（姚园寺巷 33 号）		
10	公园/广场	吴山文化公园（中国财税博物馆附近）		
11	街巷	高银街（与河坊街平行段）		
12	商场	银泰百货西湖店（延安路 98 号）		
13	公交线路 1	92 路（姚元寺巷—市一医院）		
14	公交线路 2	地铁 1 号线（文海南路—定安路/城站/龙翔桥）		
15	电影院	胜利剧院（杭州市上城区延安路 279 号）		

2017 年杭州市民公共文明指数调查（现场观测）选点一览
（下城区）

序号	类型	具体位置	负责教师	备注
1	公交车站 1	梅登高桥公交车站		
2	公交车站 2	小北门公交车站		
3	地铁站	武林广场地铁站		
4	医院	杭州市红十字会医院		
5	交叉路口 1	百井坊巷与中山北路交叉路口		
6	交叉路口 2	体育场路与中河北路交叉路口（有红绿灯）		
7	社区 1	（东新街道）三塘兰园社区		

续表

序号	类型	具体位置	负责教师	备注
8	社区2	（长庆街道）王马社区南区		
9	农贸市场	仙林苑农贸市场		
10	公园/广场	朝晖文化公园（公园广场、西门）		
11	街巷	戒坛寺巷（延安路口到安吉路幼儿园）		
12	商场	银泰百货西湖文化广场店		
13	公交线路1	46路:朝晖三区站—三塘兰园站 21路:皇亲巷站—红会医院,红会医院—武林广场		
14	公交线路2	B1:下沙高教园东区—武林广场北 地铁1号线:文海南路—武林广场		
15	影剧院	浙江奥斯卡电影大世界		

2017 年杭州市民公共文明指数调查（现场观测）选点一览
（江干区）

序号	类型	具体位置	负责教师	备注
1	公交车站1	景芳五区公交车站		
2	公交车站2	市民中心公交车站		
3	地铁站	市民中心地铁站		
4	医院	浙江大学医学院附属邵逸夫医院下沙院区		
5	交叉路口1	新塘路与景芳路交叉路口		
6	交叉路口2	下沙大北路与五号大街交叉路口		
7	社区1	（景新路）景新社区		
8	社区2	（大北路）大都文苑社区		
9	农贸市场	高沙农贸市场		
10	公园/广场	钱江新城城市阳台广场		
11	街巷	景昙路（103号至125号之间）		
12	商场	万象城		
13	公交线路1	156路		
14	公交线路2	401路		
15	电影院	SFC上影龙湖天街		

2017 年杭州市民公共文明指数调查（现场观测）选点一览
（拱墅区）

序号	类型	具体位置	负责教师	备注
1	公交车站 1	香积寺路上塘路口公交车站		
2	公交车站 2	拱宸桥东公交车站		
3	公交车站 3	大塘新村公交车站（文晖路大塘新村北门口）		
4	医院	杭州市第二人民医院（拱墅区温州路 126 号，金华路口）		
5	交叉路口 1	金华路与衢州街交叉路口		
6	交叉路口 2	湖墅南路与文晖路交叉路口		
7	社区 1	（大关街道）东一社区大关东一苑		
8	社区 2	（和睦街道）和睦社区和睦新村		
9	农贸市场	和睦农贸市场（登云路 236 号）		
10	公园/广场	运河广场（靠近联华超市入口处）		
11	街巷	霞湾巷（胜利河美食街东门—西门）		
12	商场	水晶城购物中心（上塘路 458 号）		
13	公交线路 1	76 路（运河广告产业园—新华路口）		
14	公交线路 2	B 支 4（下沙至观测点）		
15	影剧院	众安电影大世界		

2017 年杭州市民公共文明指数调查（现场观测）选点一览
（西湖区）

序号	类型	具体位置	负责教师	备注
1	公交车站 1	八字桥公交车站（21 路车站，由东向西）		
2	公交车站 2	浙江大学玉泉校区公交车站（28 路车站）		
3	地铁站	古翠路地铁站		
4	医院	杭州市中医院		
5	交叉路口 1	文三路与马腾路交叉路口（有红灯）		
6	交叉路口 2	杭大路与曙光路交叉路口（有红灯）		
7	社区 1	（翠苑街道）翠苑四区		
8	社区 2	（北山街道）友谊社区		
9	农贸市场	骆家庄农贸市场		
10	公园/广场	黄龙洞（黄龙民俗园门口）		
11	街巷	外东山弄（浙大路至曙光路）		
12	商场	印象城购物中心		
13	公交线路 1	28/82/11/74/25		
14	公交线路 2	B1/B2/B4/地铁 1 号线/地铁 2 号线		
15	影剧院	翠苑电影大世界		

2017 年杭州市民公共文明指数调查（现场观测）选点一览
（滨江区）

序号	类型	具体位置	负责教师	备注
1	公交车站 1	滨文公交中心站		
2	公交车站 2	网商路滨康口公交车站		
3	地铁站	江陵路地铁站(武警医院 B 出口)		
4	医院	浙二医院滨江院区(滨江医院)		
5	交叉路口 1	滨文路与火炬大道交叉路口		
6	交叉路口 2	江晖路与春晓路交叉路口		
7	社区 1	中兴花园社区(汉江路东,区政府西)		
8	社区 2	滨康小区		
9	农贸市场	杭州六和农贸市场(浦沿街道西浦路 1692 号)		
10	公园/广场	滨江公园(闻涛路北)		
11	街巷	聚园路(江晖路至江淑路段)		
12	商场	华润万家滨文路店		
13	公交线路 1	公交 1504 路(1 组)、352 路(2 组)、137 路(3 组)		
14	公交线路 2	地铁 1 号线(文海南路站到江陵路站、滨康路站)		
15	影剧院	中影国际影城(江南大道 288 号星光大道区域)		

2017 年杭州市民公共文明指数调查（现场观测）选点一览
（萧山区）

序号	类型	具体位置	负责教师	备注
1	公交车站 1	市心北路建设三路公交车站		
2	公交车站 2	时代广场公交车站		
3	地铁站	建设一路地铁站		
4	医院	萧山区第一人民医院(市心南路 199 号)		
5	交叉路口 1	建设四路与市心北路交叉路口		
6	交叉路口 2	体育路与市心南路交叉路口		
7	社区 1	西佳境天城成合苑(振宁路与市心北路交叉路口西北处)		
8	社区 2	崇化小区(萧然西路 495 号)		
9	农贸市场	宁安农贸市场(市心北路与文明路交叉路口东南处)		
10	公园/广场	北山公园(北干山北路 3 号)		
11	街巷	西河路(城河街—人民路)		
12	商场	银隆百货		
13	公交线路 1	区内公交		
14	公交线路 2	下沙—萧山		
15	影剧院	萧山剧院(市心中路 918 号)		

2017 年杭州市民公共文明指数调查（现场观测）选点一览
（余杭区）

序号	类型	具体位置	负责教师	备注
1	公交车站 1	临平南站公交车站（世纪大道）		
2	公交车站 2	余杭第一人民医院北门公交车站		
3	地铁站	临平地铁站		
4	医院	余杭区第一人民医院（余杭区临平迎宾路 369 号）		
5	交叉路口 1	迎宾路与南苑街交叉路口		
6	交叉路口 2	振兴西路与雨荷路交叉路口		
7	社区 1	（南苑街道）东海花园		
8	社区 2	（临平街道）邱山小区		
9	农贸市场	邱山农贸市场		
10	公园/广场	临平人民广场（人民大道）		
11	街巷	东大街（南大街至藕花洲大街东段之间）		
12	商场	万宝城商场（余杭区临平荷禹路 105 号）		
13	公交线路 1	771A 路		
14	公交线路 2	地铁 1 号线		
15	影剧院	杭州中影铂金影院（余杭区河南埭路 108 号 15 号楼）		

2017 年杭州市民公共文明指数调查（现场观测）选点一览
（富阳区）

序号	类型	具体位置	负责教师	备注
1	公交车站 1	横凉亭公交车站（金浦路）		
2	公交车站 2	商业城公交车站（龙浦路）		
3	公交车站 3	二贸市场公交车站（桂花西路）		
4	医院	富阳区第一人民医院（富春街道北环路 429 号）		
5	交叉路口 1	金浦路与金平路交叉路口		
6	交叉路口 2	孙权路与振兴路交叉路口		
7	社区 1	（富春街道）春晖社区		
8	社区 2	（富春街道）秋月社区		
9	农贸市场	城东农贸市场		
10	公园/广场	恩波公园		
11	街巷	北门路街巷（龙浦路至桂花路）		
12	商场	东方茂购物中心		
13	公交线路 1	区内公交:2 路、8 路、5 路		
14	公交线路 2	下沙到观测点公交（514 路、595 路、597 路）		
15	影剧院	（东方茂内）新世界国际影城		

图书在版编目（CIP）数据

2017 年杭州市民公共文明指数调查分析报告／钮俊，
沈翔主编；张祝平等著 . -- 北京：社会科学文献出版
社，2018.11
　ISBN 978 - 7 - 5201 - 3420 - 0

　Ⅰ . ①2⋯　Ⅱ . ①钮⋯ ②沈⋯ ③张⋯　Ⅲ . ①市民 -
社会公德教育 - 指数 - 调查报告 - 杭州 - 2017　Ⅳ .
①D648.3

　中国版本图书馆 CIP 数据核字（2018）第 209849 号

2017 年杭州市民公共文明指数调查分析报告

主　　编／钮　俊　沈　翔
著　　者／张祝平 等

出 版 人／谢寿光
项目统筹／恽　薇　冯咏梅
责任编辑／冯咏梅

出　　版／社会科学文献出版社 · 经济与管理分社（010）59367226
　　　　　地址：北京市北三环中路甲 29 号院华龙大厦　邮编：100029
　　　　　网址：www. ssap. com. cn
发　　行／市场营销中心（010）59367081　59367083
印　　装／天津千鹤文化传播有限公司

规　　格／开　本：787mm × 1092mm　1/16
　　　　　印　张：23.25　字　数：353 千字
版　　次／2018 年 11 月第 1 版　2018 年 11 月第 1 次印刷
书　　号／ISBN 978 - 7 - 5201 - 3420 - 0
定　　价／98.00 元